中华早期漆器研究

ZHONGHUA ZAOQI QIQI YANJIU

洪 石 / 著

社会科学文献出版社
SOCIAL SCIENCES ACADEMIC PRESS (CHINA)

彩图 1　北洞山西汉楚王墓前室南壁髹漆

彩图 2　浙江出土新石器时代漆器
1. 带销钉的木器残片（井头山 T509 ⑱：1）　2. 木棍（T510 出土）　3. 弓（跨湖桥 T0512 ⑨ A：17）

彩图3 河姆渡遗址出土漆碗（T231③：30）

彩图4 田螺山遗址出土漆、木器
1、2、5.漆筒（T203⑦：9） 3、4.漆蝶形器（DK3⑦：55、DK3⑦：54） 6.漆绘陶片（T203③：13）

彩图 5　陶胎漆器
1. 豆（仙坛庙 M5：2）　2. 壶（仙坛庙 M5：4）　3. 筒形杯（王坟 J2：2）

彩图 6　玉钺（小兜里 M14：12）及其象牙镦

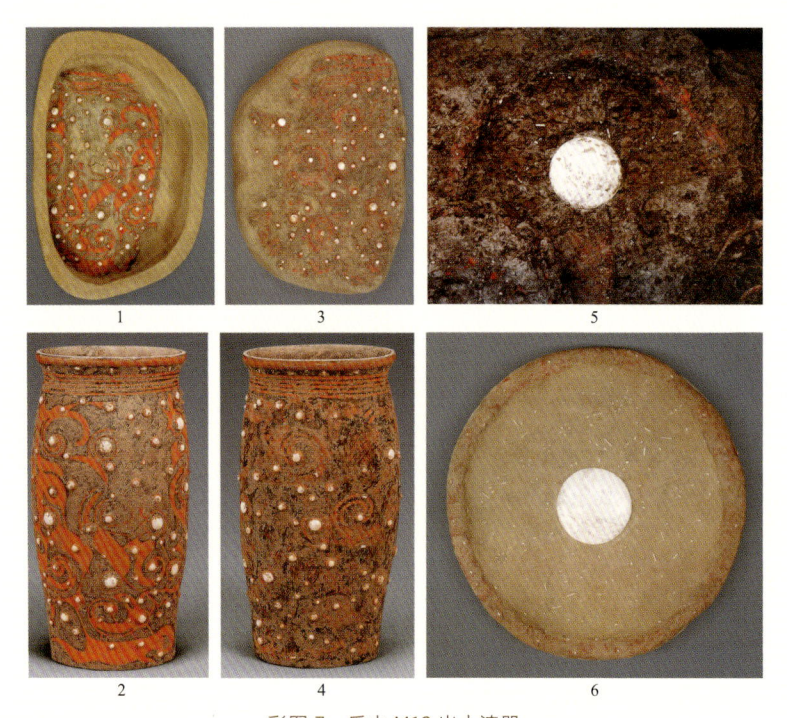

彩图 7　反山 M12 出土漆器
1—4. 带把宽流杯（M12∶1）野外起取 A 面、仿真 A 面、野外起取 B 面、仿真 B 面
5、6. 盘（M12∶12—58、68）出土时、修复后

彩图 8　反山墓地出土漆器
1. 杯（M22∶42、43）　2. 盘（M22∶2）　3、4. 囊形器（M22∶41、M23∶202）

彩图 9　卞家山遗址出土漆觚
1、2.G1②：124　3、4.G1②：237　5、6.G1②：248　7、8.G1②：131
9、10. G1②：207

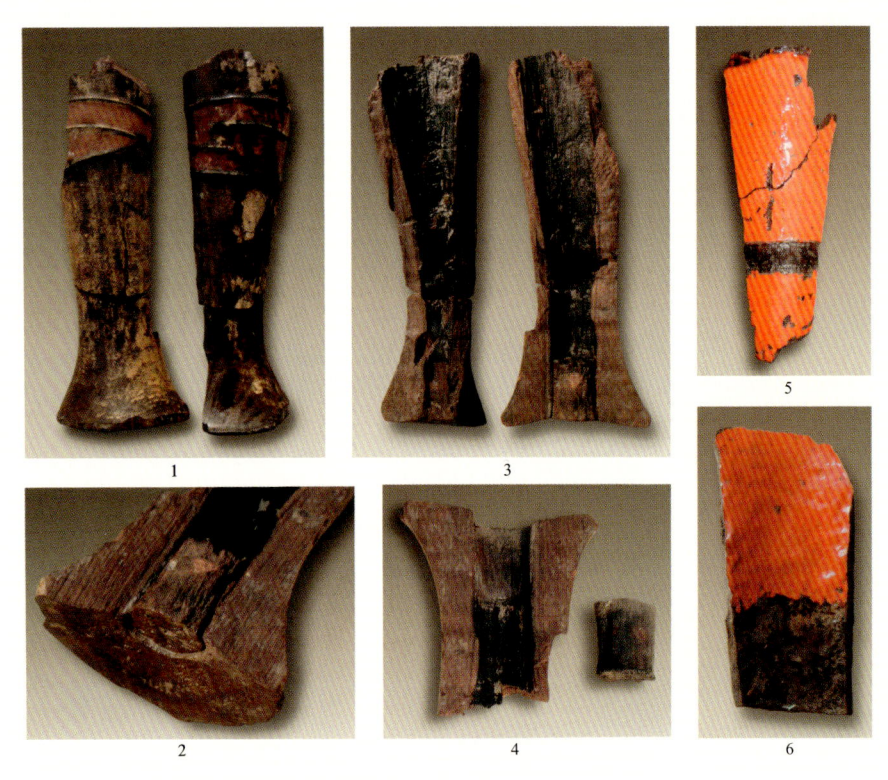

彩图10　卞家山遗址出土漆觚

1—4. G2②B：70　5. G1②：12　6. G1③：186

彩图11　卞家山M56及出土漆觚

彩图 12　卞家山遗址出土漆盘
1、2.G1①:139　3、4.G1①:140　5、6.G1②:206

彩图13　卞家山遗址出土漆器
1、2. 豆（G1②：205）　3、4. 豆（G1②：236）　5. 器盖（G2②B：10）　6—8. 筒（G1②：171）

彩图 14　钟家港中段出土漆器
1. 觚（T2521-2522 ⑪ A1∶2）　2. 筒（T2621 ⑪ A∶1）　3. 鸟形器（T2622-2623 ⑨ B1∶2）

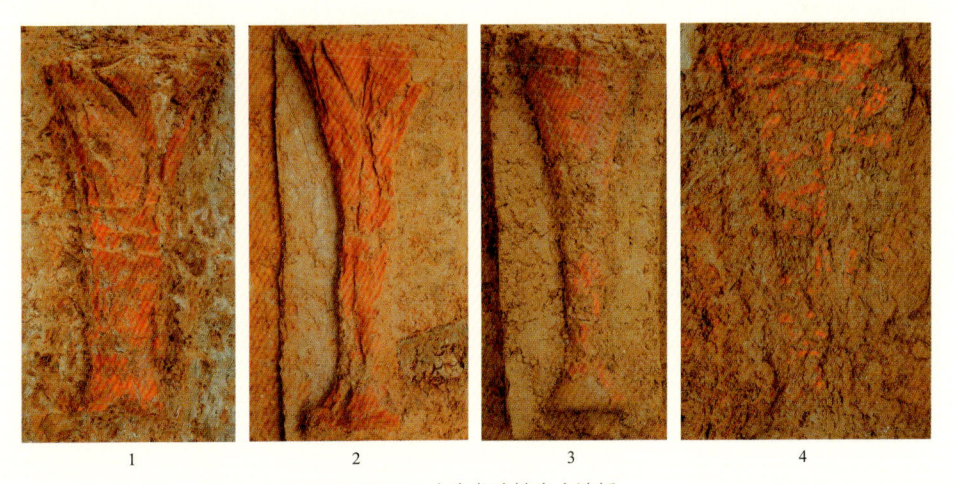

彩图 15　小青龙遗址出土漆觚
1. M9∶6　2. M10∶6　3. M33∶8　4. M14∶15

彩图 16　小青龙遗址出土漆器
1、2. 漆柄玉钺（M10∶2）　3. 漆柄玉钺（M6∶6）　4. 玉嵌饰（M9∶4）　5. 带形漆器（M14∶14）

彩图 17　新地里遗址出土漆觚
（M93∶12）

彩图 18　庙前遗址出土漆盘（H2∶55）

彩图 19　好川墓地出土漆器
1、2. M8：2 出土情况、室内清剔后情况　3. M39：2　4. M47：13

彩图 20　好川墓地出土漆器上的玉嵌饰
1. M1：1 出土情况　2. M60：2 出土情况

彩图 21　梅堰遗址出土陶胎漆器
1. 罐　2. 杯

彩图 22　蒋庄 M233 出土漆觚

彩图 23　陶寺墓地出土漆鼍鼓
（M3015∶15）

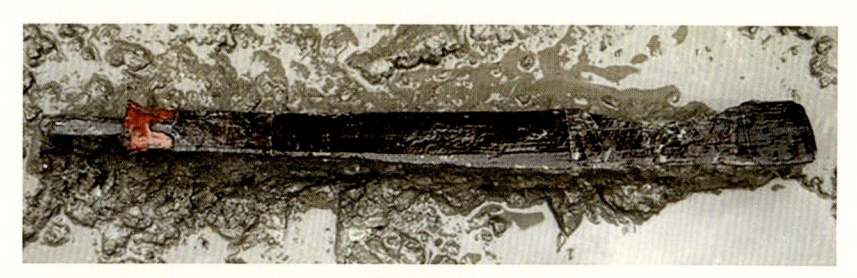

彩图 24　江陵阴湘城出土漆木钺柄

彩图 25　二里头Ⅲ M2 出土朱漆雕花漆器
（Ⅲ M2：2）

彩图 26　大甸子墓地出土漆觚
（M726：7）

彩图 27　二里头遗址出土嵌绿松石铜牌
1.1981 Ⅴ M4：5、12　2.1984 Ⅵ M11：7　3.1987 Ⅵ M57：4

彩图 28　二里头 2002 Ⅴ M3 出土漆器
1. 觚（ⅤM3∶34） 2、3. 勺（ⅤM3∶36） 4. 漆器　5. 案（ⅤM3∶16） 6. 圆形圜底器（ⅤM3∶15）

彩图 29　龙形绿松石嵌饰（二里头 2002 Ⅴ M3∶5）

彩图 30　二里头 2002 V M5 出土漆器

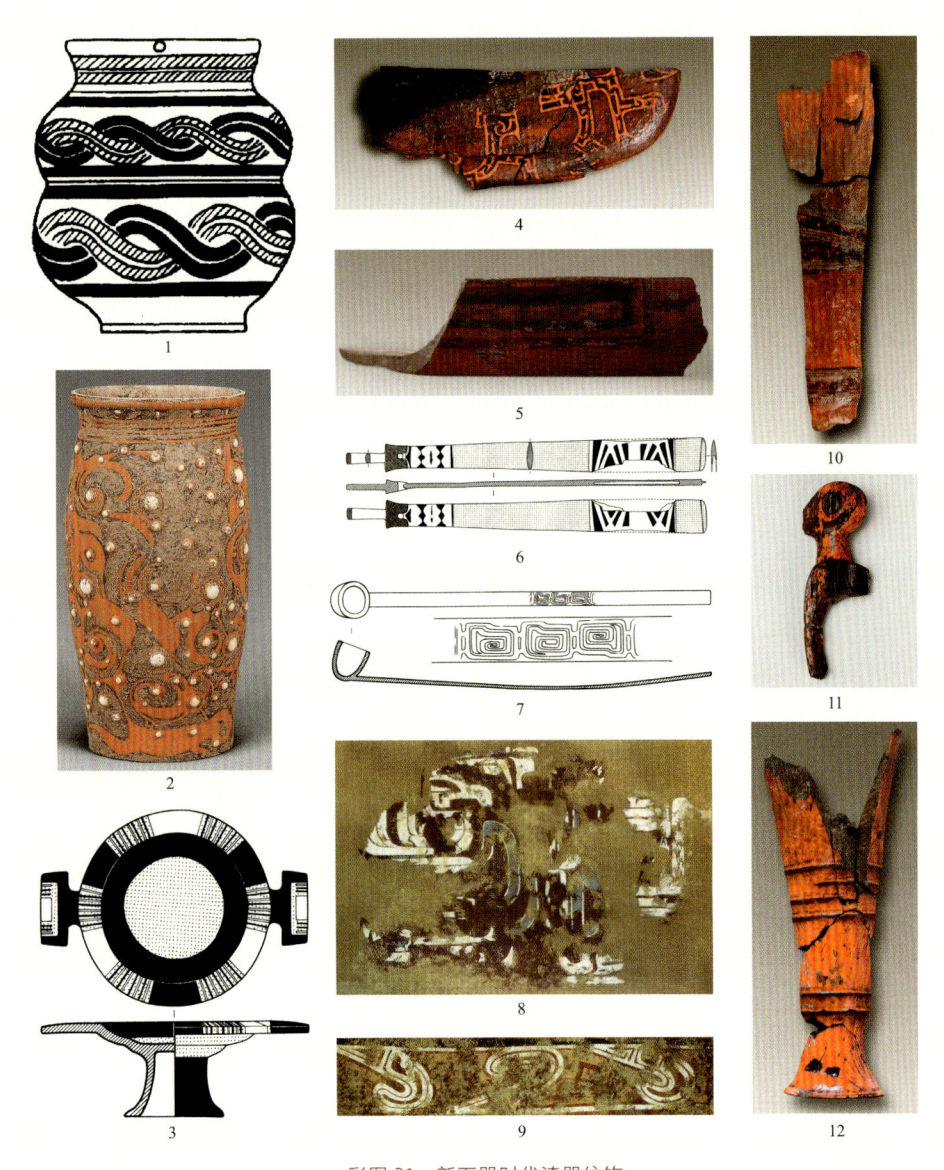

彩图 31 新石器时代漆器纹饰

1.罐（梅堰遗址出土） 2.B型杯（反山M12∶1）仿真A面 3.Ca型豆（陶寺M2001∶24） 4.器盖（卞家山G2②B∶10） 5.C型盘（庙前H2∶55） 6.江陵阴湘城出土钺柄 7.B型勺（陶寺M3015∶35） 8、9.鼍鼓（陶寺M3015∶15外壁中部、下部彩绘图案摹本） 10.A型漆觚（卞家山G1②∶237） 11.鸟形器（钟家港T2622-2623⑨B1∶2） 12.A型觚（卞家山G1②∶207）

序 Preface

  漆器与丝绸、瓷器、生铁和制钢技术等是中华文明发展史上的重要物化载体，可以称为最具"中国特色"的物质文明。作为"物质文化"的考古学研究，不同时期有着各自不同的代表性"物质文化"，如史前陶器与玉器、三代（夏商周）青铜器、秦汉漆器、汉唐丝绸、隋唐金银器、唐宋元明清瓷器等。其中，秦汉时代漆器在中国历史乃至世界历史上都是非常突出的，汉代漆器又被誉为"金银器"（《汉书·贡禹传》）。漆器在汉代备受国家重视，西汉时代中央直接管辖的"工官"承担着国家的漆器生产任务，其财政开支数字是相当惊人的。因此以往学术界漆器研究大多集中于秦汉漆器，当然这也与秦汉时代墓葬出土的漆器数量多、品种繁、工艺精、保存好等特点密不可分。

  其实漆器在中华大地有着远比秦汉时代更为久远的历史，回忆起来约十年前，洪石就与我谈及她正在其博士论文《战国秦汉漆器研究》基础之上，进一步对中华早期漆器进行考古学研究。21世纪中国社会科学院考古研究所开展创新工程以来，洪石先后主持过两项创新工程项目，对中国古代漆器追本溯源，针对史前至夏代漆器做了全面、系统而深入的研究，努力构建起中国漆器的起源和早期发展的时空框架体系。她的这本《中华早期漆器研究》，可谓"十年磨一剑"！

  中国制造和使用漆器的历史悠久，这早已引起学术界的关注。20世纪70年代至21世纪初，就有学者提出漆器的源流发展问题，也有学者对个别遗址、墓葬出土的早期漆器进行了探索。一般来说，考古发现的史前时期漆器数量少、保存大多不甚好，这无疑给漆器研究造成很大难度。因此早先的早期漆器考古学研究，多为一些"描述性"的研究，这些研究从广度与深度两方面来看都显得不够充分；当然这是一个学术发展的必经过程。还有一些早期漆器探索研究，缺乏对早期漆器的总体把握，对考古发现的新材料没有能够很好地"消化"与科学利用，呈现出考古研究的碎片化现象。正是基于这样的学术研究现实与学术研究背景，洪石的《中华早期漆器研究》凸显出其与以往研究的不同特点，我通读了她的书稿，认为其主要反映在以下几方面。

第一，该书对中华早期漆器进行了全面、系统而深入的研究，在此基础之上，构建起中华早期漆器起源与发展的时空框架体系。该成果对中华早期漆器的考古发现进行了详细梳理，根据不同用途对其进行考古学的分类，在此基础上对各时期漆器的类型与组合及其演进规律，进行了深入探讨，从而究明其发展脉络、发展水平，及其在中华漆器发展史上的重要地位和作用等。

第二，该书对中华早期漆器进行的分区、分类、分期的基础性考古学研究，为建立中华早期漆器的发展序列，形成中华漆器的年代学序列坐标，奠定了重要的学术基础。

第三，该书对于各类漆器生产工艺及其发展脉络和演进规律进行了全方位的深入研究、探讨，并提出了诸多新认识，阐释了中国古代漆器各生产工艺的来龙去脉及其发展的历史背景。在对各类漆器的分布与传播、器用制度等诸多方面的研究中，洪石提出了许多创新观点，对于中华早期漆器研究多有建树。

要言之，该书是我所见目前国内在中华早期漆器研究方面内容丰富、体系完整、多学科结合的一本考古学专著，作为中国社会科学院考古研究所的创新工程项目成果，我认为是名副其实、当之无愧的！

刘庆柱

2022 年 1 月 16 日

目录 Contents

绪 论 / 001

第一章 早期漆器的考古发现 / 018

第一节 新石器时代漆器的考古发现 / 019
一 浙江出土新石器时代漆器 / 019
二 江苏出土新石器时代漆器 / 056
三 上海出土新石器时代漆器 / 060
四 湖北出土新石器时代漆器 / 061
五 山西出土新石器时代漆器 / 062

第二节 夏代漆器的考古发现 / 089
一 河南出土夏代漆器 / 089
二 内蒙古出土夏代漆器 / 103

第二章 早期漆器类型及其特征 / 105

第一节 新石器时代漆器类型及其特征 / 106
一 日常生活用器 / 106
二 乐 器 / 124
三 兵 器 / 125

　　　　四　服　饰　　　　　　　　　　　　　　　　　　/ 130

　　　　五　交通工具　　　　　　　　　　　　　　　　　/ 132

　　　　六　葬　具　　　　　　　　　　　　　　　　　　/ 132

　　第二节　夏代漆器类型及其特征　　　　　　　　　　　/ 133

　　　　一　日常生活用器　　　　　　　　　　　　　　　/ 133

　　　　二　乐　器　　　　　　　　　　　　　　　　　　/ 136

　　　　三　兵　器　　　　　　　　　　　　　　　　　　/ 136

　　　　四　服　饰　　　　　　　　　　　　　　　　　　/ 138

　　　　五　葬　具　　　　　　　　　　　　　　　　　　/ 138

第三章　早期漆器类型与组合的演进　　　　　　　　　　　/ 140

　　第一节　新石器时代漆器类型与组合的演进　　　　　　/ 141

　　　　一　日常生活用器类型与组合的演进　　　　　　　/ 141

　　　　二　其他漆器类型与组合的演进　　　　　　　　　/ 146

　　第二节　夏代漆器类型与组合的演进　　　　　　　　　/ 150

　　　　一　日常生活用器类型与组合的演进　　　　　　　/ 150

　　　　二　其他漆器类型与组合的演进　　　　　　　　　/ 152

第四章　早期漆器的生产工艺　　　　　　　　　　　　　　/ 154

　　第一节　新石器时代漆器的生产工艺　　　　　　　　　/ 155

　　　　一　胎骨与制法　　　　　　　　　　　　　　　　/ 155

　　　　二　髹漆与纹饰　　　　　　　　　　　　　　　　/ 164

　　　　三　玉石蚌构件与饰件　　　　　　　　　　　　　/ 173

　　第二节　夏代漆器的生产工艺　　　　　　　　　　　　/ 181

　　　　一　胎骨与制法　　　　　　　　　　　　　　　　/ 181

　　　　二　髹漆与纹饰　　　　　　　　　　　　　　　　/ 182

　　　　三　玉石蚌金属构件与饰件　　　　　　　　　　　/ 184

第五章　早期漆器的流布与器用　　　　　　　　　　　　/ 188

第一节　新石器时代漆器的流布与器用　　　　　　　　/ 189
　　一　新石器时代漆器的流布　　　　　　　　　　　　/ 189
　　二　新石器时代漆器的器用　　　　　　　　　　　　/ 191

第二节　夏代漆器的流布与器用　　　　　　　　　　　/ 202
　　一　夏代漆器的流布　　　　　　　　　　　　　　　/ 202
　　二　夏代漆器的器用　　　　　　　　　　　　　　　/ 206

结　语　　　　　　　　　　　　　　　　　　　　　　/ 213

附表一　新石器时代漆器一览　　　　　　　　　　　　/ 227
附表二　夏代漆器一览　　　　　　　　　　　　　　　/ 230
主要参考文献　　　　　　　　　　　　　　　　　　　/ 232
后　记　　　　　　　　　　　　　　　　　　　　　　/ 242

插图目录
Illustrations

图 0-1	北洞山西汉楚王墓东侧室髹漆	/ 004
图 0-2	北洞山西汉楚王墓前室南壁髹漆	/ 005
图 1-1	浙江出土新石器时代漆器	/ 020
图 1-2	河姆渡文化遗址出土漆、木器	/ 022
图 1-3	田螺山遗址出土漆、木器	/ 024
图 1-4	陶胎漆器	/ 025
图 1-5	玉钺（小兜里 M14：12）及其象牙镦	/ 026
图 1-6	反山 M12 出土漆器	/ 027
图 1-7	反山墓地出土漆器	/ 028
图 1-8	反山墓地出土玉钺（M14：177、221）	/ 029
图 1-9	瑶山墓地出土漆器	/ 030
图 1-10	瑶山 M9 及出土漆器	/ 031
图 1-11	卞家山遗址出土漆觚	/ 032
图 1-12	卞家山遗址出土漆觚	/ 033
图 1-13	卞家山遗址出土漆觚	/ 034
图 1-14	卞家山 M56 及出土漆觚	/ 035
图 1-15	卞家山遗址出土漆器	/ 035
图 1-16	卞家山遗址出土漆盘	/ 036

图 1-17	卞家山遗址出土漆器	/ 037
图 1-18	钟家港中段出土漆器	/ 039
图 1-19	小青龙遗址出土漆觚	/ 040
图 1-20	小青龙遗址出土漆木柄玉石钺	/ 041
图 1-21	小青龙遗址出土漆器	/ 041
图 1-22	新地里 M93 及出土漆器（M93：12）	/ 042
图 1-23	新地里遗址出土漆器上的嵌饰	/ 043
图 1-24	龙潭港墓地出土漆器及相关遗物	/ 044
图 1-25	庙前遗址出土漆盘（H2：55）	/ 045
图 1-26	好川墓地出土漆器	/ 046
图 1-27	好川墓地出土漆器	/ 047
图 1-28	好川墓地出土漆器上的石嵌饰	/ 048
图 1-29	好川墓地出土漆器上的玉嵌饰	/ 048
图 1-30	好川墓地出土漆器上的玉嵌饰	/ 049
图 1-31	好川墓地出土漆器上的玉嵌饰	/ 050
图 1-32	圩墩遗址出土漆器	/ 057
图 1-33	梅堰遗址出土陶胎漆器	/ 058
图 1-34	绿松石嵌饰（花厅 M50：29）	/ 059
图 1-35	蒋庄 M233 出土漆觚	/ 059
图 1-36	高城墩 M11 及出土漆器	/ 060
图 1-37	吴家场墓地出土玉嵌饰	/ 061
图 1-38	屈家岭文化漆器	/ 062
图 1-39	陶寺墓地出土漆鼍鼓（M3015：15）	/ 064
图 1-40	陶寺墓地出土漆鼍鼓	/ 065
图 1-41	陶寺 M3016 足端墓底鼍鼓与石磬、土鼓配置情况	/ 066
图 1-42	陶寺墓地出土漆案	/ 067
图 1-43	陶寺墓地出土漆案	/ 069
图 1-44	陶寺墓地出土木俎	/ 070
图 1-45	陶寺墓地出土木俎	/ 071

图 1-46　陶寺墓地出土漆豆　　　　　　　　　　　　　　　　　/ 073

图 1-47　陶寺墓地出土漆豆　　　　　　　　　　　　　　　　　/ 074

图 1-48　陶寺墓地出土漆豆　　　　　　　　　　　　　　　　　/ 075

图 1-49　陶寺墓地出土漆豆　　　　　　　　　　　　　　　　　/ 076

图 1-50　陶寺墓地出土漆豆（M2001∶24、M2001∶23）
　　　　　复原模型　　　　　　　　　　　　　　　　　　　　/ 077

图 1-51　陶寺墓地出土漆高柄豆　　　　　　　　　　　　　　　/ 077

图 1-52　陶寺墓地出土漆高柄豆　　　　　　　　　　　　　　　/ 078

图 1-53　陶寺墓地出土漆觚　　　　　　　　　　　　　　　　　/ 079

图 1-54　陶寺墓地出土漆器　　　　　　　　　　　　　　　　　/ 080

图 1-55　陶寺墓地出土漆器　　　　　　　　　　　　　　　　　/ 081

图 1-56　陶寺墓地出土漆器　　　　　　　　　　　　　　　　　/ 082

图 1-57　陶寺墓地出土漆器　　　　　　　　　　　　　　　　　/ 084

图 1-58　陶寺 M2200 出土弓箭　　　　　　　　　　　　　　　 / 085

图 1-59　陶寺 M2200 出土箭杆、骨镞　　　　　　　　　　　　 / 085

图 1-60　陶寺墓地出土漆弓　　　　　　　　　　　　　　　　　/ 086

图 1-61　陶寺文化墓地出土漆器　　　　　　　　　　　　　　　/ 087

图 1-62　陶寺 M2003　　　　　　　　　　　　　　　　　　　 / 088

图 1-63　二里头Ⅲ M2 出土朱漆雕花漆器（Ⅲ M2∶2）　　　　　 / 090

图 1-64　二里头遗址出土嵌绿松石铜牌　　　　　　　　　　　　/ 091

图 1-65　二里头 2001 Ⅴ M1 出土遗物　　　　　　　　　　　　/ 093

图 1-66　二里头 2002 Ⅴ M3　　　　　　　　　　　　　　　　/ 094

图 1-67　二里头 2002 Ⅴ M3 出土漆器　　　　　　　　　　　　/ 095

图 1-68　二里头 2002 Ⅴ M3 出土遗物　　　　　　　　　　　　/ 096

图 1-69　二里头 2002 Ⅴ M3 出土遗物　　　　　　　　　　　　/ 097

图 1-70　龙形绿松石嵌饰（二里头 2002 Ⅴ M3∶5）　　　　　　 / 098

图 1-71　龙形绿松石嵌饰（二里头 2002 Ⅴ M3∶5）局部　　　　/ 098

图 1-72　二里头 2002 Ⅴ M4 局部　　　　　　　　　　　　　　/ 098

图 1-73　圆陶片（二里头 2002 Ⅴ M4∶5）　　　　　　　　　　/ 099

图 1-74	二里头 2002 Ⅴ M5	/ 099
图 1-75	二里头 2002 Ⅴ M5 出土漆器	/ 100
图 1-76	玉柄形器（二里头 2002 Ⅴ M5∶6）	/ 101
图 1-77	大甸子墓地出土遗物	/ 104
图 2-1	新石器时代漆碗	/ 107
图 2-2	新石器时代漆豆	/ 108
图 2-3	新石器时代漆高柄豆	/ 110
图 2-4	新石器时代漆盘	/ 111
图 2-5	新石器时代漆觚	/ 113
图 2-6	新石器时代漆杯	/ 114
图 2-7	新石器时代漆囊形器	/ 115
图 2-8	新石器时代漆筒	/ 116
图 2-9	新石器时代漆盆	/ 117
图 2-10	新石器时代陶胎漆器	/ 118
图 2-11	新石器时代漆器	/ 119
图 2-12	新石器时代漆、木勺和斗	/ 120
图 2-13	新石器时代漆案	/ 121
图 2-14	新石器时代漆、木俎	/ 123
图 2-15	新石器时代漆蝶形器	/ 124
图 2-16	新石器时代漆弓	/ 126
图 2-17	新石器时代斧钺漆木柄及其饰件	/ 128
图 2-18	新石器时代斧钺漆木柄玉饰	/ 129
图 2-19	新石器时代漆器	/ 131
图 2-20	陶寺 M2001 墓室全景	/ 132
图 3-1	石峁遗址皇城台大台基出土 26 号石雕	/ 147
图 3-2	叶家山 M28 出土酒器组合	/ 152
图 4-1	带石锛加工痕迹的木料	/ 158
图 4-2	新石器时代遗址出土葫芦和东汉墓出土葫芦胎漆器	/ 160
图 4-3	人头盖骨容器	/ 161

图 4-4　人头盖骨容器（卞家山 G1②∶223）　　　　　　　／162

图 4-5　研磨器（王坟 TⅡ-402⑦∶01）　　　　　　　　　／168

图 4-6　新石器时代漆器纹饰　　　　　　　　　　　　　　／172

图 4-7　祭坛图与祭坛形玉片　　　　　　　　　　　　　　／175

图 4-8　玉器上的"阳鸟祭坛图"　　　　　　　　　　　　／176

图 4-9　大甸子墓地出土石皿（M453∶17）　　　　　　　　／183

图 5-1　新地里遗址出土玉锥形器及套管　　　　　　　　　／195

图 5-2　陶扁壶（陶寺 H3403∶13）上的朱书文字　　　　　／201

绪 论

漆作为制造漆器的主要原材料，又被称为生漆、大漆、天然漆、国漆、土漆等，是漆树上分泌的汁液。中国古代文献中提到的"漆"，指的均是生漆。作为一种涂料，生漆不同于人造漆。人造漆是随着近代化学工业的发展而诞生的，在古代是没有的。刚刚割出来的漆液是一种乳白色的天然有机化合物，与空气接触后呈褐色，逐渐变成黑色，其主要成分有四种：漆酚、漆酶、胶质和水分。[1]生漆虽能直接应用，但其中含有较多水分，其所形成的漆膜在色泽和透明度等方面均较差，漆膜性硬且脆，髹饰效果不佳，一般需要加工精制，进行过滤和脱水，并在髹饰器物时视实际需要而加油。油应为桐油。[2]

一 生漆资源的分布与利用

漆树是高达十数米的落叶乔木，多野生，也可人工培植。漆树全属20余种，分布于亚洲东部和北美至中美地区。中国有15种，主要集中在长江以南地区，[3]除黑龙江、吉林、内蒙古、青海、宁夏和新疆外，其他省、自治区、直辖市均有分布。[4]漆树是中国的一个古老树种。《尚书·禹贡》记载："（兖州）厥贡漆丝……（豫州）厥贡漆、枲、絺、纻。"[5]中国古代将天下分

---

[1] 后德俊：《楚国的矿冶髹漆和玻璃制造》，湖北教育出版社1995年版，第204—205页。
[2] （明）黄成《髹饰录》记载："油饰，即桐油调色也。"见王世襄《髹饰录解说》，文物出版社1983年版，第76页。
[3] 中国科学院中国植物志编辑委员会：《中国植物志》第45卷第1分册，科学出版社1980年版，第106页。
[4] 张飞龙：《中国髹漆工艺与漆器保护》，科学出版社2010年版，第204—205页。
[5] 《四部备要·经部·尚书今古文注疏》，上海中华书局据学海堂经解本校刊，第42、48页。

为"九州",其中的"豫州"主要指今天的河南、湖北、山西、山东的部分或大部分地区,"兖州"指今天的山东兖州西。根据现有统计资料可知,中国漆树主要分布于秦岭、大巴山、武当山、巫山和武陵山脉一带,这些地区出产的毛坝漆、建始漆(产地均位于湖北省恩施土家族苗族自治州)和平利漆(产地位于陕西南部)等质量好、色泽佳,素以"国漆"之名蜚声中外。鄂、川、陕的交界地区及其周边一带,则被称为"漆源之乡"。[1]

中国古代文献中关于漆树的较早记载见于《诗经》。《诗经·秦风·车邻》曰:"阪有漆,隰有栗。既见君子,并坐鼓瑟。今者不乐,逝者其耋。"《诗经·唐风·山有枢》曰:"山有漆,隰有栗。子有酒食,何不日鼓瑟?且以喜乐,且以永日。宛其死矣,他人入室。"可知漆树分布广泛,多生长在山坡上。但也有栽种于宫中者,如《诗经·鄘风·定之方中》曰:"定之方中,作于楚宫。揆之以日,作于楚室。树之榛栗,椅桐梓漆,爰伐琴瑟。"郑玄笺:"树此六木于宫者,曰其长大可伐以为琴瑟,言豫备也。"人们通过切割漆树的韧皮层来采集漆液,这种劳动被称为"割漆"。漆树一般生长八九年就可割漆,若长到十二三年开始割漆则最好。[2]《庄子·人间世》记载孔子南游到楚国,楚狂接舆游其门曰:"桂可食,故伐之;漆可用,故割之。人皆知有用之用,而莫知无用之用也。"[3]这段文献记载明确地表明,"割漆"在春秋时代的楚国已是一项十分普遍而经常性的生产活动。这与考古人员在春秋战国时代的楚墓中发现数量众多的漆器相合。

生漆中的主要成分漆酚是会导致人体皮肤过敏的刺激物,0.001毫克的生漆即可使敏感动物产生皮疹,90%的人初与生漆接触易得过敏性皮炎,皮肤局部肿胀、发红疹、奇痒,严重者局部呈水痘状,俗称"漆疮""漆咬",实为生漆皮炎。这并不可怕,一般生过三四次漆疮之后,体内逐渐增加了抵御力(即免疫力),不仅不再生漆疮,还能把本人对生漆的免疫力遗传给子女。[4]古代文献中即有关于人体生漆过敏的记载,如《史记·刺客列传》载:

---

[1] 后德俊:《楚国的矿冶髹漆和玻璃制造》,第203页。
[2] 沈福文:《漆器工艺技术资料简要》,《文物参考资料》1957年第7期。
[3] 《四部备要·子部·庄子》,上海中华书局据平津馆本校刊,第24页。
[4] 乔十光主编《漆艺》,中国美术学院出版社2000年版,第44页。

"居顷之，豫让又漆身为厉，吞炭为哑，使形状不可知，行乞于市。""厉"同"疠""癞"，即恶疮。

二 "漆器"概念的界定与相关文献记载

漆器是漆文化的物质载体，是人们在社会历史发展过程中所创造的物质财富。中国地大物博，自然条件差异较大，物产各具特色。西汉桓宽《盐铁论·本议》载："陇、蜀之丹漆旄羽，荆、扬之皮革骨象，江南之楠梓竹箭，燕、齐之鱼盐旃裘，兖、豫之漆丝絺纻，养生送终之具也，待商而通，待工而成。"[1]这些养生送终的物资，需要商人来进行流通，需要工匠来加工或制作。漆器就是如此，从割漆、制漆、选材、制胎、髹丹画、荫室干燥、打磨、制作安装构件和饰件到清理成器，每个环节都离不开工匠。本书所谓的"漆器"是指采用生漆或经过精制的生漆所髹饰的器物，其胎骨可以多种多样，包括木胎、夹纻胎、布胎、竹胎、金属胎、陶瓷胎、骨胎、皮革胎等，可以是单独一种胎骨，也可以是两种或多种材料组成的胎骨。

"漆器"这一称谓较早见于《汉书·贡禹传》注引魏人如淳曰："《地理志》河内怀、蜀郡成都、广汉皆有工官。工官，主作漆器物者也。"汉代还称"漆器"为"木器髹者""釦器""纻器"等。[2]根据笔者的统计，迄今考古发现的漆器大多为小型的饮食用器，葬具棺椁是最大型的漆器。其实生漆的应用范围很广，并不局限于器具，还可以用于髹饰较为庞大的建筑物。《史记·滑稽列传》记载："二世立，又欲漆其城。优旃曰：'善。主上虽无言，臣固将请之。漆城虽于百姓愁费，然佳哉！漆城荡荡，寇来不能上。即欲就之，易为漆耳，顾难为荫室。'于是二世笑之，以其故止。"这段记载说明，漆城之难不在于漆，而在于没有足够大的荫室。因为髹漆之后的物体需要置于温度、湿度都适宜的环境中才能较快干燥。研究结果表明，温度为20℃、相对湿度为85%是生漆最适宜的干燥条件。[3]虽然漆城难成，但殿内

---

[1] 王利器校注《盐铁论校注》，中华书局1992年版，第3页。
[2] 洪石：《战国秦汉漆器研究》，文物出版社2006年版，第2页。
[3] 金章岩、陈天佑：《中国生漆的红外光谱分析》，《中国生漆》1989年第3期。

则可髹漆。如《汉书·外戚传下》记载："其中庭彤朱，而殿上髹漆。"颜师古注："以漆漆物谓之髹。"考古发掘中即发现有髹漆的墓室。如徐州北洞山西汉楚王墓，[1]主体墓室"凿山为藏"，各室的四壁均进行过粉刷。其工序，先以黄褐色的黄泥和石粉等拌成的三合土砂浆均匀地涂抹壁面，再在三合土上髹一层黑褐色的漆，然后在漆面上涂一层朱砂。虽时隔两千多年，颜色仍非常鲜艳（图0-1，图0-2；彩图1）。[2]在清理时，朱砂已大部剥落，但各室均有部分保留。另在东、西两侧室的地面上发现有平整的朱砂痕迹，涂抹方法与各室四壁相同，可知墓室地面也髹朱漆。当时人们的丧葬观念是"事死如事生"，[3]地下墓室是地上居室的翻版，说明当时存在髹漆的地上居室类建筑，这也与上述《汉书·外戚传下》及相关文献记载相合。

图 0-1 北洞山西汉楚王墓东侧室髹漆

---

[1] 徐州博物馆、南京大学历史学系考古专业：《徐州北洞山西汉楚王墓》，文物出版社2003年版，第30—31页。
[2] 本书所用图片如未特别注明，均采自发掘简报或报告。
[3] 《礼记·中庸》："敬其所尊，爱其所亲。事死如事生，事亡如事存，孝之至也。"《荀子·礼论》："事死如事生，事亡如事存，状乎无形影，然后成文。"

图 0-2　北洞山西汉楚王墓前室南壁髹漆

　　髹漆之物坚固耐用，不易腐朽变形，又可在其上施纹、嵌饰，千文万华，既实用又美观，是人们利用自然资源改善生活条件和表达审美意识的综合体现。最初以生活用器为主，在制造过程中不断被赋予美的内涵。随着生产技术的进步和人们审美认识的提高，漆器所具有的美的特性也越来越显著，不仅在选材和造型方面，而且在髹漆和装饰等方面也均有体现。明代嘉靖、隆庆年间新安名匠黄成撰写了一部关于漆器制作的专著，名为《髹饰录》。杨明在为该书写的序言中说："漆之为用也，始于书竹简。而舜作食器，黑漆之。禹作祭器，黑漆其外，朱画其内，于此有其贡。周制于车，漆饰愈多焉。于弓之六材，亦不可阙，皆取其坚牢于质，取其光彩于文也。"[1]其中"漆之为用也……皆取其坚牢于质，取其光彩于文也"说的正是器物髹漆文画后实用与美观二者兼有的功用。需要指出的是，杨明认为"漆之为用也，始于书竹简"，不确。考古发现已经证实，漆之为用，至少距今8000余年。竹简为战国至魏晋时代的书写材料，一般用墨书，而非漆书。

---

[1]　王世襄:《髹饰录解说》，第19页。

漆器的制作和使用在中国有悠久的历史，根据文献记载，可以追溯到历史传说中的尧舜时代。如《韩非子·十过》载："尧禅天下，虞舜受之，作为食器，斩山木而财之，削锯修其迹，流漆墨其上，输之于宫，以为食器，诸侯以为益侈，国之不服者十三。舜禅天下而传之于禹。禹作为祭器，墨漆其外，而朱画其内，缦帛为茵，蒋席颇缘，觞酌有采而樽俎有饰。此弥侈矣，而国之不服者三十三。夏后氏没，殷人受之，作为大路而建九旒，食器雕琢，觞酌刻镂，四壁垩墀，茵席雕文。此弥侈矣，而国之不服者五十三。"[1]古代文献中还有关于漆车的记载，如《周礼·春官·巾车》中有"漆车藩蔽"[2]等记载。前文所引杨明为《髹饰录》作的序中也指出："周制于车，漆饰愈多焉。"[3]

根据目前考古发现可知，漆器的制造和使用时间比文献中记载的早得多。之前认为，1977年在浙江余姚河姆渡新石器时代遗址中出土的木胎漆碗是最早的漆器，距今有约7000年的历史。[4]但是，考古新发现不断刷新我们的认识。早在8000年前，浙江杭州市萧山区跨湖桥的先民已对漆的性能有所了解并开始使用，这就是跨湖桥遗址出土的漆弓。[5]这一发现比之前考古学界认为的最早的漆器提早了1000年。最近浙江余姚井头山遗址[6]出土了髹漆的木器残片和木棍各1件，其年代要略早于跨湖桥遗址出土漆器，再次刷新了漆器出现年代的上限。

漆器不仅包括日常生活用器、礼乐器、葬具等，还包括兵器如弓、箭、

---

[1] 国学整理社辑《韩非子集解》，中华书局1954年版，第49页。
[2] 《四部备要·经部·周礼》，上海中华书局据永怀堂本校刊，第170页。
[3] 王世襄：《髹饰录解说》，第19页。
[4] 浙江省文物管理委员会、浙江省博物馆：《河姆渡遗址第一期发掘报告》，《考古学报》1978年第1期；河姆渡遗址考古队：《浙江河姆渡遗址第二期发掘的主要收获》，《文物》1980年第5期；中国社会科学院考古研究所：《中国考古学中碳十四年代数据集（1965—1981）》，文物出版社1983年版。
[5] 浙江省文物考古研究所、萧山博物馆：《跨湖桥》，文物出版社2004年版。
[6] 浙江省文物考古研究所、宁波市文化遗产管理研究院、余姚市河姆渡遗址博物馆：《浙江余姚市井头山新石器时代遗址》，《考古》2021年第7期；宋瑞雪：《浙江井头山遗址8000多年前的木漆器出土》，《中国生漆》2021年第2期；Kuanrong Zhai, Guoping Sun, Yunfei Zheng, Meng Wu, Bingjian Zhang, Longguan Zhu, Qi Hu, "The Earliest Lacquerwares of China Were Discovered at Jingtoushan Site in the Yangtze River Delta," *Archaeometry*, 2021, https://doi.org/10.1111/arcm.12698。

盾、甲等，交通工具如车等，其中兵器的柄部等木质部分多髹漆。如前文所述，跨湖桥遗址出土的朱漆木弓，即是一件兵器。可见，生漆不仅是必要的生活物资，还是重要的战略物资，受到严格控制。《史记·老子韩非列传》载："周尝为蒙漆园吏。"《周礼·地官·载师》载："唯其漆林之征，二十而五。"可见，周代的漆林，其生产基本已归国家掌握，漆园置吏，以司其事。而民间产漆，政府则征收四分之一的赋税，这的确是一种很沉重的剥削，[1]同时也说明经营漆林的经济收入较高。

随着生漆的广泛应用和漆器制造业的发展，生漆及颜料丹备受重视，并被储之于库，以备百工之用。《礼记·月令》载："（季春）是月也，命工师令百工审五库之量，金铁、皮革、筋角、齿羽、箭干、脂胶、丹漆，无或不良。"睡虎地秦简《秦律杂抄》规定："漆园殿，赀啬夫一甲，令、丞及佐各一盾，徒络组各廿给。漆园三岁比殿，赀啬夫二甲而法（废），令、丞各一甲。"[2]由此可知秦国也有漆园，并设啬夫及令、丞、佐等官吏主管漆树的种植与漆的生产，还有考核和问责制度：如果漆园被评为下等，罚漆园的啬夫一甲，县令、丞及佐各一盾，徒络组各二十根；漆园三年连续被评为下等，罚漆园的啬夫二甲、撤职永不叙用，县令、丞各罚一甲。

从文献记载看，在汉代，经营漆林的经济收入颇丰。《史记·货殖列传》载："陈、夏千亩漆；齐、鲁千亩桑麻；渭川千亩竹……此其人皆与千户侯等。"可见，千亩漆林收入与千户侯相等。东汉豪族田庄也有漆树种植及漆器生产。《后汉书·樊宏传》载："（樊宏）父重，字君云，世善农稼，好货殖。重性温厚，有法度，三世共财，子孙朝夕礼敬，常若公家。其营理产业，物无所弃，课役童隶，各得其宜，故能上下勠力，财利岁倍，至乃开广田土三百余顷。其所起庐舍，皆有重堂高阁，陂渠灌注。又池鱼牧畜，有求必给。尝欲作器物，先种梓漆，时人嗤之，然积以岁月，皆得其用，向之笑者咸求假焉。赀至巨万，而赈赡宗族，恩加乡闾。外孙何氏兄弟争财，重耻之，以田二顷解其忿讼。县中称美，推为三老。年八十余终。其素所假贷人

---

[1] 史树青:《漆林识小录》，《文物参考资料》1957年第7期。
[2] 睡虎地秦墓竹简小组编《睡虎地秦墓竹简》，文物出版社2001年版，第84页。

间数百万，遗令焚削文契。责家闻者皆惭，争往偿之，诸子从敕，竟不肯受。"这是汉代史料中所见最为典型的豪族，其田庄中种植梓树和漆树，并作器物，主要劳动者是童隶。

关于漆树的种植方法，史无记载。贾思勰《齐民要术》中虽有"种漆"篇，却没讲如何种漆，而讲了漆器的保存和使用方法。《齐民要术·种漆》载："凡漆器（不问真伪），过客之后，皆须以水净洗，置床箔上，于日中半日许曝之使干，下晡乃收，则坚牢耐久。若不即洗者，盐醋浸润气彻，则皱；器便坏矣。其朱里者，仰而曝之。（朱本和油，性润耐日故。）盛夏连雨，土气蒸热，什器之属，虽不经夏用，六七月中，各须一曝使干。世人见漆器暂在日中，恐其炙坏，合著阴润之地；虽欲爱慎，朽败更速矣。凡木画、服玩、箱、枕之属。入五月，尽，七月、九月中，每经雨，以布缠指，揩令热彻，胶不动作，光净耐久。若不揩拭者，地气蒸热，遍上生衣，厚润彻胶，便皱；动处起发，飒然破矣。"[1]由此可知，漆器需要必要的保养，才能更加坚牢耐久。保养的主要方法是洗净、晒干、揩拭等。

三　主要考古发现与学术研究

漆器是考古学文化和科学技术等的重要载体，在建立考古学文化的时空框架，进而研究古人类的物质、精神和社会活动等方面提供了独特的珍贵信息。中国漆器的发展脉络和发展情况，是中华文明在手工业方面的具体表现，也是中华文明延续至今的实证之一。"距今5800年前后，黄河、长江中下游以及西辽河等区域出现了文明起源迹象；距今5300年以来，中华大地各地区陆续进入了文明阶段；距今3800年前后，中原地区形成了更为成熟的文明形态，并向四方辐射文化影响力，成为中华文明总进程的核心与引领者。"[2]本书所探讨的中华早期漆器基本在这一时间范畴内，唯上限较早，下限至夏代。其中年代较早的几例漆器，均发现于浙江，属良渚文化时期以

---

[1]《齐民要术》，石声汉译注，石定枎、谭光万补注，中华书局2015年版，第560—563页。
[2] 史一棋：《考古实证：中华文明五千年！》，《人民日报》2018年5月29日，第6版。

前，包括距今8000年前的余姚井头山遗址[1]、杭州萧山区跨湖桥遗址[2]，以及距今7000年前后的余姚河姆渡遗址[3]、余姚田螺山遗址[4]，后三者文化上分别属于跨湖桥文化和河姆渡文化。而2021年见诸报道的井头山遗址，发掘简报认为，其文化内涵与跨湖桥文化和河姆渡文化存在一定的相似性和明显的差异性。这些考古发现的距今七八千年的漆器，不仅事关中国漆器起源等重大问题，而且也为此后的漆器发展奠定了坚实的基础。

田野考古发现的很多早期漆器，出土时胎骨已朽，有的仅存痕迹，有的尚存漆皮及漆皮上的图案，胎骨保存较好者不多，资料比较零碎。[5]因此，田野考古发现的很多漆器不能辨识或者说不能明确其器形。近些年来，田野考古发掘和室内清理越来越精细化，使得更多的漆器被提取、复原，为我们研究早期漆器提供了必要的条件。中国漆器发端于新石器时代，经历了新石器时代和夏代漫长的初步发展期，为其后的进一步发展奠定了坚实的基础。

新石器时代漆器主要发现于浙江。1977年，余姚河姆渡遗址出土1件朱漆木碗和1件缠藤篾朱漆木筒，[6]它们曾长期被认为是中国最早的漆器，距今

---

[1] 浙江省文物考古研究所、宁波市文化遗产管理研究院、余姚市河姆渡遗址博物馆:《浙江余姚市井头山新石器时代遗址》,《考古》2021年第7期。
[2] 浙江省文物考古研究所、萧山博物馆:《跨湖桥》；蒋乐平:《跨湖桥文化研究》,科学出版社2014年版，第78页。
[3] 浙江省文物管理委员会、浙江省博物馆:《河姆渡遗址第一期发掘报告》,《考古学报》1978年第1期；河姆渡遗址考古队:《浙江河姆渡遗址第二期发掘的主要收获》,《文物》1980年第5期；浙江省文物考古研究所:《河姆渡——新石器时代遗址考古发掘报告》,文物出版社2003年版。
[4] 浙江省文物考古研究所、余姚市文物保护管理所、河姆渡遗址博物馆:《浙江余姚田螺山新石器时代遗址2004年发掘简报》,《文物》2007年第11期；李安军主编《田螺山遗址——河姆渡文化新视窗》,西泠印社出版社2009年版。
[5] 本书中所涉及漆器，除了特别说明胎骨者，均为木胎。类型学主要依照木胎漆器划分，同类型的其他胎骨漆器也归入相应型式。
[6] 浙江省文物管理委员会、浙江省博物馆:《河姆渡遗址第一期发掘报告》,《考古学报》1978年第1期；河姆渡遗址考古队:《浙江河姆渡遗址第二期发掘的主要收获》,《文物》1980年第5期；浙江省文物考古研究所:《河姆渡——新石器时代遗址考古发掘报告》；中国漆器全集编辑委员会:《中国漆器全集（1）·先秦》,福建美术出版社1997年版。

约7000年。1986年，浙江余杭反山墓地[1]有4座墓葬出土漆器，器形有带把宽流杯、盘、杯、囊形器等。1987年，余杭瑶山墓地[2]出土不少朱红色的漆皮残痕和200余颗用于镶嵌的玉粒，原应随葬不少漆木器具，可辨器形有盘和觚各1件。1988—1991年，庙前遗址[3]第一、二次发掘中，H2出土1件木胎漆盘，内外髹朱漆，外腹用黑漆绘几何纹。1997年，好川墓地[4]出土26件漆器，出土于23座墓中，仅为红色漆痕，大部分漆痕上粘附有各种形态的石片或曲面玉片，较完整清晰的几件漆痕形状为亚腰形或柄形。2001年，杭州萧山跨湖桥遗址[5]出土1件朱漆木弓，距今8000年。2003—2005年，浙江杭州下家山遗址[6]出土30件漆器，可辨器形有觚、盘、豆、筒等，其中漆觚至少有7个个体，约占漆器总数的四分之一。2019—2020年，浙江余姚市井头山新石器时代遗址出土1件带销钉漆木器残片（或为舟）和1件漆木棍，距今8000余年[7]，是迄今考古发现的年代最早的漆器。

江苏和湖北也出土少量新石器时代漆器。1959年，在江苏吴江梅堰遗址[8]出土了距今四五千年的陶胎漆罐和杯各1件。1973年，江苏常州圩墩遗址[9]第4层出土漆器，均残，器形有喇叭形器座、罐、筒形器各1件。1987年，在江苏新沂花厅墓地[10]M4、M18中发现的所谓嵌绿松石的红彩地面，应是嵌绿松石漆木器腐朽后的残迹。1997—1998年，在湖北江陵阴湘

---

[1] 浙江省文物考古研究所反山考古队：《浙江余杭反山良渚墓地发掘简报》，《文物》1988年第1期；浙江省文物考古研究所：《反山》，文物出版社2005年版。
[2] 浙江省文物考古研究所：《余杭瑶山良渚文化祭坛遗址发掘简报》，《文物》1988年第1期；浙江省文物考古研究所：《瑶山》，文物出版社2003年版。
[3] 浙江省文物考古研究所：《庙前》，文物出版社2005年版。
[4] 浙江省文物考古研究所、遂昌县文物管理委员会：《好川墓地》，文物出版社2001年版。
[5] 浙江省文物考古研究所、萧山博物馆：《跨湖桥》；蒋乐平：《跨湖桥文化研究》，第78页。
[6] 浙江省文物考古研究所：《卞家山》，文物出版社2014年版。
[7] 浙江省文物考古研究所、宁波市文化遗产管理研究院、余姚市河姆渡遗址博物馆：《浙江余姚市井头山新石器时代遗址》，《考古》2021年第7期。
[8] 江苏省文物工作队：《江苏吴江梅堰新石器时代遗址》，《考古》1963年第6期。
[9] 吴苏：《圩墩新石器时代遗址发掘简报》，《考古》1978年第4期。
[10] 南京博物院：《1987年江苏新沂花厅遗址的发掘》，《文物》1990年第2期；南京博物院：《花厅——新石器时代墓地发掘报告》，文物出版社2003年版。

城大溪文化壕沟淤积层中出土4件漆器[1]，即木胎朱漆黑彩竽，竹胎朱漆箭杆，木胎髹褐、朱、黑三色漆并有饰纹的钺柄，髹朱漆的黑陶小簋。2018—2019年，湖北沙洋县城河新石器时代遗址王家塝墓地[2]出土漆器只存痕迹，M112随葬的暗红色板状器物可能为漆盘，M155出土1件玉钺，有红色漆柄痕迹。

北方地区新石器时代漆器以山西襄汾陶寺墓地出土者为代表。1978—1985年，陶寺墓地出土了大量彩绘木器，外壁施以彩绘，多以红彩为地，用白、黄、黑、蓝、绿等色绘出图案。[3]其中M1111和M3015出土的部分木豆，其彩皮剥落时呈卷状，与漆皮相似。这些漆器木胎均已朽，可辨器形有鼓、案、俎、豆、觚、盆、杯、盘、长方盘、匣、斗、勺等。器表纹样丰富，有条带纹、几何形纹、云纹、回纹等。此外，该墓地还出土嵌绿松石腕饰和头饰，胎骨为木胎和骨胎。1998年，山西临汾下靳墓地[4]也出土2件嵌绿松石腕饰。2002年，陶寺墓地ⅡM22[5]出土25件漆木器，器形有觚、豆、盒、箱、彩绘陶盆的漆木架、桶形器，还有6件玉石钺的漆木柄和1件漆木杆。

夏代漆器集中发现于河南偃师二里头遗址。1977—1987年，对二里头遗址进行了多次发掘，发现一些漆器，主要出土于墓葬中，其中器形明确者以觚最多，有10余件，在墓中漆觚常与铜爵、陶盉配组出现。另外有漆匣、豆、盒、钵、匕、勺等，还有漆鼓和漆棺。具体如下。1977—1978年，二号宫殿后"大墓"出土漆匣，内盛一狗。[6]1980年，ⅢM2出土漆觚、盒、豆、

---

[1] 贾汉清、张正发：《阴湘城发掘又获重大成果》，《中国文物报》1998年7月1日；张绪球：《屈家岭文化》，文物出版社2004年版。
[2] 中国社会科学院考古研究所、湖北省文物考古研究所、荆门市博物馆、沙洋县文物管理所：《湖北沙洋县城河新石器时代遗址王家塝墓地》，《考古》2019年第7期。
[3] 中国社会科学院考古研究所山西工作队等：《1978年—1980年山西襄汾陶寺墓地发掘简报》，《考古》1983年第1期；中国社会科学院考古研究所、山西省临汾市文物局：《襄汾陶寺：1978—1985年考古发掘报告》，文物出版社2015年版。
[4] 下靳考古队：《山西临汾下靳墓地发掘简报》，《文物》1998年第12期。
[5] 中国社会科学院考古研究所山西队、山西省考古研究所、临汾市文物局：《陶寺城址发现陶寺文化中期墓葬》，《考古》2003年第9期。
[6] 中国社会科学院考古研究所：《偃师二里头》，中国大百科全书出版社1999年版，第157页。

筒形器等，数量不详，其中觚上有饕餮纹图案，还有朱漆雕花漆器痕，另出土漆木棺；Ⅲ M4、Ⅴ M3也出土漆棺。[1]1981年，Ⅴ M3出土漆棺；Ⅴ M4出土漆器数量较多，能辨别器形的有2件钵、1件鼓和1件觚，另有漆棺；Ⅴ M5出土1件漆觚，另有漆棺。[2]1984年，Ⅵ M9出土1件漆觚；Ⅵ M11出土1件漆盒。[3]1987年，Ⅵ M28、M44、M49、M57各出土1件漆觚。[4]1995年，在二里头遗址Ⅸ区一座建筑基址上，发现一个直径约11厘米的带漆的类似"柱洞"的遗迹，"柱洞"内周圈有朱、黑两色漆，黑漆厚约1毫米，在外；朱漆薄，在内。不知其是建筑上的漆柱，还是埋入地下的漆器。值得注意的是，这里是一片与祭祀有关的建筑遗存。[5]2001年，Ⅴ M1出土1件漆觚，朱红色，残甚。[6]2002年，Ⅴ M3出土觚、勺、匣、圆形圜底漆器标本各1件，以及1件龙形绿松石嵌饰；Ⅴ M4出土漆器共7件，保存差，器形不明；Ⅴ M5出土漆器大部分器形难辨，不少于11件，其中豆1件、觚2件、圈足器1件、弦纹漆器1件。[7]

此外，1974—1983年发掘的内蒙古赤峰大甸子墓地[8]有30多座墓葬都出土了漆器或漆器碎片。可辨器形有觚、筹等，内外皆髹朱漆，并发现经过加工的绿松石片、蚌片、螺片。1992年，在河南驻马店杨庄遗址第三期遗

---

[1] 中国社会科学院考古研究所二里头工作队：《1980年秋河南偃师二里头遗址发掘简报》，《考古》1983年第3期。
[2] 中国社会科学院考古研究所二里头工作队：《1981年河南偃师二里头墓葬发掘简报》，《考古》1984年第1期。
[3] 中国社会科学院考古研究所二里头工作队：《1984年秋河南偃师二里头遗址发现的几座墓葬》，《考古》1986年第4期。
[4] 中国社会科学院考古研究所二里头工作队：《1987年偃师二里头遗址墓葬发掘简报》，《考古》1992年第4期。
[5] 中国社会科学院考古研究所编著《中国考古学·夏商卷》，中国社会科学出版社2003年版，第117页。
[6] 中国社会科学院考古研究所：《二里头（1999—2006）》壹册，文物出版社2014年版，第995页。
[7] 中国社会科学院考古研究所：《二里头（1999—2006）》壹册，第1006、1011、1015页。
[8] 中国社会科学院考古研究所：《大甸子——夏家店下层文化遗址与墓地发掘报告》，科学出版社1996年版。

存 T15 ②层出土 1 件木胎漆觚，残存红、白色漆带各 1 条。[1]

关于史前至夏代漆器的研究，除了发掘简报、发掘报告、各类图录外，有关学者对不同地域、不同时代的出土漆器从不同角度进行了讨论，正是在这些学者的研究和更多发表资料的基础上，笔者得以对其进行总体的归纳和综合研究。关于中国漆器的源流问题，学者关注较早，如王和举先生早在20世纪70年代末就对漆器源流进行了探讨；[2]高炜先生对陶寺龙山文化木器进行了研究并对北方漆器起源问题进行了探讨；[3]陈振裕先生也对中国漆器起源进行了有益的探索；[4]张飞龙、赵晔两位先生对中国史前漆器文化的源与流进行了论述。[5]漆觚是史前至夏代最重要的漆器，学者较为关注，研究成果颇多，如赵晔先生对良渚文化漆觚的发现和研究进行了梳理与探讨，并对良渚文化木质遗存进行了整理与分析；[6]吕琪昌先生对卞家山出土漆觚进行了分析；[7]方向明先生对好川和良渚文化的漆觚、棍状物及玉锥形器进行了研究；[8]严志斌先生对良渚文化、二里头文化和商文化墓葬中出土的玉锥形器、玉柄形器、圆陶片、漆觚的组合与使用等问题进行了深入讨论。[9]关于髹漆和漆器制作保护工艺的研究成果较多，王世襄先生对《髹饰录》进行了解说；[10]日本学者见诚敏子先生对古代漆器的涂漆和干燥技术进行了研

---

[1] 北京大学考古学系、驻马店市文物保护管理所：《驻马店杨庄——中全新世淮河上游的文化遗存与环境信息》，科学出版社1998年版，第187页。
[2] 王和举：《漆器源流概述》，《福建工艺美术》1979年第2期。
[3] 高炜：《陶寺龙山文化木器的初步研究——兼论北方漆器起源问题》，载"中国考古学研究"编委会编《中国考古学研究——夏鼐先生考古五十年纪念论文集》（二），科学出版社1986年版。
[4] 陈振裕：《中国漆器起源探索》，《故宫文物月刊》1996年第7期。
[5] 张飞龙、赵晔：《中国史前漆器文化源与流——中国史前生漆文化研究》，《中国生漆》2014年第6期。
[6] 赵晔：《良渚文化漆觚的发现和研究》，载中国考古学会《中国考古学会第十四次年会论文集》，文物出版社2012年版；《初论良渚文化木质遗存》，《南方文物》2012年第4期。
[7] 吕琪昌：《卞家山出土漆觚的启示》，《华夏考古》2013年第3期。
[8] 方向明：《好川和良渚文化的漆觚、棍状物及玉锥形器》，《华夏文明》2018年第3期。
[9] 严志斌：《漆觚、圆陶片与柄形器》，《中国国家博物馆馆刊》2020年第1期。
[10] 王世襄：《髹饰录解说》。

究；[1]陈振裕先生对我国夏商时期的漆器制作工艺乃至中国历代漆器制作工艺的继承与发展进行了探讨；[2]张飞龙先生对中国髹漆工艺与漆器保护做了综合研究，并对良渚文化的髹漆工艺进行了探讨；[3]长北先生对《髹饰录》记录的古代漆器髹饰工艺与东亚漆器髹饰工艺进行了综合研究；[4]杨海亮等对良渚遗址出土文物髹漆成分做了探讨[5]。还有一些综述成果，如郭德维先生和陈振裕先生都对先秦漆器发展情况做了论述；[6]石超先生对浙江史前遗址出土的漆器进行了分析；[7]李娜先生对良渚文化漆器做了初步探讨。[8]此外，笔者对先秦两汉漆器的髹饰工艺、先秦两汉嵌绿松石漆器进行了专门研究。[9]

总体上看，目前学界关于史前至夏代漆器的研究取得了很多重要成果，提出了一些创新观点，为后来的研究奠定了非常坚实的学术基础。同时也应看到，与其他质地器物的研究相比，有关早期漆器的研究还相对薄弱，目前的研究成果数量还不够多，且有碎片化倾向，研究的深度和广度都有待扩展：从制作工艺方面研究的文章多，从考古类型学方面研究的文章少；综述的文章多，深度研究的文章少；针对局部地区、个别时段或个别文化漆器的研究多，针对全部漆器的总体研究少。已有的研究论文大都是多年前的成

---

[1] [日]见诚敏子：《古代的涂漆工艺及干燥技术》，巨东梅译，《文物保护与考古科学》1990年第1期。
[2] 陈振裕：《我国夏商时期的漆器工艺》，载中国社会科学院考古研究所《中国商文化国际学术讨论会论文集》，中国大百科全书出版社1998年版；《中国历代漆器工艺的继承与发展》，《江汉考古》2000年第1期。
[3] 张飞龙：《中国髹漆工艺与漆器保护》；《良渚文化的髹漆工艺》，《江汉考古》2014年增刊。
[4] 长北：《〈髹饰录〉与东亚漆器——传统髹饰工艺体系研究》，人民美术出版社2014年版。
[5] 杨海亮、郑海玲、周旸：《基于显微红外的良渚遗址文物髹漆成分探讨》，《中国生漆》2020年第3期。
[6] 郭德维：《我国先秦时期漆器发展试探——兼论曾侯乙墓漆器的特点》，《江汉考古》1988年第3期；陈振裕：《先秦漆器概述》。
[7] 石超：《浙江史前遗址出土的漆器》，《杭州文博》2012年第2期。
[8] 李娜：《良渚文化漆器初探》，《江汉考古》2020年第3期。
[9] 洪石：《先秦两汉漆器的髹饰工艺》，载中国社会科学院考古研究所等《汉代海上丝绸之路考古与汉文化》，科学出版社2019年版；《先秦两汉嵌绿松石漆器研究》，《考古与文物》2019年第3期。

果，未能引用和参考近期的一些重要考古新发现材料，导致相关的结论已过时。比如，学界之前一直以 1977 年浙江余姚河姆渡遗址出土的木胎朱漆碗为中国最早的漆器，直到 2001 年跨湖桥遗址出土朱漆木弓，才揭示中国漆器至少有 8000 年的历史；但在 2004 年出版的发掘报告《跨湖桥》中，介绍其是木弓，未介绍髹漆情况。经过后来的分析检测，正式公布研究成果已是在十年之后的 2013 年"第四届跨湖桥文化国际学术研讨会暨中国漆艺术论坛"，跨湖桥遗址出土的"漆弓"被专家称为中国的"漆之源"。最近浙江余姚井头山遗址出土了髹漆的木器残片和木棍各 1 件，年代略早于跨湖桥漆弓。

本书尽可能详细地收录了目前发表的有线图或照片的漆器资料；对于无线图或照片的漆器，如果有比较详细的文字说明，本书也予以收录。同时，对共存的重要木器资料进行收集和分析，以资比较。历年来考古发掘积累的漆器资料，大致可反映出这一时期漆器的基本情况。这些原始资料，再加上学者对早期漆器研究的学术积累，为本书的写作提供了必要的学术基础。

四　研究内容、方法与意义

本书的主要内容是在全面收集和梳理历年来考古发掘出土的史前至夏代漆器的基础上，结合历史文献记载和科技检测分析结果，对史前至夏代漆器进行考古学综合研究。首先是按照出土遗迹单位梳理出土漆器，继而在此基础上，对这些出土漆器进行类型学分析以及组合分期、生产工艺（包括制胎、髹漆与装饰等）、流播与器用等方面的基础研究，以探究该时期漆器的发展脉络、发展水平、交流互鉴情况及其在中华文明发展中的重要地位和作用等，并为当今非物质文化遗产传承、文物保护及修复和相关工艺技术的开发应用等提供学术支撑。

对于早期漆器的研究，需集多学科之力，如考古学、历史学、古文字学、民族学、文献学等，此外特别要充分重视现代科技分析方法，如借助光学显微镜（OM）和扫描电子显微镜（SEM）分析技术中的形貌分析，揭示漆膜和漆灰的分层特点，了解其中填料颗粒粒度和分布情况；借助 X 射线荧光光谱（XRF）和 X 射线能谱仪（EDS）等化学组成分析技术揭示漆膜的物质组成特点；对木胎漆器的木材进行鉴定分析等。鉴于此，本书以考古学方法为基础，结合多种学科研究成果与研究思路，力求对中华早期漆器的研究更加科学、更加丰富。

中华早期漆器研究的难点主要有以下五个方面：一是受考古发掘原始材料的限制，这一时期漆器出土数量尚可，但部分漆器保存状况不太好，难窥其全貌；二是受资料发表的限制，有的发掘材料未发表，有的只发表了简报，有的没有线图和照片，不便利用；三是研究基础相对薄弱，可以借鉴的综合性研究成果不多；四是漆器工艺的研究涉及诸多跨学科内容，如物理、化学及工艺美术等，研究难度大；五是不同地区出土漆器数量差异很大，这可能与漆器的生产与使用有关，也可能是漆器埋藏环境所致，还可能与考古工作进行的程度有关，在这种比较复杂的情况下探讨漆器分布与使用的实际情况，需要具体分析，不能一概而论。

正因为有上述五方面的研究难点，长期以来，研究早期漆器的学者很少，总体而言研究成果不够全面和深入，缺少综合性的研究专著。近些年来，随着田野考古发掘资料的不断增多，科技考古和实验室考古的应用使得信息提取最大化，过去很多无法提取、记录的有关漆器的信息得以公之于众，漆器资料不断丰富，为进一步的综合分析与深入研究提供了必要的基础。

在中国漆用漫长的发展历程中，一方面，人们对生漆本身的认识不断深入，如对生漆的精炼、对色漆和油漆的使用等；另一方面，漆器的制作和髹饰技术不断提高，器类逐渐丰富，造型不断创新，实现了美观与实用的兼顾。同时，由于漆器自身的优势，如轻便、美观、耐酸碱、防水等，其需求量不断增加，官府和社会上层逐渐控制了生漆资源以及漆器的生产、使用和流通。其中，战国秦汉时期，无论是从漆器数量、种类、制作、髹饰，还是从对外影响的角度来看，都堪称中国漆器发展史上的一段黄金时期。而将中国古代漆器向前追溯，构建起中国漆器的起源和早期发展的时空框架体系，以考古资料实证和阐释早期中国生漆的使用情况、漆器的物质文化史和工艺技术发展史，以及漆礼器文化传统及其在中华文明发展进程中所起的重要作用，有助于促进我们对中华文明起源和早期发展的全面而深入的思考，实现"考古写史"的目标。

生漆与漆器的使用是中华文明的重要内容之一。中国制造和使用漆器的历史悠久，可以上溯到距今 8000 多年的新石器时代。漆器应用范围很广，涉及衣食住行各方面，曾在中国古代文明史上谱写了极其辉煌的篇章，并延续至今。大约在西汉时期，中国漆工艺技术传入了朝鲜半岛、日本及东南亚等地[1]，哺育和影响了周边地区和民族的漆工艺文化，为世界文明的发展做出了突出贡献。因此，对中华早期漆器的研究，有利于展示中华文明起源和发展的历史脉络，展示中华文明的灿烂成就，展示中华文明对世界文明的重大贡献。

习近平总书记重要文章《建设中国特色中国风格中国气派的考古学　更好认识源远流长博大精深的中华文明》明确指出："中国古代农业技术、'四大发明'以及漆器、丝绸、瓷器、生铁和制钢技术、郡县制、科举制等在世界文明史上具有鲜明的独创性。这些重大成就展示了我国在悠久历史进程中为人类文明进步作出的突出贡献，也展示了中华民族以和为贵的和平性格、海纳百川的包容特质、天下一家的大国气度。"[2]对中华早期漆器进行系统研究，探索未知、揭示本源，有助于做好考古成果的挖掘、整理、阐释工作，有助于建设中国特色中国风格中国气派的考古学，有助于更好认识源远流长博大精深的中华文明。

---

[1]　王琥：《漆艺概要》，江苏美术出版社 1999 年版，第 33 页。
[2]　习近平：《建设中国特色中国风格中国气派的考古学　更好认识源远流长博大精深的中华文明》，《求是》2020 年第 23 期。

第一章

[ONE]

早期漆器的考古发现

为全面了解中华早期漆器的发展情况,有必要首先对新石器时代和夏代漆器的考古发现进行细致梳理,以便在此基础上做考古类型学方面的分析、探讨及相关研究。

第一节
新石器时代漆器的考古发现

新石器时代漆器的考古发现虽然不多，却弥足珍贵，不仅为了解更早时代漆器生产和使用等方面的情况提供了实物资料，可补史料记载之阙如，而且为探索中国漆器的起源和早期发展及其在中华文明进程中的地位和作用等问题提供了重要线索。根据目前收集到的资料，这些漆器主要出自浙江、江苏、上海、湖北、山西，集中在长江下游地区，黄河流域基本限于山西襄汾陶寺墓地（附表一）。下面主要分地区以时间早晚为序进行介绍。

一 浙江出土新石器时代漆器

前文已提到，浙江是中国目前最早漆器的出土地，曾经两次刷新了最早漆器的纪录，而其后的良渚文化漆器，为新石器时代出土地点最多、出土数量最大、制作水平最高、最具代表性的漆器，是长江文明的重要组成部分，具有典型代表意义。这些考古发现对于探讨中华漆器起源乃至文明起源及相关问题都具有十分重要的价值，值得特别关注与研究。

（一）井头山遗址[1]出土漆器

带销钉的木器残片　1件（T509⑱：1）。主体木块有宽凹槽，其上有一销

---

[1] 浙江省文物考古研究所、宁波市文化遗产管理研究院、余姚市河姆渡遗址博物馆：《浙江余姚市井头山新石器时代遗址》，《考古》2021年第7期；宋瑞雪：《浙江井头山遗址8000多年前的木漆器出土》，《中国生漆》2021年第2期；Kuanrong Zhai, Guoping Sun, Yunfei Zheng, Meng Wu, Bingjian Zhang, Longguan Zhu, Qi Hu, "The Earliest Lacquerwares of China Were Discovered at Jingtoushan Site in the Yangtze River Delta," *Archaeometry*, 2021, https://doi.org/10.1111/arcm.12698。

钉与户型小木块，销钉与孔的缝隙间填胶状物，似为独木舟之类的残器。局部残留黑漆。加工较精细。残长47、最宽16.6、厚2.5厘米（图1-1-1；彩图2-1）。

木棍　1件，为T510出土，扁圆体，髹黑漆（图1-1-2；彩图2-2）。

研究人员采用微区红外光谱、热裂解质谱的方法对两件木器表面的黑色涂层进行分析，基本确定涂层中含漆酚的特征分子片段甲基苯酚和甲基苯二酚；再通过酶联免疫法研究，发现涂层中含有中国漆抗原蛋白，进一步确认该涂层为人工髹涂的天然漆。[1]

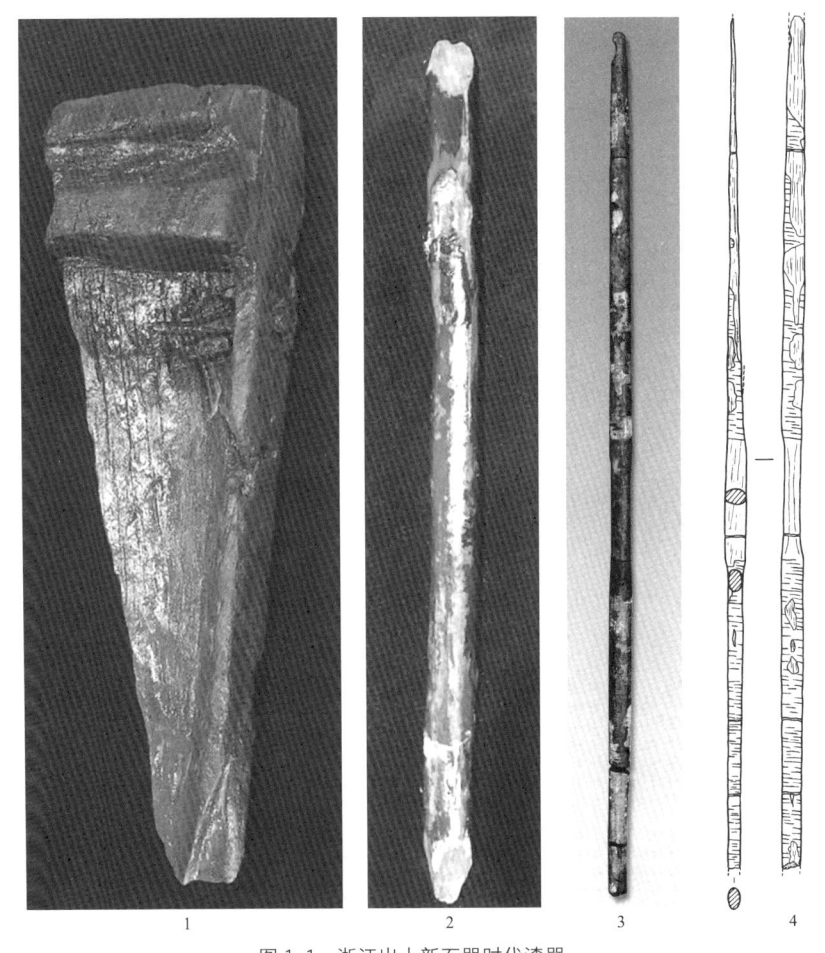

图1-1　浙江出土新石器时代漆器
1.带销钉的木器残片（井头山 T509⑱：1）　2.木棍（井头山 T510出土）　3、4.弓（跨湖桥 T0512⑨A：17）

[1] 宋瑞雪：《浙江井头山遗址8000多年前的木漆器出土》，《中国生漆》2021年第2期。

（二）跨湖桥遗址[1]出土漆器

弓　1件（T0512⑨A∶17）。残长121厘米。截面呈扁圆形，最宽约3.3、厚2.2厘米；两端（残）略细，宽3、厚2厘米。中段（长17厘米）截面亦为扁圆形，扁侧方向与弓身其余部位相左，应为柎（抓手）的位置，柎宽3.2、厚2.2厘米（图1-1-3、4；彩图2-3）。除了柎的位置，均见有漆皮，漆皮带皱痕，局部脱落。弓材为桑木的心材。两端已残，弦未存。弓体出土时呈挺直状态。通过实验室分析，该漆弓可分为暗红色变质的漆表膜、漆层、单色漆下层、木胎四部分。红外线光谱分析表明，主要吸收峰与现代生漆完全一致。红色颜料的荧光X射线定性分析为氧化铁。此弓可与遗址出土的石、骨、木质镞配合使用。

（三）河姆渡遗址[2]出土漆器

碗　1件（T231③∶30）。木胎较厚，口部略呈椭圆形，腹部呈瓜棱状，口部与腹部略残，圈足外撇。口径9.2×10.6、底径7.2×7.6、高5.7厘米（图1-2-1、2；彩图3）。器表髹朱红色漆，薄而匀，微显光泽，可惜大多已剥落。漆皮经中国科学院化学研究所李培基先生鉴定，其光谱图与湖南长沙马王堆汉墓出土漆皮的裂解光谱图相似，确定为漆。[3]红彩成分为朱砂。

筒　1件（T17④∶23）。用整段圆木加工而成，内外壁均磨错得十分光洁。器壁厚薄均匀，断面略呈椭圆形，在外壁近两端处缠有数周藤篾。长32.6、口径9.4、壁厚0.7厘米（图1-2-5、6）。外壁髹朱漆。此外，河姆渡遗址还出土6件类似木筒，有的内壁凿一周浅槽，塞以圆木饼。T36④∶23，长36厘米。内壁一端有一周凹槽，塞有圆木饼，出土时已被压扁（图1-2-7）。另外，发现木饼7件，扁平圆形，直径6—7厘米。据T36④∶23木筒内

---

[1] 浙江省文物考古研究所、萧山博物馆：《跨湖桥》；蒋乐平：《跨湖桥文化研究》，第78页。
[2] 浙江省文物管理委员会、浙江省博物馆：《河姆渡遗址第一期发掘报告》，《考古学报》1978年第1期；河姆渡遗址考古队：《浙江河姆渡遗址第二期发掘的主要收获》，《文物》1980年第5期；浙江省文物考古研究所：《河姆渡——新石器时代遗址考古发掘报告》；中国漆器全集编辑委员会：《中国漆器全集（1）·先秦》。
[3] 浙江省文物考古研究所：《河姆渡——新石器时代遗址考古发掘报告》，第291页。

022 / 中华早期漆器研究

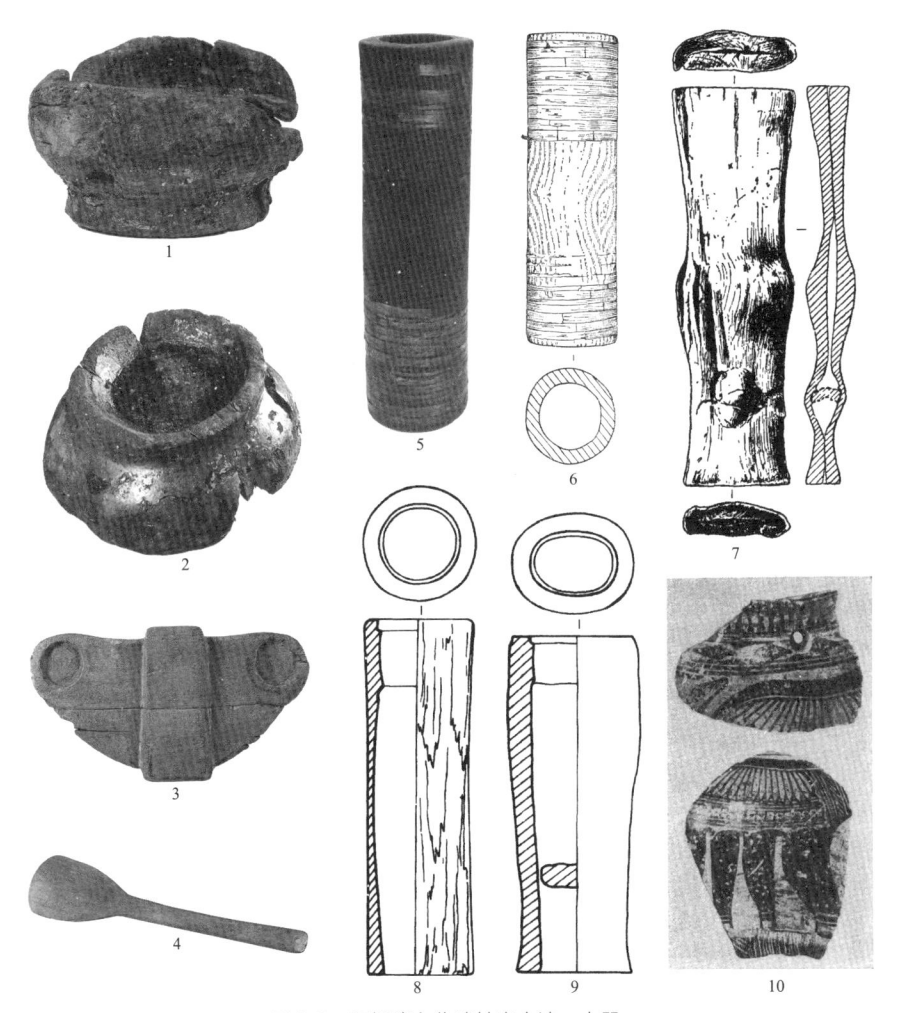

图 1-2　河姆渡文化遗址出土漆、木器

1、2.漆碗（河姆渡 T231③：30）　3.漆蝶形器（河姆渡 T17④：37）　4.木勺（河姆渡 T231③：25）　5、6.漆筒（河姆渡 T17④：23）　7—9.木筒（河姆渡 T36④：23、鲻山 T10⑨：21、鲻山 T3⑨：6）　10.漆绘陶片（河姆渡 T17④：9、T16④：61）

塞有圆木饼推断，此类木饼可能都是塞在木筒内用于封底的。此外，鲻山遗址[1]出土 2 件类似木筒。其中 T3⑨：6，用挖空的两半木头黏合而成，一端大，一端小，外壁加工光滑，内壁有固定木塞的凸脊和浅槽，内有圆饼形木

---

[1]　浙江省文物考古研究所、厦门大学历史系：《浙江余姚市鲻山遗址发掘简报》，《考古》2001 年第 10 期。

塞。长32、大端直径12、小端直径10.4厘米（图1-2-9）。T10⑨：21，已被压扁，由两半合成，稍束腰，一端有固定木塞的凸脊。长34、直径10.5厘米（图1-2-8）。鲻山遗址是继河姆渡遗址之后在姚江谷地发掘的又一处重要的河姆渡文化遗址。

蝶形器 T17④：37，漆绘。长23、宽13.5厘米（图1-2-3）[1]。

漆绘陶片 在T16和T17的第4层底部发现三片彩陶，为一小口罐的口沿及腹部残片。胎质为夹炭黑陶，胎壁外拍印绳纹，其外有一层较厚的灰白色土，土质较细腻。器表打磨光滑，绘有咖啡色及黑褐色变体的动植物花纹，色彩浓厚，有光泽。后来发表的资料介绍其为漆绘陶片（图1-2-10）[2]。

木勺 T231③：25，长13、身宽3.5、柄宽1、厚0.2厘米（图1-2-4）[3]。未经髹漆，与上述漆碗出土于同一个探方的同一层中，似可配套使用，在尺度方面也合适。故收录以为参考。

（四）田螺山遗址[4]出土漆器

蝶形器 用整木雕成，正面似牛的面部，背面有浅凹槽和穿缀孔。髹黑褐漆。DK3⑦：55，残宽17.4、高11.5厘米（图1-3-3、4；彩图4-3）。DK3⑦：54，宽32、高12.5厘米（图1-3-5；彩图4-4）。还有1件木蝶形器的半成品。

筒 T203⑦：9，用整木掏挖而成，器表分三段，两端细刻多圈平行线纹，整体髹光亮黑漆，一面剥落较甚。筒内有一片木塞。发掘资料中未介绍其尺寸。根据彩照上的比例尺推算，长度应在30—40厘米（图1-3-1、2、6；彩图4-1、2、5）。

漆绘陶片 T203③：13，发掘资料中无详细介绍。从彩照看，陶片上满饰红色线条组成的几何图案（图1-3-7；彩图4-6）。

遗址的年代为河姆渡文化时期。

---

[1] 李安军主编《田螺山遗址——河姆渡文化新视窗》，第30页。
[2] 图片见李安军主编《田螺山遗址——河姆渡文化新视窗》，第16页。
[3] 河姆渡遗址博物馆：《河姆渡文化精粹》，文物出版社2002年版；李安军主编《田螺山遗址——河姆渡文化新视窗》。
[4] 浙江省文物考古研究所、余姚市文物保护管理所、河姆渡遗址博物馆：《浙江余姚田螺山新石器时代遗址2004年发掘简报》，《文物》2007年第11期；李安军主编《田螺山遗址——河姆渡文化新视窗》。

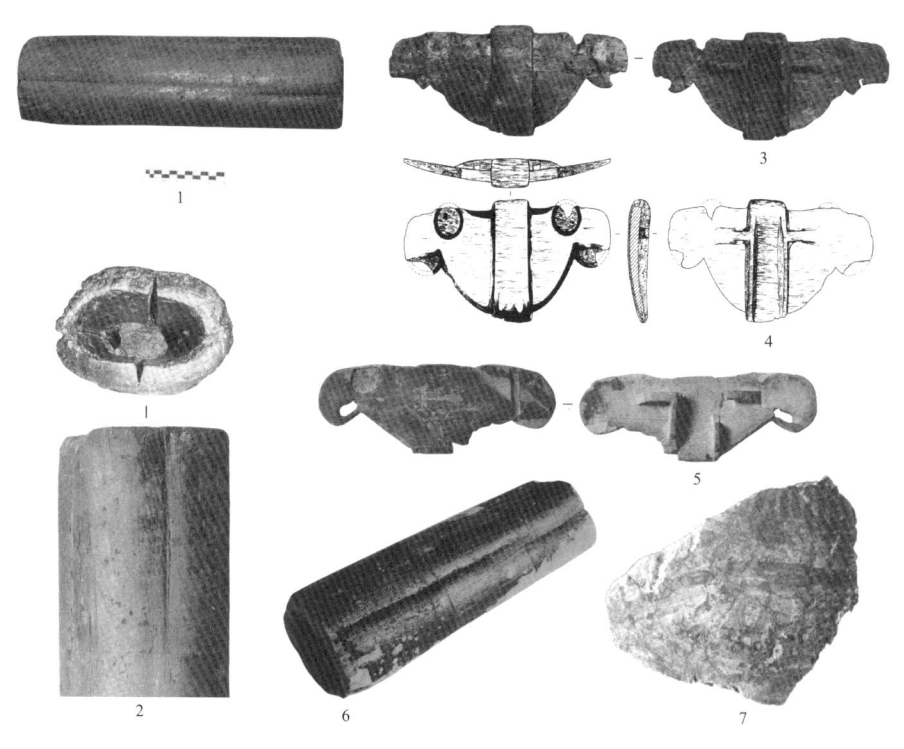

图 1-3　田螺山遗址出土漆、木器

1、2、6. 漆筒（T203⑦：9）　3—5. 漆蝶形器（DK3⑦：55、55、54）　7. 漆绘陶片（T203③：13）

（五）王坟遗址[1]出土漆器

杯　J2：2，泥质黑陶。敛口，鼓腹，腹部饰两组弦纹，平底假圈足，底面略内凹。外壁施朱漆彩绘。口径4.3、底径4.4、高11厘米（图1-4-3；彩图5-3）。遗址的年代为崧泽文化晚期至良渚文化时期。

（六）仙坛庙遗址[2]出土漆器

豆　M5：2，陶胎。竹节形豆柄，其上镂孔。发掘资料中介绍其髹朱漆，从彩照看，也髹了黑漆。口径18.6、圈足径15.3、高22.7厘米（图1-4-1；彩图5-1）。

---

[1] 浙江省文物考古研究所、海盐县博物馆：《海盐王坟遗址发掘简报》，载嘉兴市文化局《崧泽·良渚文化在嘉兴》，浙江摄影出版社2005年版。

[2] 浙江省文物考古研究所、海盐县博物馆：《海盐仙坛庙遗址的发掘》，载嘉兴市文化局《崧泽·良渚文化在嘉兴》。

图 1-4 陶胎漆器
1. 豆（仙坛庙 M5 : 2） 2. 壶（仙坛庙 M5 : 4） 3. 筒形杯.（王坟 J2 : 2）

壶 M5 : 4，朱绘黑皮[1]陶。朱绘纹饰以勾连的"S"为主要题材（图 1-4-2；彩图 5-2）。发掘资料中未介绍其尺寸。

墓葬年代为崧泽文化晚期至良渚文化早期。

（七）小兜里墓葬[2]出土漆器

玉钺 M14 : 12，柄上有彩绘，并有象牙帽和镦（图 1-5；彩图 6）。总长 55、钺长 17.6 厘米。M14 : 13，象牙镦，平面呈椭圆形，纵截面近梯形，已朽，出土时保留鲜艳的朱痕。高 5.09 厘米。M14 : 24，象牙帽，略呈长方体，朽甚。M14 年代属良渚文化早期。

（八）反山墓地[3]出土漆器

该墓地年代为良渚文化中期，共有 4 座墓出土漆器。

1. M12 出土漆器

杯 1 件（M12 : 1）。经野外剥剔翻模以及复原，可知其整体为一瘦长形的带把宽流杯，口沿外壁弦纹带上镶嵌有小玉粒，鼓腹，从背面的杯底涂朱痕迹判断，其可能有圈足。从发现的情况看，镶嵌的玉粒除了口沿外壁、

---

[1] "黑皮"一词来自发掘简报，据笔者观察彩照，似应为黑漆地，朱绘。
[2] 浙江省文物考古研究所、海宁市博物馆：《小兜里》，文物出版社 2015 年版。
[3] 浙江省文物考古研究所反山考古队：《浙江余杭反山良渚墓地发掘简报》，《文物》1988 年第 1 期；浙江省文物考古研究所：《反山》。

图 1-5　玉钺（小兜里 M14：12）及其象牙镦

底部以及把部的小玉粒外（长约 0.2、宽约 0.1 厘米），其余的玉粒大致呈圆形，有大小两种。大者直径约 0.7 厘米，小者直径 0.2—0.4 厘米（出露玉粒总数为 141 件，其中背面有 71 件）。图案以大玉粒为中心，主要结构有重圈、螺旋纹等（图 1-6-1—5；彩图 7-1—4）。漆杯的胎骨雕琢成浅浮雕的图样，再上漆、嵌玉，其工艺极为复杂，是良渚文化的"高精尖"产品[1]。朱漆与白玉交相辉映，形成独特的艺术效果。

盘　1 件（M12：12—58、68）。即所谓的"太阳盘"。中间为圆形镶嵌玉片，玉片为南瓜黄色，正面弧凸，背面平整，直径 8.7—8.8、厚 0.2—0.9 厘米。圆形玉片外镶嵌一周由 1 颗和 2 颗玉粒相间组成的"光芒"状图案，其外为 3 颗长条形玉粒和 6 颗梅花形玉粒组成的图案。外廓为一周朱痕，宽约 2.5 厘米，呈凸棱状，高出内面约 2 厘米。出露玉粒、玉片的总数为 182 件。玉粒均正面朝上，基本保存了原状。此件圆形器已修复，但不知朱痕是否深入两侧的下部（图 1-6-6—8；彩图 7-5、6）。

---

[1]　浙江省文物考古研究所：《反山》。

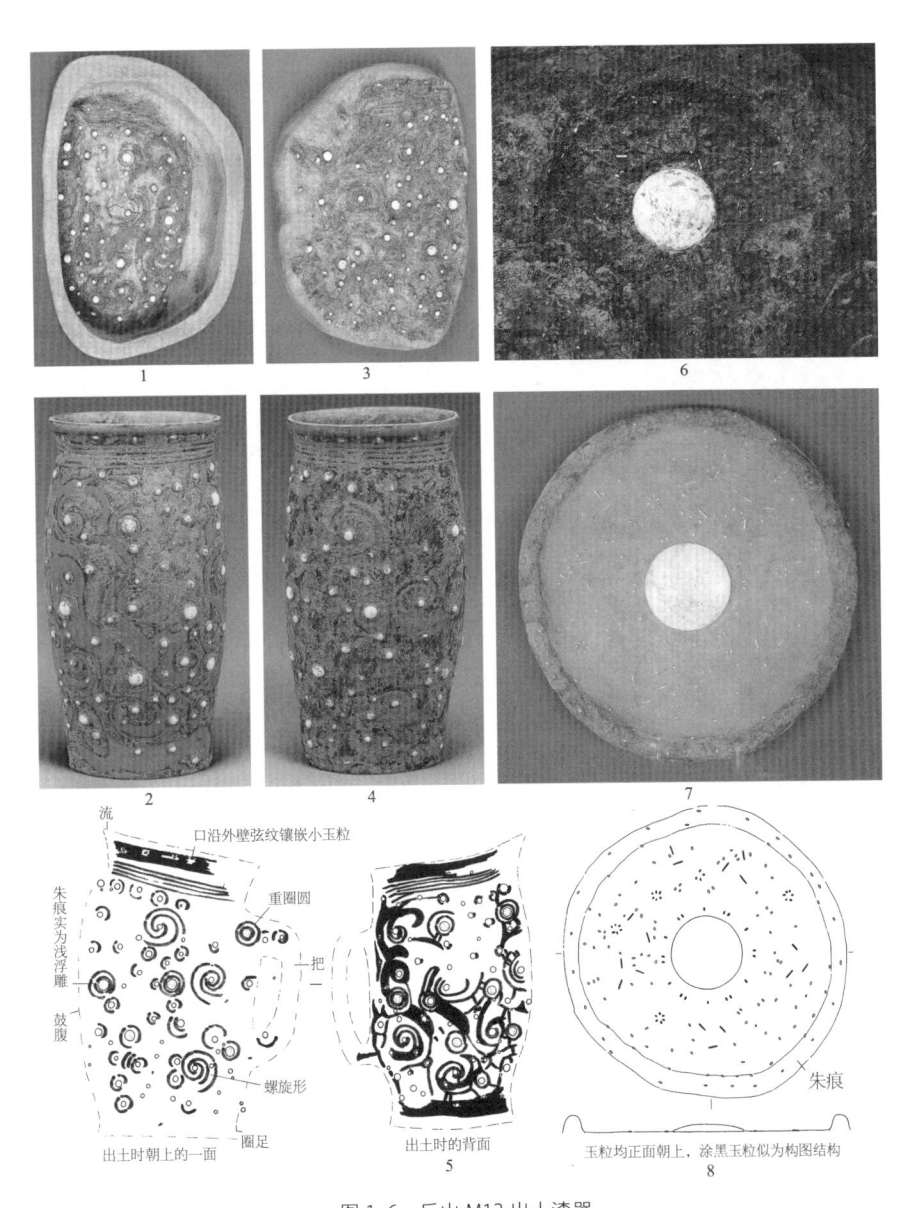

图 1-6 反山 M12 出土漆器

1—5. 带把宽流杯（M12∶1）野外起取 A 面、仿真 A 面、野外起取 B 面、仿真 B 面、线图
6—8. 盘（M12∶12-58、68）出土时、修复后、线图

2. M22 出土漆器

杯　1件（M22∶42、43）。涂朱，以玉镯形器为底。玉镯形器为南瓜黄色，局部受沁，管钻孔。高 2.85—3、外径约 6.4 厘米，孔外径 5—5.15、内

图 1-7　反山墓地出土漆器
1. 杯（M22：42、43） 2. 盘（M22：2） 3、4. 囊形器（M22：41、M23：202）

径 4.7—4.9 厘米（图 1-7-1；彩图 8-1）。

盘　1 件（M22：2）。即所谓的"太阳盘"。朱痕整体呈圆形，直径约 28 厘米，中间部位低于周边 3—4 厘米，当为塌陷所致。中间为一圆形镶嵌玉片，呈南瓜黄色，顶面弧凸，底面平，直径约 2.4、厚约 0.55 厘米；周边现存 11 颗玉粒，正、背面朝上者均有（图 1-7-2；彩图 8-2）。

囊形器　1 件（M22：41）。一件玉塞位于仅存朱痕的囊形器上方，呈南瓜黄色，长 2.4、榫长 1.5 厘米，端部横截面略呈椭圆形，直径 1.05—1.2 厘米。朱痕总长约 7、宽约 4 厘米（图 1-7-3；彩图 8-3）。

3. M23 出土漆器

囊形器　1 件（M23：202）。整器为加玉塞的垂囊状物体，已被压扁，胎体材质不明，涂满朱红色漆，漆皮较厚，已开裂。玉塞呈南瓜黄色。囊形器全长约 9、最宽约 3.5 厘米，玉塞长 1.8、上端面直径 2 厘米（图 1-7-4；彩图 8-4）。

4. M14 出土漆器

嵌玉漆器　1 件（M14：114）。已朽，其上粘附玉粒约 20 颗。

玉钺（M14：177、221）柄　1件。玉钺两端分别有玉帽和玉镦。帽、镦相距约70厘米。钺出土时两面局部残留朱痕，并粘附玉粒，玉粒上也残留朱痕。钺柄部位尚存大量用于镶嵌的玉粒（图1-8）。由此可知，玉钺应附嵌玉朱漆木柄。

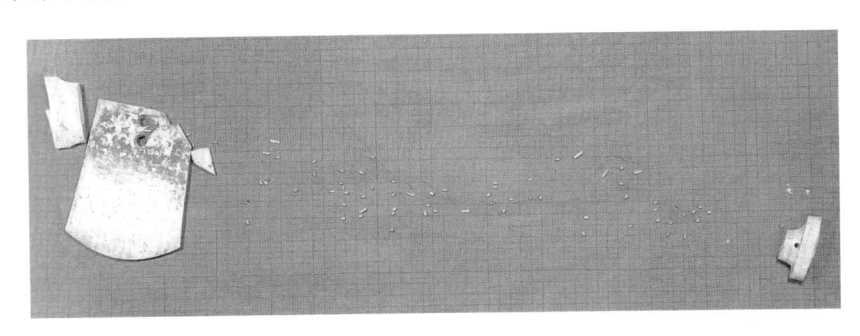

图1-8　反山墓地出土玉钺（M14：177、221）

（九）瑶山墓地[1]出土漆器

发现不少朱红色的漆皮残痕和200余颗用于镶嵌的玉粒，原应随葬不少漆木器，但剔出器形的只有2件，另外还有1件钺柄，出自M7和M9。

1. M7出土漆器

盘　1件（M7：155）。中间有1件环状玉器，直径约10厘米。玉器外缘整齐地环绕着13颗椭圆形玉粒，玉粒圈直径约14厘米。玉粒圈以内留有朱红色物体（图1-9-1、2）。

玉钺　1件（M7：32）。柄部两端分别有玉帽和玉镦。柄通长约80厘米。两端附近各有1件小玉琮，可能是钺的挂饰（图1-9-3）。

---

[1] 浙江省文物考古工作队：《余杭瑶山良渚文化祭坛遗址发掘简报》，《文物》1988年第1期；浙江省文物考古研究所：《瑶山》。

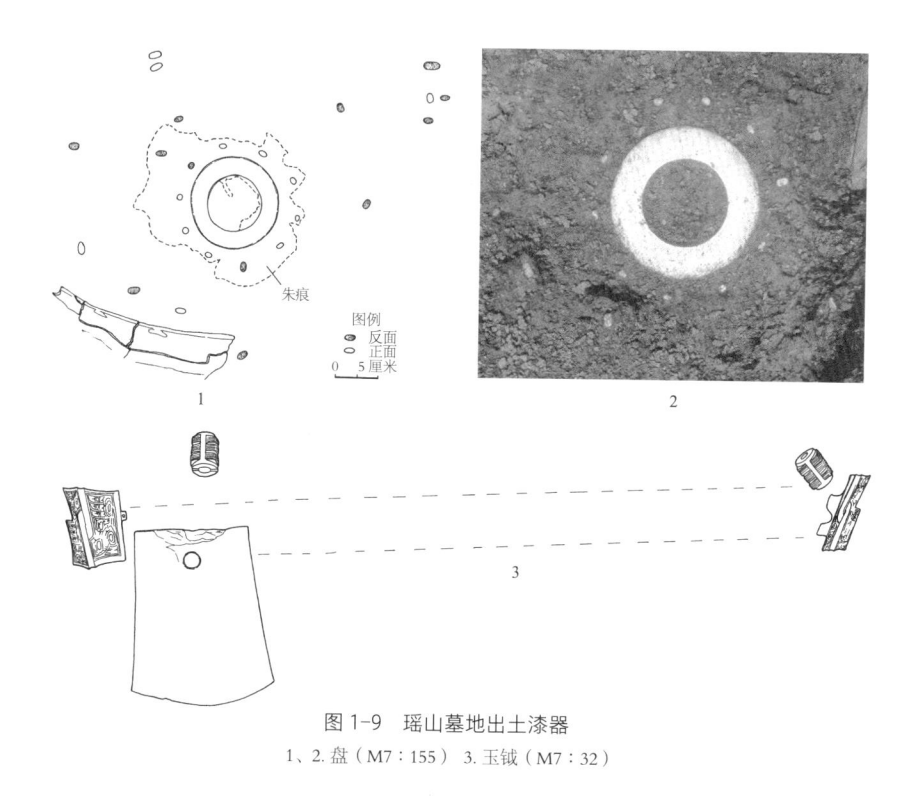

图 1-9 瑶山墓地出土漆器
1、2.盘（M7∶155） 3.玉钺（M7∶32）

墓中还出土一些玉粒，原应还有其他嵌玉漆器。

2. M9 出土漆器

觚 1件（M9∶78）。原发掘报告称为杯。器体作敞口圆筒形，下接细而高的喇叭形圈足。出土时胎体已朽。漆皮呈朱红色，髹漆均匀，出土时仍有光泽。在杯体与圈足的接合处及圈足近底部的外壁上，分别镶嵌一周玉粒。玉粒平面呈椭圆形，正面弧凸，背面平整。通体内外壁漆皮仍保持原状，现场观测原器壁厚2—3毫米，口径11、圈足径12、高29厘米（图1-10-1、2）。

玉钺 1件（M9∶14）。有5颗长条形玉粒（M9∶32—34），可能为其柄部嵌饰（图1-10-3、4）。柄部两端附近各有1件小玉琮，可能是钺的挂饰。

M9中还出土一些玉粒，原应还有其他嵌玉漆器。

瑶山墓地年代约与反山墓地年代相当或稍早，即良渚文化中期或稍早。

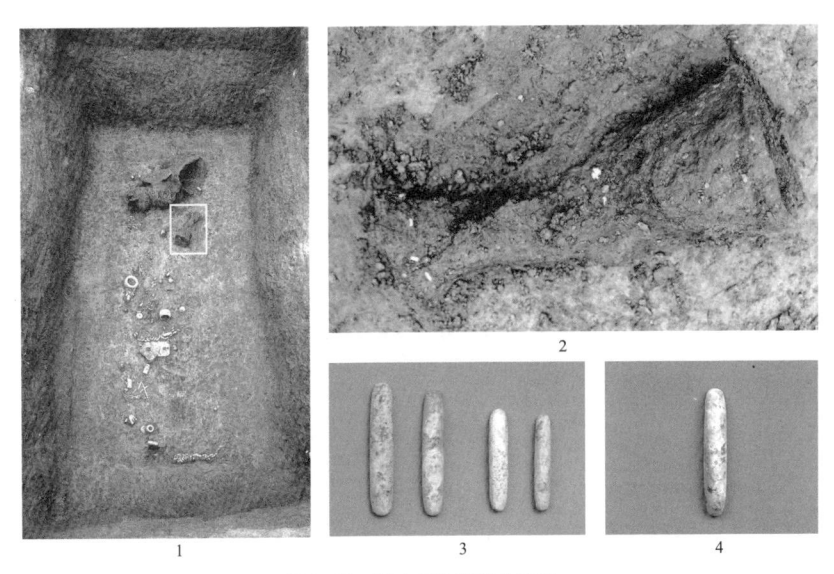

图 1-10 瑶山 M9 及出土漆器
1. M9 2. 觚（M9∶78） 3、4. 玉钺（M9∶14）柄上所嵌玉粒（M9∶32—34）

（十）卞家山遗址[1]出土漆器

出土的编号漆器共计30件，其中约有半数是不辨器形的残片，可辨器形者有觚、盘、豆、筒等，皆为容器，其中漆觚至少有7个个体，约占漆器总数的四分之一。

觚 7件。皆楝树材。敞口，尖唇，弧腹，底内凹。腹部大多有凸棱，有的为一组，有的为两组，位于器物上部的凸棱均呈螺旋形，位于器物下部的凸棱多为水平环形。掏腔时内腔贯通，最后以其他材质的木塞封底。器表髹朱漆；内壁发黑，但口沿髹朱漆。大部分漆觚的底部髹朱漆，个别漆觚（G1②∶248）的底部仅在木塞部位髹黑漆。1件漆觚（G1②∶237）的上下凸棱部位绘纹。觚的大小相差不大，口径约11、底径7.5—8、高22—26厘米。木塞直径约2.5、高1—3厘米。根据6件相对完整漆觚的器形差异，可将其分为粗体觚和细体觚两种。

粗体觚 4件。其中3件腹部饰两组凸棱，上面一组为螺旋形凸棱，下

---

[1] 浙江省文物考古研究所：《卞家山》。

面一组为两条水平环绕的凸棱。G1②：124，保存8块残片，可拼合成三条纵向的觚片。外表涂满朱漆，朱漆剥落处显露纵向木质纹理。内底有木塞痕。器高26厘米（图1-11-1—3，图1-12-1、2；彩图9-1、2）。G1②：207，保存4块较大的残片和若干碎小残片，可拼合出漆觚的全高。凸棱纤细，割削技术十分精湛。凸棱上未髹漆，外壁其他部分均髹朱漆。底部内凹，未髹漆。内底有木塞印痕。器高26厘米（图1-11-4，图1-12-9、10；彩图9-9、10）。G1②：237，保存4块残片，可拼合出一条纵向的觚片（底部缺失）。全身髹朱漆，两组凸棱区域再髹黑漆，然后在凸棱间的黑地上用朱漆绘纹。纹样有边线，里面为云雷纹填直线纹。残高25厘米（图1-11-5、6，图1-12-3、4；彩图9-3、4）。另有1件仅腹上部装饰一组螺旋形凸棱。G2②B：70，残存4块残片，可拼合成两条纵向的觚片（口部缺失）。凸棱上髹黑漆，凸棱之间髹朱漆。内壁粗糙呈黑色，据发掘报告介绍，是髹黑漆

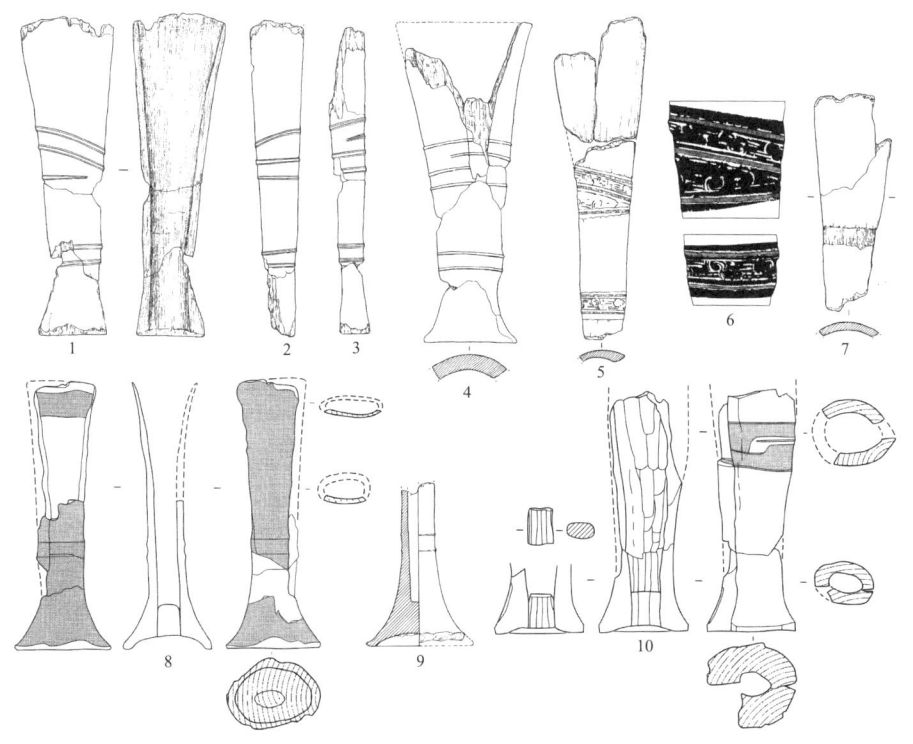

图1-11　卞家山遗址出土漆觚
1—3. G1②：124　4. G1②：207　5、6. G1②：237　7.G1②：12　8—10. G1②：131、G1②：248、G2②B：70

还是自然炭化所致尚无法确定。底部内凹，嵌有其他材质的木塞。木塞直径约 2.5、高 3 厘米。底部及木塞已变形为扁圆形。残高 20 厘米（图 1-11-10，图 1-13-1—4；彩图 10-1—4）。

细体觚 2 件。腹部只有一组凸棱。G1②：131，保存 6 块残片，可拼合

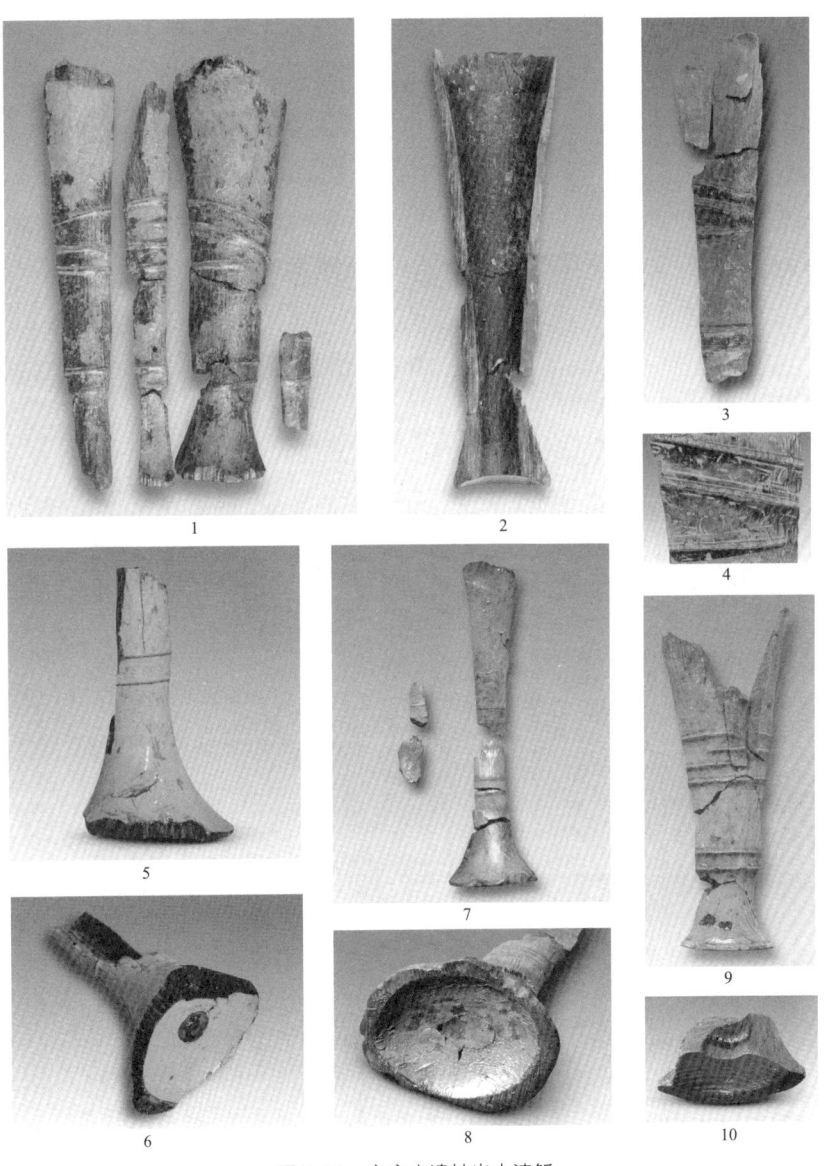

图 1-12 卞家山遗址出土漆觚
1、2. G1②：124　3、4. G1②：237　5、6. G1②：248　7、8. G1②：131　9、10. G1②：207

出漆觚的全高。器体下部琢有两条凸棱，以黑漆髹饰。器表其他部分皆髹朱漆。内壁口沿3厘米范围也髹朱漆。底部内凹，嵌入其他材质的木塞后髹朱漆。器高22厘米（图1-11-8，图1-12-7、8；彩图9-7、8）。G1②：248，漆觚下半部的一块残片。器表髹朱漆，凸棱处显露黑色地漆。底部内凹，嵌入木塞后髹黑漆。保存的漆面鲜艳油亮。残高12.8厘米（图1-11-9，图1-12-5、6；彩图9-5、6）。

此外还有1件，腹部饰一条较宽的浅槽，槽内未髹朱漆。G1②：12，保存2块残片，拼合后为一片纵向的漆觚上半部。外表以黑漆为地，再髹朱漆。内壁口沿3厘米范围也髹朱漆（无黑色地漆）。外表下部有1厘米宽的带状区间没有髹漆，此处原来可能有树皮或皮革等有机质材料制作的带状物缠绕，是一种类似凸棱的装饰方法。残高16.6厘米（图1-11-7，图1-13-5；彩图10-5）。另有1件漆觚口沿残片（G1③：186），内壁口沿的朱漆十分鲜艳。残长5.5厘米

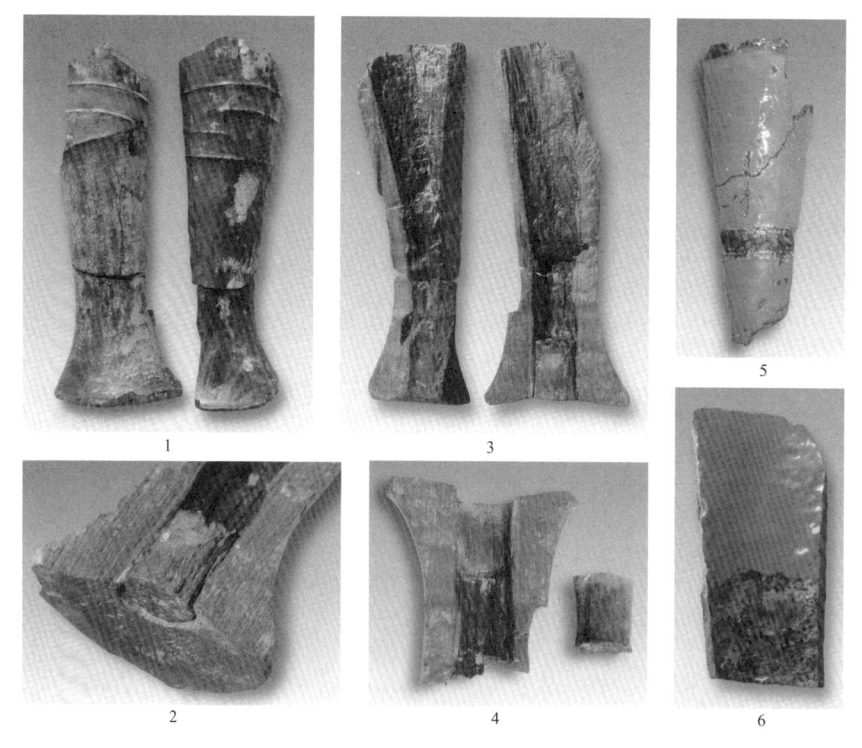

图1-13 卞家山遗址出土漆觚
1—4. G2②B：70　5. G1②：12　6. G1③：186

（图 1-13-6；彩图 10-6）。

以上是卞家山遗址出土漆觚情况，墓地也出土漆觚，仅存痕迹，发掘报告中并没有详细介绍，仅提及："墓葬内的漆器从其痕迹样貌来看，很可能都是漆觚。"通过检索各墓出土器物情况可知，M56（图 1-14；彩图11）、M65、M60、M21、M12 等都可能随葬了漆觚。

盘 4件。楝树材或樟树材。G1②：147，圈足盘残片。内面和侧面髹朱漆，圈足沿和圈足内侧未髹漆。残长23.6、残宽9.6、残高3.8厘米（图1-15-5）。G1②：206，圈足盘残片。

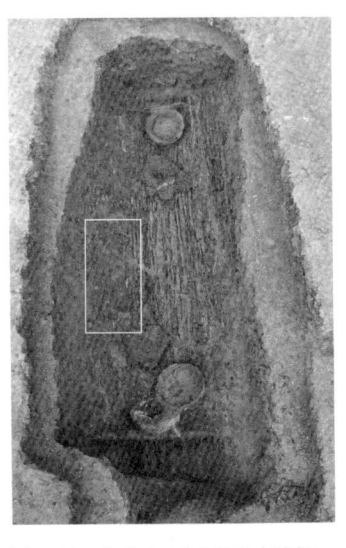

图 1-14 卞家山 M56 及出土漆觚

内面残存少量朱漆，外侧的下半部和底面均髹朱漆，侧面上半部也残存朱漆，推断原有器物外侧均髹朱漆。直径25、残高3.2厘米（图1-15-6，图1-16-5、

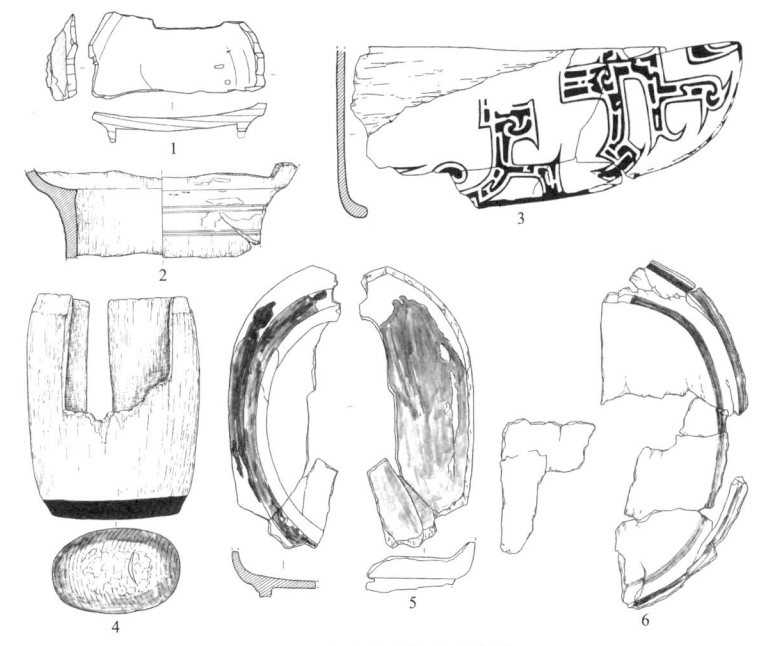

图 1-15 卞家山遗址出土漆器

1、2. 豆（G1②：211、205）3. 器盖（G2②B：10）4. 筒（G1②：171）5、6. 盘（G1②：147、206）

6；彩图12-5、6）。G1①：139，平折沿，折腹，底近平。折棱下有一圈较宽的浅槽，可能是圈足折断的痕迹。盘内、外侧髹朱漆，底部未髹漆。据口沿弧度推算直径约45厘米，残高5.4厘米（图1-16-1、2；彩图12-1、2）。G1①：140，直口，折腹，底近平。盘内、外侧髹朱漆，圈足内未髹漆。据口沿弧度推算直径约30厘米，残高6.2厘米（图1-16-3、4；彩图12-3、4）。

  豆 3件。楝树材。G1②：205，造型与同类陶豆近似。直敞口，折腹，圈足较高，圈足上饰三道浅槽。木胎较薄，外髹朱漆，圈足内未髹漆。口径18.5、残高13.8厘米（图1-15-2，图1-17-1、2；彩图13-1、2）。[1]

图1-16 卞家山遗址出土漆盘
1、2.G1①：139 3、4.G1①：140 5、6.G1②：206

[1] 需要说明的是，发掘报告中的线图错标为G1②：236，经与照片对比，应为G1②：205。

图 1-17　卞家山遗址出土漆器
1、2. 豆（G1②：205）　3、4. 豆（G1②：236）　5. 器盖（G2②B：10）　6—8. 筒（G1②：171）

G1②：211，豆盘残片。内髹朱漆，外以黑漆、朱漆、黑漆分三层髹饰，底面本色。推测直径约 45 厘米，残高 4 厘米（图 1-15-1）。G1②：236，造型与同类陶豆相似。直敞口，折腹，圈足较高，圈足上残留两道浅槽。木胎较薄，外髹朱漆，圈足内未髹漆。残径 23、残高 7.8 厘米（图 1-17-3、4；彩图 13-3、4）。

筒　1件（G1②：171）。楝树材。椭圆形，直口内收成尖唇，直腹略鼓，底部厚实内收。外壁髹朱漆，底部髹黑漆，内壁未髹漆。加工圆润，木质纹理十分清晰。口径 8—12.7、底径 7—11.3、高 18.2 厘米（图 1-15-4，图 1-17-6—8；彩图 13-6—8）。

器盖　1件（G2②B：10）。椭圆形器盖残片，边缘内卷。发掘报告介绍，盖面髹暗红色漆，其上局部髹黑漆地，再以鲜艳的朱漆描绘变形鸟纹。笔者仔细观察发掘报告发表的彩照，发现此描述有误，应为：盖面髹暗红色漆地，再以鲜艳的朱漆描绘变形鸟纹，纹饰内填黑漆。残长31.5、残宽11.2、厚0.6厘米（图1-15-3，图1-17-5；彩图13-5）。

卞家山遗址总的年代为良渚文化中晚期，本书涉及的G2年代为良渚文化中期，G1年代为良渚文化晚期偏早，墓地年代为良渚文化中期。

（十一）钟家港中段[1]出土漆器

钟家港中段出土第二阶段遗存中有漆觚和漆筒（发掘简报称为杯），第四阶段遗存中有漆鸟形器。第二阶段年代为良渚文化早期晚段，第四阶段年代为良渚文化晚期早段。

觚 1件（T2521-2522⑪A1:2）。敞口，尖唇，弧收腹，底内凹。腹部有两组凸棱，上组凸棱有3段、呈螺旋式，下组凸棱有2段、呈水平式。器表髹朱漆，内壁发黑，口沿处髹朱漆。高30.3、残宽8.1、胎厚0.5—1厘米（图1-18-1；彩图14-1）。

筒 1件（T2621⑪A:1）。尖唇，直筒形。器表髹黑漆，近口部有两组凹弦纹，一组两条。内壁上部发黑，近口部也髹黑漆。残高10厘米（图1-18-2；彩图14-2）。

鸟形器 1件（T2622-2623⑨B1:2）。一端雕出鸟头，另一端残断，当为半环形。整体髹朱漆。残长9.5、宽2.7厘米（图1-18-3；彩图14-3）。

（十二）小青龙遗址[2]出土漆器

小青龙高等级墓葬中出土了漆觚、籢、带形器及一些功能不明的漆器，玉石钺柄部及葬具上也常见髹漆。带形器（M14:14），边缘细密、整齐的针孔状痕迹表明，除了木胎漆器，应存在以软体材料为胎骨的漆器，比如皮革类材质。漆籢（M7:5）的胎骨可能也是此类胎骨。遗址年代为良渚文化早

---

[1] 浙江省文物考古研究所：《杭州市余杭区良渚古城钟家港中段发掘简报》，《考古》2021年第6期。

[2] 浙江省文物考古研究所、桐庐博物馆：《浙江桐庐小青龙新石器时代遗址发掘简报》，《文物》2013年第11期；浙江省文物考古研究所、桐庐博物馆：《小青龙》，文物出版社2017年版。

图 1-18 钟家港中段出土漆器
1. 觚（T2521-2522⑪A1:2） 2. 筒（T2621⑪A:1） 3. 鸟形器（T2622-2623⑨B1:2）

期偏晚至晚期较早阶段。

觚 M9:6，暗红色。木胎已朽。喇叭口，小平底，整器矮胖。腹中下部施两组平行的细凸棱，每组2—3条。口径15、底径8.8、高28.4厘米（图1-19-1、2；彩图15-1）。M10:6，整器细高。器身下部施两条平行的凸棱。口径13.5、底径11.2、高32厘米（图1-19-3、4；彩图15-2）。M14:15，口径约14、高约30厘米（图1-19-7、8；彩图15-4）。M33:8，整器细高。口径11.4、底径7.2、高28.4厘米（图1-19-5、6；彩图15-3）。

钺柄 M9:5，玉钺上残留红彩。长10.7厘米（图1-20-1）。M10:2，玉钺上部保留有重叠的朱漆痕和黑彩。柄已朽，通体髹朱漆，首尾两端施黑彩图案，首端黑彩仅可辨横向条带纹，尾端黑彩也为条带纹。通长60.6厘米；玉钺长11.8厘米；柄宽4—5、厚约2.5厘米（图1-20-3，图1-21-1；彩

040 / 中华早期漆器研究

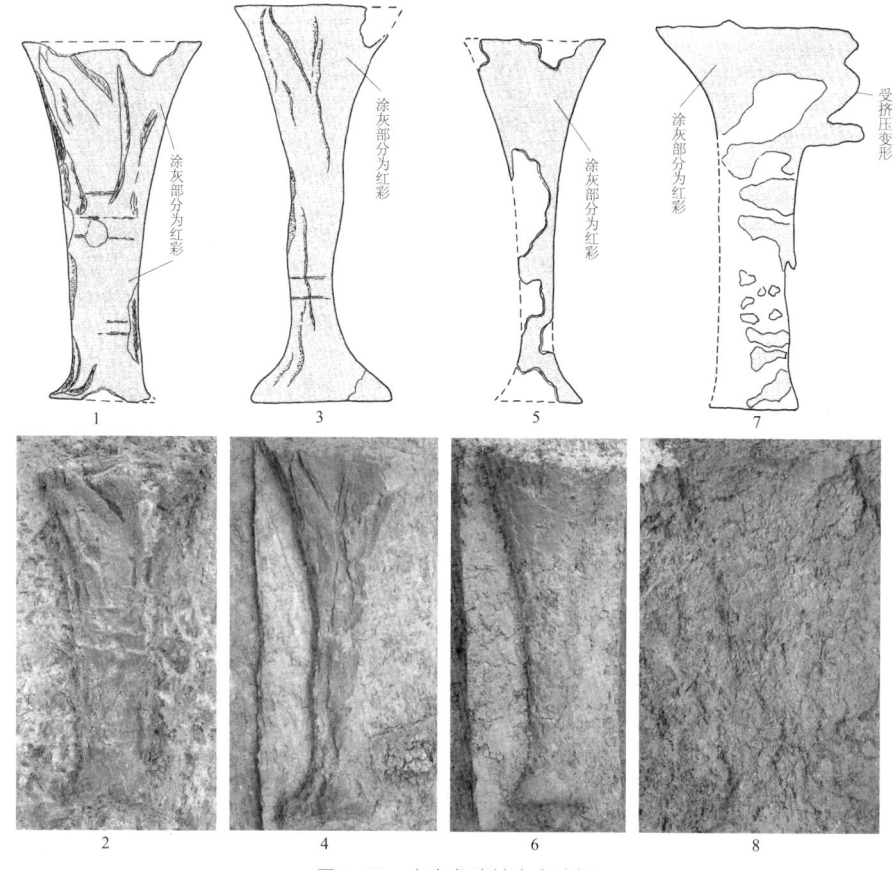

图 1-19 小青龙遗址出土漆觚
1、2. M9∶6　3、4. M10∶6　5、6. M33∶8　7、8. M14∶15

图 16-1、2)。玉嵌饰（M9∶4），椭圆形，纵截面呈馒头形。通体磨光。长径 0.7、短径 0.35、厚 0.25 厘米（图 1-21-4；彩图 16-4）。其为玉钺（M9∶5）漆柄上的嵌饰，原本数量应更多。M14∶10，柄上髹朱漆。石钺长 11.5 厘米；柄宽约 4、残长 29 厘米（图 1-20-2）。需要说明的是，M6 出土 1 件漆器（M6∶5），亚腰形，木胎已朽，口、底部漆痕不见。残长 30 厘米（图 1-21-3；彩图 16-3）。发掘报告认为是漆觚。笔者依其形制及出土位置（出自玉钺 M6∶6 的柄部位置），认为应是玉钺的漆木柄。

箙　M7∶5，胎朽，据漆痕判断，口大底小，口约 6—8、底约 10、高 12 厘米。3 件石镞插入箙内。从发掘报告发表的彩照看，箙为红色。

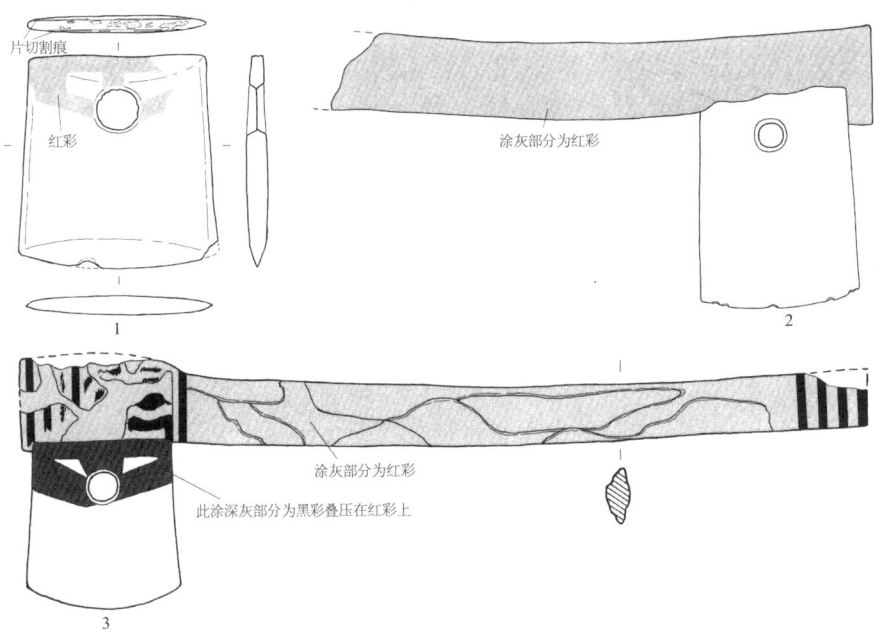

第一章　早期漆器的考古发现 / 041

图 1-20　小青龙遗址出土漆木柄玉石钺
1. M9∶5　2. M14∶10　3. M10∶2

图 1-21　小青龙遗址出土漆器
1、2. 漆柄玉钺（M10∶2）3. 漆柄玉钺（M6∶5、6）4. 玉嵌饰（M9∶4）5. 带形器（M14∶14）

带形器　M14∶14，暗红色，长方形带状，边缘有两条平行的细浅槽，间距约 0.6 厘米，槽内有连续均匀分布的针孔。长约 20、宽 7 厘米（图 1-21-5；彩图 16-5）。胎朽，推断其为皮革缝制而成。

葬具　M6 出土的长方形葬具上有朱漆痕迹，局部还有黑彩。

（十三）新地里遗址[1]出土漆器

该遗址的年代为良渚文化中晚期。墓葬中出土的绿松石制品多为镶嵌用的片饰，与太湖流域利用本地产软玉或叶蜡石原料制作的镶嵌用的片状玉石饰的器形相同，应是引进原料后在本地加工制作的。虽然太湖流域本地没有绿松石矿藏，但邻近太湖流域的安徽及黄河下游、汉江流域都有绿松石的原料产地与使用绿松石制品的传统。

觚　M93∶12，略呈长方形，出土时已被压扁。内胎黑色，器表髹朱漆。长约 30、宽约 9 厘米（图 1-22；彩图 17）。笔者从发掘报告发表的彩照观察，并参考残存痕迹尺寸，初步推断其应是漆觚。

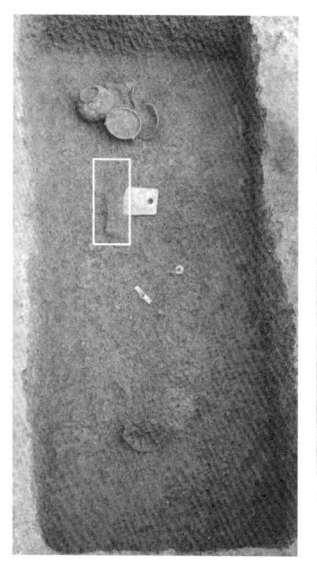

图 1-22　新地里 M93 及出土漆器（M93∶12）

---

[1] 浙江省文物考古研究所、桐乡市文物管理委员会：《新地里》，文物出版社 2006 年版。

玉石嵌饰 扁薄几何形，正面略鼓，抛光精细，背面平坦，未经抛光。M83：5，6片。其中2片透闪石软玉，黄白色，圆片形；4片萤石，青绿色，椭圆形2片，圆形、菱形各1片。最大一片直径2.45厘米（图1-23-2、5）。附近有朱痕，还有玉钺和玉锥形器，推断它们应是钺柄上的嵌饰。M126：6，4片。均为叶蜡石，青绿色，椭圆形。长径0.95—1、短径0.75厘米（图1-23-1、4）。墓中未出土玉石钺，有玉锥形器、陶纺轮，推断它们应是漆觚上的嵌饰。

绿松石嵌饰 M140：5，8片，其中椭圆形4片，圆形2片，长方形2片侧边略内凹。圆片直径1.1厘米；椭圆形片长径0.95—1.4、短径0.5—0.7厘米；长方形片长1.9、宽0.8厘米（图1-23-3、6）。这些嵌饰可组成一幅兽面图案。附近有石钺、玉锥形器，推断它们应是钺柄上的嵌饰。

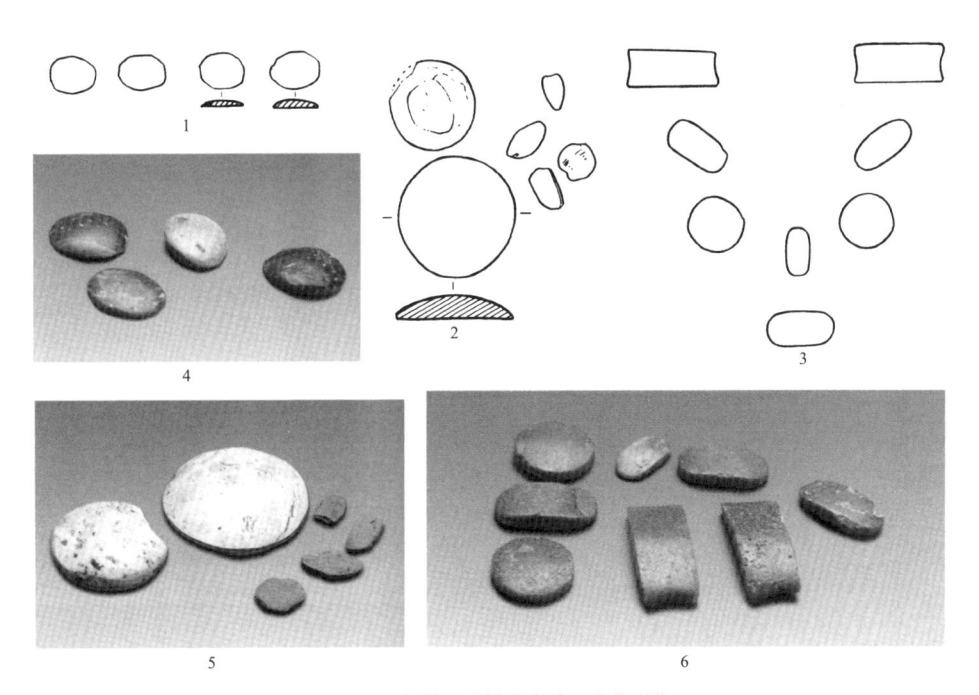

图1-23 新地里遗址出土漆器上的嵌饰
1、4. 石嵌饰（M126：6） 2、5. 玉嵌饰（M83：5） 3、6. 绿松石嵌饰（M140：5）

（十四）龙潭港墓地[1]出土漆器

盒 1件（M12：31）。玉嵌饰出土于M12北端正中，共100片（图1-24-1）。大致有四种形状：圆形、弧端长方形和窄体转角形、宽体转角形。出土时均集中附着于一片近方形的红色漆皮上下，不同形状的玉片似有一定组合，构成某种图案。从8个转角形玉嵌饰来看，这些玉片原应是一件朱漆方盒的表面镶嵌物（图1-24-2）。

钺柄 M9出土10件石钺，1件玉钺。最精美的1件石钺M9：17，青灰绿色泥岩，石质细腻，磨制极精，两面可见玻璃状光泽，出土时色彩非常鲜艳，不亚于美玉。钺长17.6、宽13.8、孔径1.6厘米（图1-24-3）。M9：24，象牙镦，椭圆形柱状体，上端弧收成短榫状，中间挖有一扁圆形卯孔，下端稍大，底平。底端长径5.4、高5.1厘米（图1-24-4）。从出土位置分析，应属石钺（M9：17）柄端的镦。

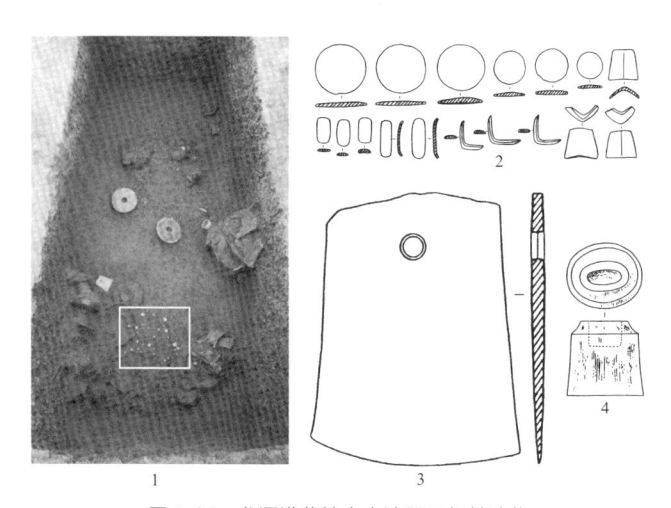

图1-24 龙潭港墓地出土漆器及相关遗物
1. M12（图中白框内为漆盒） 2.漆盒（M12：31）上的玉嵌饰 3、4.石钺、象牙镦（M9：17、24）

此外，M28也出土2件象牙镦，发掘简报没有具体介绍，但从该墓中出土9件石钺及M9的情况看，它们也应是钺柄的镦。

---

[1] 浙江省文物考古研究所、海盐县博物馆：《浙江海盐县龙潭港良渚文化墓地》，《考古》2001年第10期。

龙潭港墓地的主体应形成于良渚文化晚期偏早阶段，距今约 4600 年。1999 年底，闻广先生对龙潭港墓地出土的 7 个玉器样品（M9：23 镯、M9：31 钺、M12：15 璧、M12：22 镯、M26：19 玦、M28：6 方柱形器、M28：52 锥形器）进行了矿物学鉴定，除 M26：19 属叶蛇纹石（antigorite）外，其他均为透闪石软玉（tremolite nephrite）。

（十五）庙前遗址[1]出土漆器

盘　1 件（H2：55）。木胎，已残。翻沿，浅腹，大平底。木盘内外先髹朱漆作地，再在外腹用黑漆勾绘几何纹。高 5.4 厘米（图 1-25；彩图 18）。属良渚文化晚期遗存。

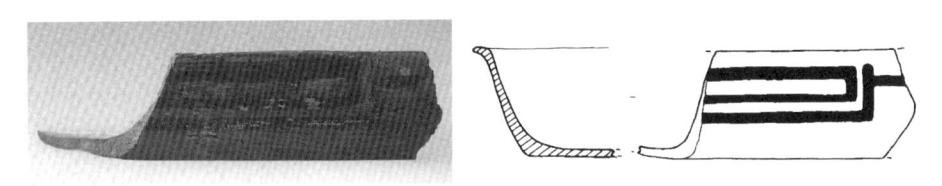

图 1-25　庙前遗址出土漆盘（H2：55）

（十六）好川墓地[2]出土漆器

26 件，出土于 23 座墓中，除 3 座墓各出土 2 件外，余均一墓一件（表 1-1）。漆器位置多在墓主头部左、右上方，且多与玉锥形器相邻。有 8 座墓葬的漆器与玉石钺共出。漆器出土时所见的仅为红色漆痕，大部分漆痕上粘附各种形状的石片或曲面玉片。这些玉石片当是与漆器有关的饰件。玉石片与红色漆痕的关系有以下几种情况：难辨漆痕，仅见玉石片；有漆痕，但形状、范围不清；漆痕保存较好，范围清晰，玉石片分布有序，与原漆器的实际形状相差不大。也有仅见红色漆痕而不见玉石片者。较完整清晰的几件漆痕形状为亚腰形或柄形，亚腰形漆器内似插有圆棍状物体。

嵌石片漆器　7 件。每件饰石片 6—24 片，多呈条状集中出土。石片的质地多为灰色泥岩和青绿色叶蜡石。小的直径仅 0.5 厘米，大的直径 2 厘

---

[1] 浙江省文物考古研究所：《庙前》。
[2] 浙江省文物考古研究所、遂昌县文物管理委员会：《好川墓地》。

米左右，长方形石片长2、宽1厘米左右，石片厚0.1—0.25厘米。石片正面弧凸，大部分抛光良好，背面平而粗糙，小部分石片稍弧曲，便于粘牢。M8∶2，红色漆痕范围清晰明确，平面呈亚腰形。经室内仔细清剔，在亚腰形两端均发现有直径约2、长5厘米以上的木棍类遗痕，紧挨顶端的木棍遗痕旁出土1件玉锥形器。漆痕范围内不同形状的叶蜡石片呈多圈箍状分布（图1-26-1，图1-27-1、2；彩图19-1、2）。M39∶2，长条形红色漆痕一端宽、一端窄，范围长26、宽7—10厘米。10片叶蜡石片呈长条形集中分布（图1-26-2、3，图1-27-3；彩图19-3）。M7∶9，24片石片散布于34厘米×12厘米范围内，形状有圆形、椭圆形、两侧内弧形等。直径大于2厘米

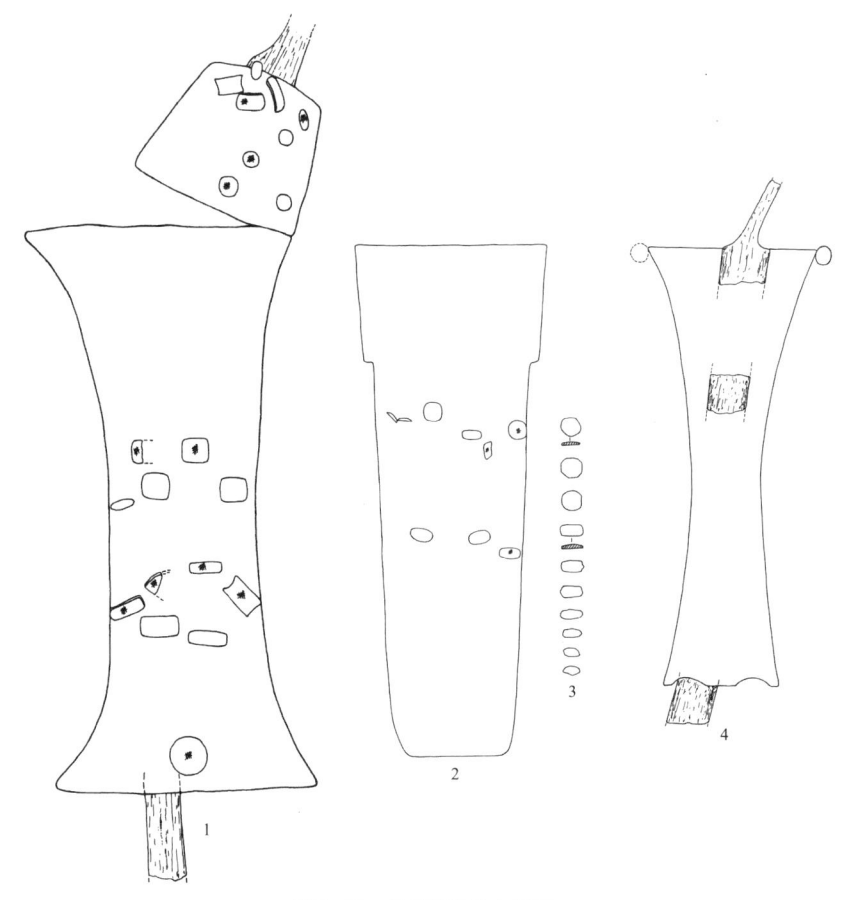

图1-26 好川墓地出土漆器
1. M8∶2出土情况 2. M39∶2出土情况 3. M39∶2石嵌饰 4. M47∶13出土情况

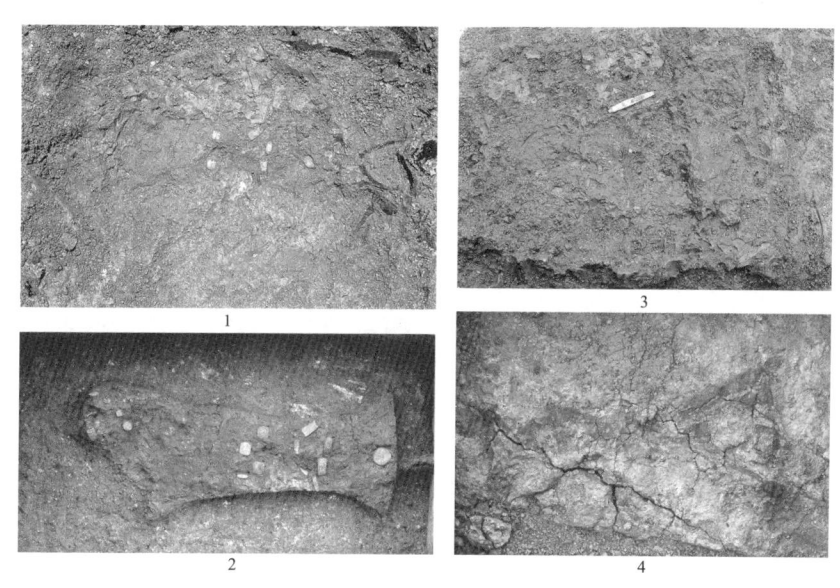

图 1-27　好川墓地出土漆器
1、2. M8∶2 出土情况、室内清剔后情况　3. M39∶2　4. M47∶13

的仅 1 片（图 1-28-1）。M7∶4，9 片圆形叶蜡石片相对集中于墓主头部附近，未见漆痕（图 1-28-2）。M19∶4，12 片石片分三圈粘附于漆痕表面（图 1-28-4）。M6∶2，9 片石片（图 1-28-3）。

嵌玉片漆器　13 件。每件饰玉片 2—30 片不等，集中出土，立体组合形态都呈圆棍状。玉片质地绝大多数为透闪-阳起石系列软玉。绝大多数为曲面造型，圆形、椭圆形、方形、菱形、圆角长方形等几何形曲面玉片常见，玉片之间凹凸拼接，特殊形态玉片有祭坛状、筒体抽象鸟形、圆箍形等。玉片规格不一。圆形玉片直径 0.8—4.5 厘米，三角形小玉片长仅 0.8 厘米，M60 出土的祭坛状玉片高达 8.4 厘米，曲面玉片最薄处仅 0.1 厘米。玉片制作精致，线切开材工艺水平极高，体现了高超的玉作工艺技术水平。玉片正面均经抛光处理，部分曲面玉片背面残留密集的弧形线切割痕，保留粗糙的面，便于粘贴或镶嵌。玉片均粘附于圆棍状有机质主体上。M1∶1，见少量红色漆痕，11 片不同几何形状的曲面玉片原应镶嵌或粘附于圆棍状有机质物体上。两端玉片拼接构成玉箍，中间的 3 片玉片呈螺旋状包裹棍体表面。漆痕范围长 12、直径 3 厘米（图 1-29-1，图 1-30-1、2；彩图 20-1）。M60∶

048 / 中华早期漆器研究

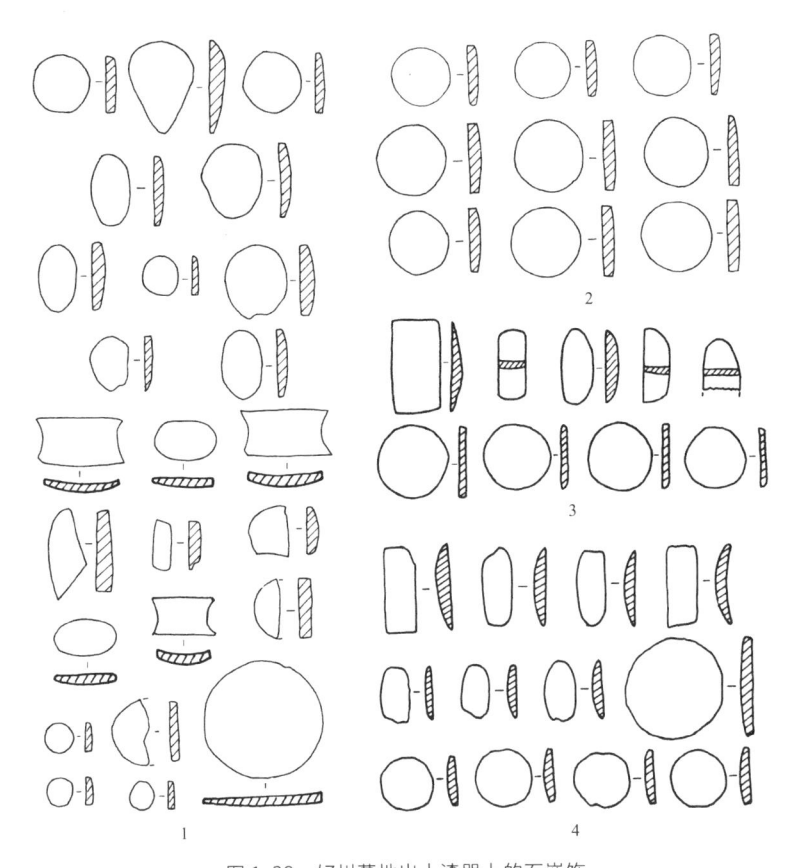

图 1-28 好川墓地出土漆器上的石嵌饰
1. M7∶9（24片） 2. M7∶4（9片） 3. M6∶2（9片） 4. M19∶4（12片）

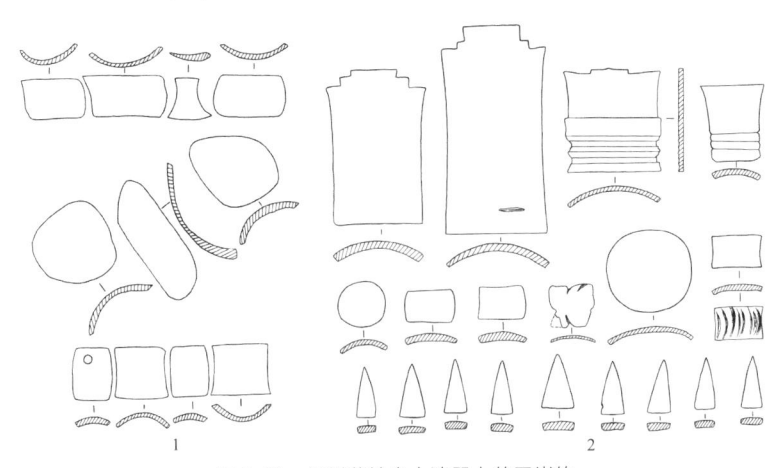

图 1-29 好川墓地出土漆器上的玉嵌饰
1. M1∶1（11片） 2. M60∶2（19片）

图 1-30 好川墓地出土漆器上的玉嵌饰
1、2. M1∶1 出土情况、玉嵌饰 3、4. M60∶2 出土情况、玉嵌饰

2，红色漆痕保存不好，22片不同形状平面或曲面玉片集中出土于15厘米×13厘米范围内，底端是9片三角形玉片。其中祭坛状玉片2片、冠状玉片1片、梯形玉片1片、侧体鸟形玉片1片（图1-29-2，图1-30-3、4；彩图20-2）。M10∶2，漆痕不太清晰，仅有30片不同造型的曲面玉片出土于头端一侧，相对集中在两处。其中3片祭坛状玉片和1片凸字形玉片比较特殊（图1-31-1）。M62∶4，红色漆痕范围比较清晰明确，12件曲面玉片和1件玉箍集中分布于15厘米×7厘米范围内。其中4片祭坛状褐黄色滑石片合围成箍，玉箍直径3.1厘米（图1-31-2）。M29∶30，漆痕保存较差，形状不明，19件不同形状的曲面玉片和1件玉箍集中出土于葬具外填土底部。玉箍直径3.3

图 1-31　好川墓地出土漆器上的玉嵌饰
1. M10：2（30片）　2. M62：4（13片）　3. M37：1（9片）　4. M29：30（18片）

厘米（图1-31-4）。M37：1，红色漆痕范围不清，9片不同形状的曲面玉片、1件玉箍相对集中出土于两处，相距约30厘米。玉片中有3片祭坛状玉片比较特殊（图1-31-3）。M12：4，漆痕保存较差，具体形状不明，14片不同形状的曲面玉片相对集中出土于26厘米×8厘米范围内，其中1片筒体鸟形玉片比较特殊。M53：3，红色漆痕不明显，16片不同形状的曲面玉片集中出土于14厘米×10厘米范围内，其中3片玉片的造型为侧体鸟形。M14：10，红色漆痕范围不清，仅见11片几何形曲面玉片集中出土于13厘米×6厘米范围内。M63：11，仅见2片圆角长方形玉片。

嵌绿松石漆器　M52∶2，残留长35、宽20厘米的朱红色漆痕，一端有7颗饰珠（5颗绿松石、2颗滑石）成排分布，可能是容器口沿部位的镶嵌或用漆类物质粘附的装饰物。珠均为鼓形，中有对钻小孔。长1厘米左右。

未嵌玉石片漆器　5件。仅存红色漆痕。M47∶13，红色漆痕为亚腰形。漆痕范围长23、腰宽约4、两端宽分别为6和9厘米（图1-26-4，图1-27-4；彩图19-4）。室内清理发现漆痕中间有木棍状有机质痕，木棍痕直径2.5厘米，两端均伸出漆痕外，在漆痕一角还发现一个直径约0.8厘米的有机质圆珠痕。M40∶10，漆痕为亚腰形。漆痕范围长约25、宽7—10厘米。器形除了不能判明者外，均应为漆觚。

学者一般将好川墓地出土玉石片视为与漆觚配套使用的器件[1]。笔者认为，这些玉石片应与漆觚和钺柄两种器物相关。其中，嵌石片漆器，器形除了不能判明者外，均应为漆觚；嵌玉片漆器，器形除了不能判明者外，均应为玉石钺的漆木柄，玉片组合构成钺柄的镦（详见表1-1）。需要说明的是，有的墓葬并没有出土玉石钺，但出土了我们认为的钺柄及镦，究其原因，或与墓葬被破坏和该墓地存在二次葬等情况相关。

表1-1　好川墓地出土漆器及相关器物统计

墓号	期别	漆器	钺	玉锥形器	出土情况	器形
6	一期	1件。9片小石片，近长方形和圆形，正面弧凸、磨光，背面平而粗磨。厚0.2厘米左右		玉锥形器1残长6.7厘米	墓口被破坏。漆器与玉锥形器共出于墓葬一端	不明
8	一期	1件。见亚腰形朱红漆痕及18片石片，两端大致可辨细棍痕迹。漆痕范围通长36、最宽14厘米。石片呈多圈圆箍状分布；形状以圆角长方形为主，两端弧凸或弧凹，也有圆形、椭圆形。石片正面弧凸、抛光，背面平、粗磨。石片厚0.2厘米左右		玉锥形器1长8.9、直径0.9厘米	墓口被破坏。漆器与玉锥形器共出于墓主头端	觚

---

[1]　方向明：《好川和良渚文化的漆觚、棍状物及玉锥形器》，《华夏文明》2018年第3期；严志斌：《漆觚、圆陶片与柄形器》，《中国国家博物馆馆刊》2020年第1期。

续表

墓号	期别	漆器	钺	玉锥形器	出土情况	器形
16	一期	仅见6片石饰片集中出土于14厘米×6厘米范围内。石饰片为青灰色细泥岩，形状有圆形、长方形、不规则形等几种，正面磨光，背面粗糙，形体很小，长、宽、直径均不到1.5厘米，厚0.1—0.2厘米			墓口被破坏，被M38打破。漆器出土于墓葬一端	不明
19	一期	仅见12片几何形青绿色叶蜡石片集中分布在14厘米×5厘米范围内。石片形状有圆形、椭圆形和圆角长方形三种，正面圆弧抛光，背面平、粗磨			墓口被破坏，被M18打破。漆器出土于墓葬中部	不明
39	一期	一端宽、一端窄的长条形红色漆痕，长26、宽7—10厘米，10片小石片呈两圈附着于漆痕上。石片的质地为青绿色叶蜡石，背面粗磨，正面抛光，形状有长方形、椭圆形、不规则形三种，厚0.1—0.25厘米		玉锥形器1 长6.1、横截面边长0.7厘米	墓口被破坏，被M37、M38打破。漆器与玉锥形器出土于墓葬一端	觚
40	一期	仅见亚腰形朱红色漆痕，一端大，一端小。长约25、宽7—10厘米		玉锥形器1 长4.3、横截面边长0.7厘米	墓口被破坏。漆器与玉锥形器出土于墓葬一端	觚
7	二期	2处。一处有9片圆形石片相对集中于葬具中心靠头向一侧。石片正面弧凸、抛光，背面平、粗糙。另一处，见24片石片散布于34厘米×12厘米范围内，形状有圆形、椭圆形、两侧内弧形等，正面弧凸、抛光，背面平、粗磨。直径大于2厘米的仅1片		玉锥形器1 长8.3、横截面边长0.8厘米	墓口被破坏。玉锥形器、4件玉珠和24片石片共出于墓葬中部，9片石片出土于附近大约30厘米处	觚
1	三期	1件。M1:1，见少量红色漆痕，11片不同几何形状的曲面玉片呈棍状分布，原应是镶嵌或粘附于圆棍状有机质物体上。漆痕范围长12、直径3厘米左右。1片上有一小圆孔。玉片厚0.1—0.3厘米	石钺1	玉锥形器1 长12.1、横截面边长0.9厘米	上部墓坑被破坏。漆器出土于墓主头部右上侧。漆器、玉锥形器、石钺呈一线，相距很近	钺柄

续表

墓号	期别	漆器	钺	玉锥形器	出土情况	器形
2	三期	1件。M2∶2，镶嵌或粘附10片曲面玉片作为装饰。其中圆角长方形9片（较小，推算长约2、宽约1厘米），圆形1片（较大，推算直径约5厘米）	玉钺1	玉锥形器1长10、直径0.6厘米	墓口被破坏，打破M5。漆器、玉锥形器、玉钺出土于墓主头端，呈一线。墓口被破坏	钺柄
3	三期	1件。数片玉片大致裹成一个短圆柄形，长约10、直径约3厘米		玉锥形器1长5.8厘米	墓口被破坏。漆器、玉锥形器出土于墓主头端，相距很近	钺柄
10	三期	1件。仅见不同形状的30片曲面玉片集中出于头端一侧，相对集中于两处。其中3片祭坛状玉片和1片凸字形玉片比较特殊。此外有圆形、近长方形、凹弧边四边形和不规则形四种。祭坛状玉片长2.3—3.3、宽1—1.9厘米，其他玉片大小不一，最大的直径3.2厘米，最小的直径不到1厘米。玉片厚0.15—0.3厘米		玉锥形器1长9.4、横截面边长0.7厘米	墓口被破坏。漆器与玉锥形器共出于墓主头端	钺柄
12	三期	仅见14片不同形状的曲面软玉片相对集中出土于26厘米×8厘米范围内，形状有近圆形、近长方形、不规则形，厚0.15—0.3厘米	玉钺1	玉锥形器2 1件质酥难以提取；1件长7.3、直径0.7厘米	墓口被破坏。玉钺、锥形器、饰玉片漆器共出于墓主头端，呈一线分布	钺柄
14	三期	仅见11片几何形曲面软玉饰片集中出土于13厘米×6厘米范围内，玉片有圆形、长方形、三角形等，正面抛光，背面平整。厚0.2厘米左右，最大者直径2厘米	石钺1	玉锥形器1长11.7、横截面边长0.9厘米	墓口被破坏。石钺、锥形器共出于墓葬一端。饰玉片漆器分两处出土，一处应是11片，位于墓葬另一端；另一处约3片，位于墓葬中部	钺柄
37	三期	仅见9片不同形状的曲面玉片和1件玉箍相对集中分布。玉片有近圆形、长方形、凹弧边菱形、祭坛状等。其中祭坛状玉片3片，高分别为2.7、2.9、4厘米。玉片厚0.1—0.3厘米。玉箍稍束腰，高2、直径3.1厘米		玉锥形器1长11.2、横截面边长0.9厘米	墓口被破坏，打破M39。漆器出土于墓葬一端，与同在墓葬一端的锥形器相距50厘米左右	钺柄

续表

墓号	期别	漆器	钺	玉锥形器	出土情况	器形
47	三期	朱红色漆痕，平面呈亚腰形，并有小木棍（痕）在其中	石钺1	玉锥形器1长4.8厘米	墓口被破坏。石钺与玉锥形器出土于墓葬一端，漆痕出土于另一端	觚
29	四期	20片不同形状的曲面玉片、玉箍集中出土于13厘米×13厘米范围内。玉片形状有圆形、长方形、菱形、三角形等，正面抛光，背面粗糙。玉箍长2、直径3.3厘米	玉钺2	玉锥形器2一件长8.6、横截面边长0.6—0.8厘米；另一件受沁严重	墓口被破坏，被M28打破。石钺、饰玉片漆器在葬具之外，其中1件玉钺与玉片共出	钺柄
52	四期	残留长35、宽20厘米的朱红色漆痕，一端发现7颗饰珠（5颗绿松石、2颗滑石）成排分布，可能是容器口沿部位的镶嵌或用漆类物质粘附的装饰物。珠均为鼓形，中有对钻小孔；长1厘米左右		玉锥形器1长8.8厘米	墓口被破坏。漆器与玉锥形器出土于墓葬一端	不明
53	四期	仅见16片不同形状的曲面玉片散布于14厘米×10厘米范围内。16片软玉片呈鸡骨白色，形状有椭圆形、圆形、圆角长方形、菱形和侧体鸟形等多种，正面抛光，背面粗糙。最大片直径2厘米	石钺1	玉锥形器2分别长16.6和8厘米	墓口被破坏。2件玉锥形器与玉片出土于墓葬一端，距离不远处为石钺	钺柄
60	四期	22片不同形状软玉片密集散布于15厘米×13厘米的范围内。3片沁蚀严重，余19件有祭坛状2、冠状1、梯形1、圆形2、侧体鸟形1、长方形3、等腰三角形9片。3片长方形和9片三角形玉片合围成漆器的上下两端。三角形玉片正面抛光、背面磨平。余均为曲面体，正面抛光、背面打磨未抛光。两片祭坛状玉片造型均为三重台阶的高坛状，长宽分别为8.4、4.3厘米和6.4、4.2厘米。冠状玉片分上下两部，上部正中凸尖，下部用浅横弦纹表现抽象神面，侧边有齿压，整体造型像一头戴冠冕的神像，高4.3、宽4厘米。梯形玉片高3.2、底宽2.6厘米		玉锥形器2分别长9.8、8.5厘米	墓口被破坏。玉锥形器与漆器玉片出土于墓葬一端	钺柄

续表

墓号	期别	漆器	钺	玉锥形器	出土情况	器形
62	四期	仅见12件玉饰片和1件玉箍集中分布于15厘米×7厘米范围内。玉片多鸡骨白软玉,形状有长方形、圆形、椭圆形、梯形、祭坛状等多种,均为弧曲面体,正面抛光,背面粗糙。其中祭坛状玉片4片,滑石质较软,黄褐色,系用同一坯料切割加工而成,石片上端呈祭坛状,曲面束腰,平底,长3、宽1.9厘米。玉箍1件,鸡骨白软玉,箍中部稍束腰,直径3.1、高2.3厘米。推测是长15、直径3厘米的圆形柄状物体,一端套圆箍,中间镶嵌或粘附不同形状的玉片	玉钺1	玉锥形器1长14.6厘米	墓口遭破坏。玉钺、玉锥形器和漆器出土于墓葬一端,呈一线	钺柄
63	四期	仅存2件圆角长方形曲面软玉片。漆痕范围长2.1、宽1.3厘米		玉锥形器1长6.6厘米	墓口遭破坏。玉锥形器出土于墓葬一端,漆器出土于另一端	不明

说明：M4、M59中仅见漆痕，此表未录。

好川墓地发掘报告将该墓地中的墓葬分为五期,推断一期墓葬年代约相当于良渚文化晚期后段,五期墓葬年代约当夏末商初,进而推断好川墓地年代大体在良渚文化晚期至夏末商初,但没有具体推定二至四期墓葬的年代。绝对年代初步确定为距今4300—3700年,前后达600年。表1-1收录的出土漆器墓葬中,一期的有6座,二期的有1座,三期的有8座,四期的有6座。根据发掘报告的分期断代,其中有相当一部分墓葬的年代晚于良渚文化时期。发掘报告提出了好川文化的命名,但是,已有学者指出："好川墓地遗存的下限是否能如报告所推断的晚到了夏末商初,也就有了继续探讨的余地。"[1]还有学者认为："好川墓地前后共五期是一个连续发展的过程,具有同一文化属性,为良渚文化的地方性变体。"[2]另有学者经过分析后指出,好川

---

[1] 赵辉：《读〈好川墓地〉》，《考古》2002年第11期。
[2] 宋建：《环太湖地区新石器时代末期考古学研究的新进展》，《中国文物报》2006年7月21日，第7版。

墓地的延续时间在 90 年—140 年，远非发掘报告所推定的 600 年。[1]鉴于此，笔者暂将其作为良渚文化的地方性变体来讨论，年代上暂取新石器时代晚期。

二 江苏出土新石器时代漆器

江苏出土新石器时代漆器地点较多，主要有圩墩遗址[2]、梅堰遗址[3]、花厅墓地[4]、蒋庄遗址[5]和高城墩墓葬[6]。

（一）圩墩遗址出土漆器

1973 年，在距今 5500 年的江苏常州圩墩遗址的第 4 层出土漆器，均残。漆器均为木胎，挖制辅以斫制。发掘者认为圩墩遗址属青莲岗文化江南类型[7]，现在一般称为马家浜文化。

喇叭形器座　1 件。底部边沿平宽，上部呈束腰形。器表上部髹黑漆，下部髹暗红色漆。残高 9.7、底宽 12 厘米（图 1-32-1）。

罐　1 件。仅存口、肩、腹部。口内收，肩部有两周凸棱构成宽带状，内壁有烧裂纹，器表髹黑漆。残高 11、口宽 3.5、壁厚 0.8 厘米（图 1-32-3、4）。

筒形器　1 件。仅存器身的一部分，圆弧形面的两端内收，一端有烧残的痕迹。器表髹黑褐色漆（图 1-32-2）。

---

[1] 翟杨：《好川墓地社会结构分析》，载上海博物馆《上海博物馆集刊》第 11 期，上海书画出版社 2008 年版。
[2] 吴苏：《圩墩新石器时代遗址发掘简报》，《考古》1978 年第 4 期；中国漆器全集编辑委员会：《中国漆器全集（1）·先秦》。
[3] 江苏省文物工作队：《江苏吴江梅堰新石器时代遗址》，《考古》1963 年第 6 期。
[4] 南京博物院：《花厅——新石器时代墓地发掘报告》。
[5] 南京博物院：《江苏兴化、东台市蒋庄遗址良渚文化遗存》，《考古》2016 年第 7 期。
[6] 南京博物院、江阴博物馆：《高城墩》，文物出版社 2009 年版。
[7] 学界关于青莲岗文化尚有不同认识，详见张敏《从青莲岗文化的命名谈淮河流域与长江流域原始文化的相互关系》，《郑州大学学报》2005 年第 2 期。

图 1-32 圩墩遗址出土漆器
1. 喇叭形器座　2. 筒形器　3、4. 罐

（二）梅堰遗址出土漆器

罐　1件。泥质灰陶，胎薄质细，器表饰黑衣，轮制。侈口，短直颈，腹中央束腰，圈足。口沿两侧有对称的两个小圆孔，用以系绳。颈部用金黄、棕红两色漆绘出两道弦纹，上下腹各绘绚纹，线条流畅，有立体感。口径6、高8.6厘米（图1-33-1、2；彩图21-1）。经化学实验，其上的彩绘物质与仰韶文化的彩陶、吴江红衣陶的实验结果不同，而与汉代漆器的反应相同，说明其应为陶胎漆器。

杯　1件。泥质灰陶，胎质较薄，器表层为黑色，轮制。整体器形呈筒状，口沿下微细，下腹略鼓，平底。在黑陶衣上用棕红色漆绘一道宽彩带，漆绘已部分脱落。口径6、高13厘米（图1-33-3；彩图21-2）。

这两件陶胎漆器出土于遗址堆积上层，属良渚文化。

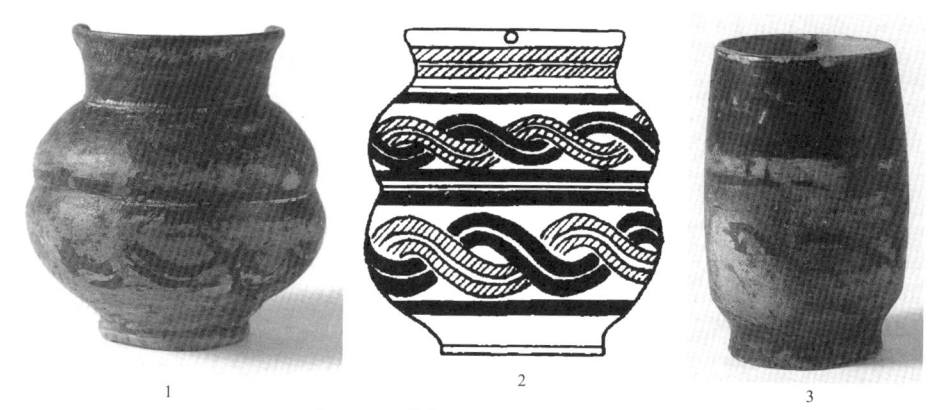

图 1-33 梅堰遗址出土陶胎漆器
1、2. 罐　3. 杯

1955年春，在吴江团结村发现良渚文化黑陶器，其中有一件漆绘彩陶杯，与梅堰出土的完全相同，现藏南博物院[1]。

（三）花厅墓地出土漆器

嵌绿松石漆器　发掘报告介绍，在M4靠近墓主脚部的墓底，有一块长宽各约0.4米的不规则涂红彩的地面，上面镶嵌8颗圆形小绿松石片。M18男性墓主头部近坑边处有一片朱红色彩绘地面，上面镶嵌绿松石，与M4的情况类似。所谓嵌绿松石的红彩地面，应是漆木器腐朽后的残迹。

嵌绿松石斧柄　M50出土一组10件绿松石片（M50∶29），色泽碧绿，磨制光滑，正面略弧鼓，底面平整（图1-34）。其中圆形1件，直径1厘米；条状圆角形9件，两端呈圆弧状，两边近似直线，长1、宽0.5厘米。此为斧柄端的嵌饰，木柄应髹朱漆。

花厅墓地绝对年代为公元前3400—前2800年，南区墓地大体属大汶口文化早期偏晚，北区墓地属大汶口文化中晚期。M4、M18、M50均在北区，其中M4墓主为女性；M18墓主为男性青壮年，殉葬一成年女性、两婴幼儿；M50墓主为男性壮年，殉葬两少年。

---

[1] 江苏省文物工作队：《江苏吴江梅堰新石器时代遗址》，《考古》1963年第6期，注释③。

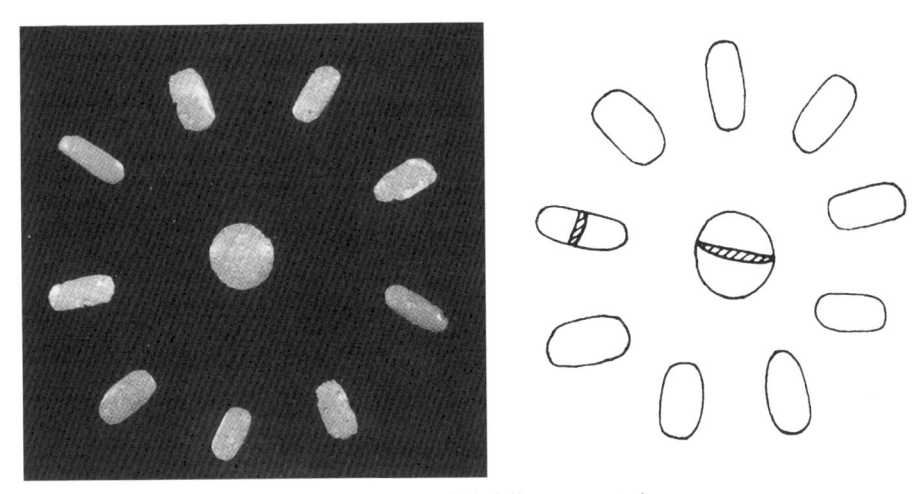

图 1-34　绿松石嵌饰（花厅 M50：29）

（四）蒋庄遗址出土漆器

觚　在部分墓葬中发现有红色粉末痕迹，经鉴定为朱砂，部分朱砂痕迹呈觚形（图 1-35；彩图 22）。参考下家山等良渚文化遗址的发现，初步判断其可能为木胎漆觚。发掘简报没有介绍出土漆觚的 M233 情况，仅提及在地层及灰坑、水井等遗迹中还发现有彩绘与髹漆陶片。蒋庄良渚文化墓葬石

图 1-35　蒋庄 M233 出土漆觚

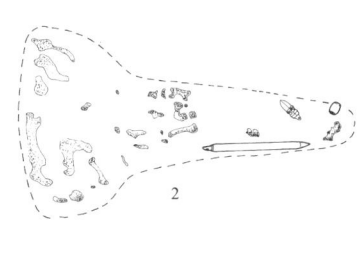

图 1-36　高城墩 M11 及出土漆器
1. M11　2. 漆觚（M11∶10）

钺、锛、凿与陶纺轮不共出，随葬石器者多为男性，随葬陶纺轮者为女性，体现出性别与社会分工之间的对应关系。蒋庄遗址良渚文化墓地时代涵盖良渚文化早中晚期。

（五）高城墩墓葬出土漆器

觚　M11∶10，红色漆皮，整体呈"T"形。出土时一端放置大小不一的玉锥形器 2 件、玉珠 1 件。长 32.5、最宽 17.5、堆积厚度 3 厘米（图 1-36）。从外形及尺寸初步推断其应是觚。M11 的年代属良渚文化中期偏晚到晚期偏早。

三　上海出土新石器时代漆器

上海出土新石器时代漆器地点仅有福泉山吴家场墓地[1]，具体如下。

玉嵌饰　42 件，应为漆器嵌饰。M205∶10，鸡骨白。扁圆形片状，一面打磨光滑，略弧凸，另一面则未经加工。直径 0.9 厘米（图 1-37-1）。M205∶12，鸡骨白。扁椭圆形片状。长 1.2、宽 0.5 厘米（图 1-37-2）。

棺　吴家场 M211 中有明显的棺木痕迹，局部还可见棺板腐朽后红色漆痕及青泥底板痕。M207 墓坑内有棺，棺底长约 2.95、宽约 0.9 米。棺东西两侧及底部有明显的弧度，推测棺为整木对剖后制成独木棺，已朽，尚可分辨

---

[1]　上海博物馆：《上海福泉山遗址吴家场墓地 2010 年发掘简报》，《考古》2015 年第 10 期。

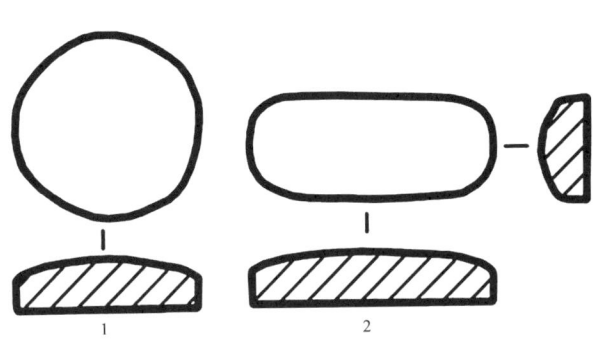

图 1-37　吴家场墓地出土玉嵌饰
1. M205∶10　2. M205∶12

出棺盖、棺底的板灰痕迹。在棺盖与棺底的位置还发现有红色髹漆痕迹。

墓葬年代为良渚文化晚期。

四　湖北出土新石器时代漆器

湖北出土新石器时代漆器地点很少，主要有江陵阴湘城和沙洋县城河新石器时代遗址王家塝墓地。此外，2020年发掘的湖南华容七星墩遗址一处屈家岭文化时期的池塘出土了1件漆碗。[1]

江陵阴湘城[2]大溪文化壕沟淤积层中出土4件漆器，其中2件属大溪文化第五期，1件属屈家岭文化早期，还有1件未介绍具体年代。大溪文化壕沟的开挖年代应不晚于大溪文化第五期，而废弃于屈家岭文化早期，距今5400—5000年。

笋　木质，残长7厘米，有一端镂一圆孔，外表以朱漆为地，再用粗细两种黑漆直线和曲线绘叶脉等形状的图案。年代属大溪文化第五期。

箭杆　竹质，外表髹红漆。年代属大溪文化第五期。

---

[1]　资料尚未正式发表，故本书暂不收录。本信息来自王良智《湖南华容七星墩遗址2020年发掘简介》，中国考古网，http://kaogu.cssn.cn/zwb/xccz/202104/t20210423_5328926.shtml。

[2]　贾汉清、张正发：《阴湘城发掘又获重大成果》，《中国文物报》1998年7月1日；张绪球：《屈家岭文化》。

钺柄 木质，在装入石钺的地方掏挖出很深的凹榫。其两侧的图案大致相仿。表面以褐漆为地，花纹为几何纹，刻于首端，花纹的凸出部分髹黑漆，手握处前后髹红漆，"凹"字形红漆图案的下凹处对穿一圆孔。柄两端应分别有帽和镦，惜已不存。全长59.5、宽6.5、厚0.8厘米（图1-38-1、2；彩图24）。年代属屈家岭文化早期。这件钺柄制作讲究，表面髹三色漆，并有饰纹，当是该城酋长之类人物的用品。

黑陶小簋 口沿残片，髹朱漆。年代属大溪文化第五期或屈家岭文化早期。

此外，沙洋县城河新石器时代遗址王家塝墓地[1]出土漆器，但都只存痕迹。M112中墓室棺外西侧随葬暗红色板状器物，推测为漆盘。M155东室墓主右股骨附近有1件玉钺及红色漆柄痕迹。M155∶1，玉钺长25、刃宽13厘米（图1-38-3），柄痕长60厘米。墓地属距今5000年前后的屈家岭文化。

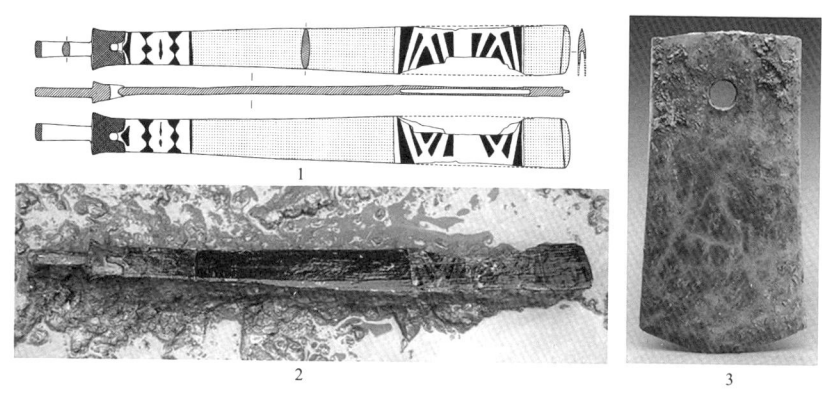

图1-38 屈家岭文化漆器
1、2.江陵阴湘城出土漆木钺柄 3.附漆木柄的玉钺（王家塝M155∶1）

五 山西出土新石器时代漆器

黄河流域新石器时代漆器集中发现于山西襄汾陶寺墓地，临汾下靳墓地也有零星发现，均属于陶寺文化。需要说明的是，此处讨论的陶寺墓地出土漆器，根据发掘报告的分期断代，绝大多数墓葬属陶寺文化早期，还有1座

---

[1] 中国社会科学院考古研究所、湖北省文物考古研究所、荆门市博物馆、沙洋县文物管理所：《湖北沙洋县城河新石器时代遗址王家塝墓地》，《考古》2019年第7期。

墓 2002ⅡM22 属陶寺文化中期。有几座墓在发掘报告中没有分期断代，如 M1364、M2156、M2011、M2024、M2028、M2255、M3003，还有个别墓的年代被定为陶寺文化晚期，如 M2339、M3168，这些墓葬出土漆器均仅 1 件，根据器物特征，可归于此处一并讨论。陶寺文化早期年代约为公元前 2300—前 2100 年，中期年代为公元前 2100—前 2000 年，晚期年代为公元前 2000—前 1900 年。[1]

（一）陶寺墓地[2]出土漆器

1978—1985 年，陶寺墓地出土了大量彩绘木器，外壁施以彩绘，多以红彩为地，用白、黄、黑、蓝、绿等色绘纹。其中 M1111 和 M3015 出土的部分木豆，其彩皮剥落时呈卷状，与漆皮相似。这些漆器均为木胎，基本为斫制，鼍鼓为挖制辅以斫制。虽然在出土时绝大部分器物的木胎已腐朽，但仍可辨出鼓、案、俎、豆、觚、盆、杯、盘、碗、斗、勺等器物。其木胎制作已使用榫卯技术，如俎、案等均系分别制作构件，然后以榫卯相接构成。器表纹样丰富，有条带纹、几何形纹、云纹、回纹等。从一件用红、黄、白三色描绘的木豆盘心图上，可以看出当时已讲究构图的对称和等分布局，比同出的陶器彩绘构图更加严谨、纹饰更加繁缛。这些器物的出土，对于揭示我国古代北方漆器的起源具有重要意义。

鼍鼓 8 件。鼓皮已朽，所见标本均为圆筒状、经彩绘的木质鼓腔。鼓的制法应是将整段树干去皮后，挖空树心做成。参考民族学资料，大致是边剡、凿，边用微火阴燃，促使树心木质炭化，以解决内腔过深带来的困难。在鼓腔内、外多散落有鳄鱼骨板数枚至数十枚，证明鼓腔上原蒙鳄鱼皮，即鼍鼓。5 座一类甲型墓出土鼍鼓鼓腔 8 件，其中 M3002、M3015、M3016 各 2 件，M3072、M3073 各 1 件，竖立于墓底。鼓腔多呈上细下粗状，直径（以鼓腔外周彩皮为准）一般在 50 厘米左右；唯 M3073 的鼓腔最粗，直径 90 厘米以上。鼓腔的保存高度为 5—110 厘米。M3015 出土的 2 件鼍鼓保存较好。

---

[1] 何驽：《陶寺文化谱系研究综论》，载北京大学中国考古学研究中心等《古代文明》第 3 卷，文物出版社 2004 年版。
[2] 中国社会科学院考古研究所山西工作队、临汾地区文化局：《1978—1980 年山西襄汾陶寺墓地发掘简报》，《考古》1983 年第 1 期；中国社会科学院考古研究所、山西省临汾市文物局：《襄汾陶寺：1978—1985 年考古发掘报告》。

M3015：15，鼓腔周壁满涂红彩为地，近上口的一段和中下部的一段为淡红色，中部偏上的一段为赭红色。器表有彩绘图案两组。第一组位于中上部的赭红色地上，宽约 45 厘米，其上、下均以蓝、白二色细条纹绘出边框。边框内上下似分四层，以白色绘出互相勾连的几何形纹、云纹、回形纹，个别处白彩笔道中又填以蓝色。第二组位于近底部淡红色地上，宽约 9 厘米，上、下均有白色条带构成的边框，上面的白色边框外侧又附加蓝色条带一周。其内以白色绘出同边框相连的类似卷云纹或蟠螭纹，在两白色花纹之间，又以黄色绘出几何形纹填充空地。图案均已斑驳不清。在鼓腔内发现鳄鱼骨板 3 枚，在鼓外墓底发现同样的骨板 8 枚。复原口径 43、底径 56、存高 110、腔壁厚 2—3 厘米（图 1-39-1—4，图 1-40-2；彩图 23）。该鼓保存较好，可能接近原鼓形制大小。

M3015：16，底部有一层同周壁相连的木灰，厚 1—1.5 厘米，可知这件鼓腔是有底的。在鼓腔内近底部填土中发现鳄鱼骨板 24 枚、黑褐色圆锥体 29 枚。上口直径 43—49、底径 46—50、存高 93、腔壁中部厚 1.5、近底部厚 1—6 厘米（图 1-40-4）。M3073：19，未经解剖，是否有底不详；另 6 件鼓腔底部皆未发现木灰，应是上下口连通的筒形。

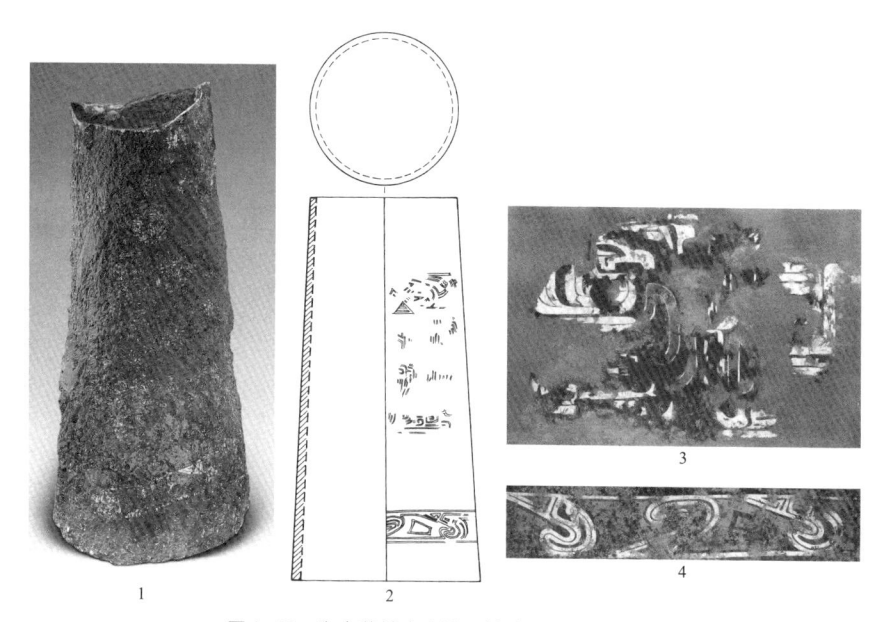

图 1-39 陶寺墓地出土漆鼍鼓（M3015：15）
1. 漆鼍鼓 2. 漆鼍鼓复原图 3. 外壁中部彩绘图案摹本 4. 外壁下部彩绘图案摹本

图 1-40　陶寺墓地出土漆鼍鼓

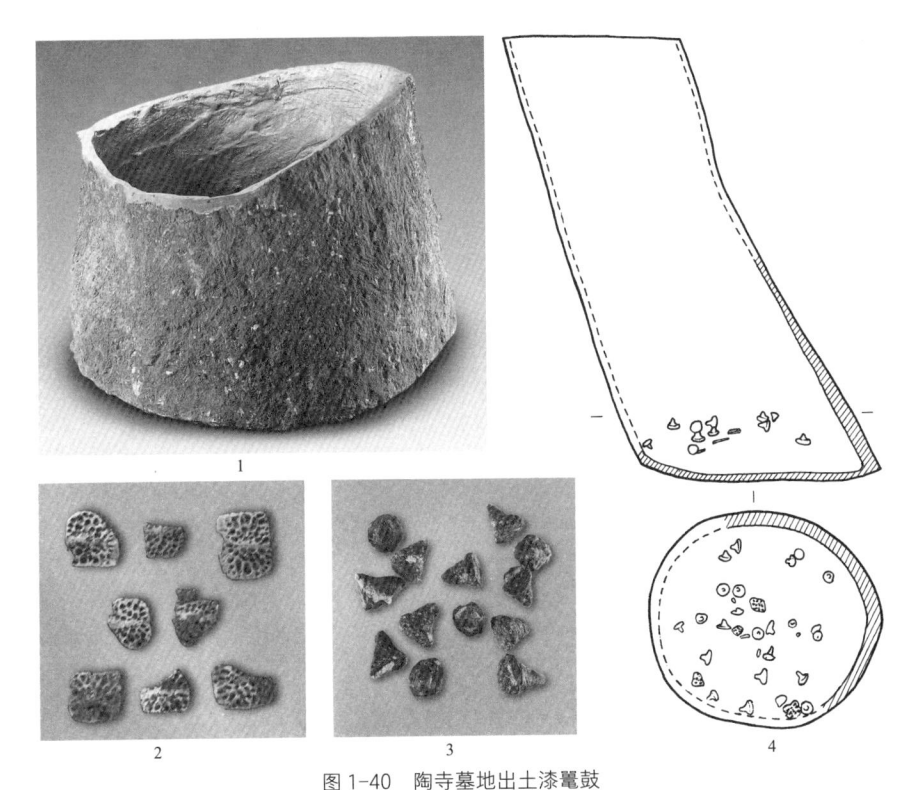

1. 鼍鼓鼓腔（M3002：27）　2. 鼍骨板（M3015：15 鼓腔内外出土）　3. 黑褐色圆锥体构件（M3002：27 鼓腔内出土）
4. M3015：16（近底部有鼍骨板和圆锥体构件）

M3002：27，同 28 号鼓腔并置于墓圹足端墓底，其前方有石磬 1 件，被挤压变形作倾斜状，横截面呈不规则的椭圆形，存高一侧为 28、另一侧为 34、现存上口直径 47.5、底口直径 47.5—57 厘米。腔壁厚度不详。周壁满施淡红色为地，其上隐约可见用白彩绘制的图案残迹（图 1-40-1）。在鼓内发现细碎的鳄鱼骨板残块，还有黑褐色小圆锥体 16 枚（图 1-40-3）。M3002：28，横截面亦呈不规则椭圆形，上口长径 52、短径 44 厘米。在鼓腔内发现黑褐色圆锥体 14 枚。

鼍鼓原来大都成对竖置于墓底，未发现用于悬挂的木架痕迹。M3015 出土的 2 件鼓腔高 1 米左右，可能接近原鼓高度。鼓底不蒙皮。出土鼍鼓的 5 座墓中，M3073 中与鼍鼓共出的有土鼓（残片），另 4 座墓中与鼍鼓共出的有石磬和土鼓（图 1-41）。散落鼍鼓鼓腔内的黑褐色圆锥体，系有机

066 / 中华早期漆器研究

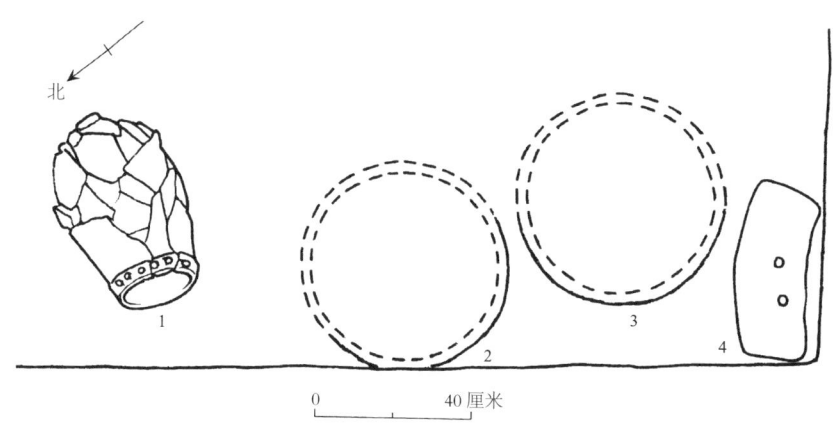

图 1-41　陶寺 M3016 足端墓底鼍鼓与石磬、土鼓配置情况
1. 土鼓（M3016：33）　2、3. 残存鼍鼓底部（M3016：37、38）　4. 石磬（M3016：39）

质黏合物，似掺入少量陶土用手捏成。底径及高度多为 1—1.5 厘米，有的稍大，有的稍小。这种小物件同骨板共存，个别的底部沾有红彩。发掘报告认为，它们可能是粘附在鼓皮上作装饰或调音之用。笔者认为，参照土鼓的结构，这些圆锥体很可能是用于将鼓皮固定在鼓上的构件。

案　9件。案的形制与大小不同，有的经朱绘或彩绘髹饰，有的只是素木。出土时，案上放置陶觚的1例（M2115：4），放置木觚的两例（M2103：1、M2168：1），放置木觚与高柄豆的1例（M2172：1），放置成组木斗、木杯、木觚的1例（M2180：27）。M2001 的案面中部放 1 件陶折腹斝，1 件高柄豆与 2 件仓形器放在案上左右两端。从中可以看出，案上以陈设酒器为主。

无足的案有4件，造型简单，只是一块长方形或圆角长方形的厚木板，其中 2 件（M3073：1、M3016：17）有边棱（发掘报告称为长方平盘）。M2180：27，长 50—60、宽 27.5、厚 3.5 厘米，其右端叠压于彩绘折腹陶盆之下，稍受损，保存长度 48.5 厘米（图 1-42-6，图 1-43-2）。素木，无彩。案面中部放红彩木斗 1 件、红彩双耳木杯 2 件，偏左放大小不等的红彩木觚 3 件。M2172：1，大致呈长方形。长 84、宽 28、厚 4.3 厘米（图 1-42-5）。案面上有红白相间的花纹残迹，似是在红地上以白彩绘纹。案底及四周未见彩饰。案的左侧有高柄豆 2 件，右侧有红彩木觚 2 件，均稍叠压于案端。

M3073：1，残。案面由纵向三块木板拼成，拼缝平整、密合。残长70、宽40、案心板厚约1.5、边棱残高1（复原高度1.5）厘米。案表面通施红彩（图1-42-9）。M3016：17，为一块整板做成。两端已残失，从两侧长边看，均出边棱。残长42、宽31.5、案心板厚2、棱沿高1厘米。案表面涂较厚的红彩（图1-42-8）。

有足的案有5件，足呈三边支架形。案面形状多样。其中3件案面一侧呈圆角并作亚腰形。2件器形较矮，由一整块厚木板斫成。M2115：4，在亚腰一侧及左、右两短边案板下斫出支架。案面上残留斑驳的红、绿彩，并有黑色斑点。通长92、两端宽34—36、中腰宽31、案板厚2—2.5、通高5厘米（图

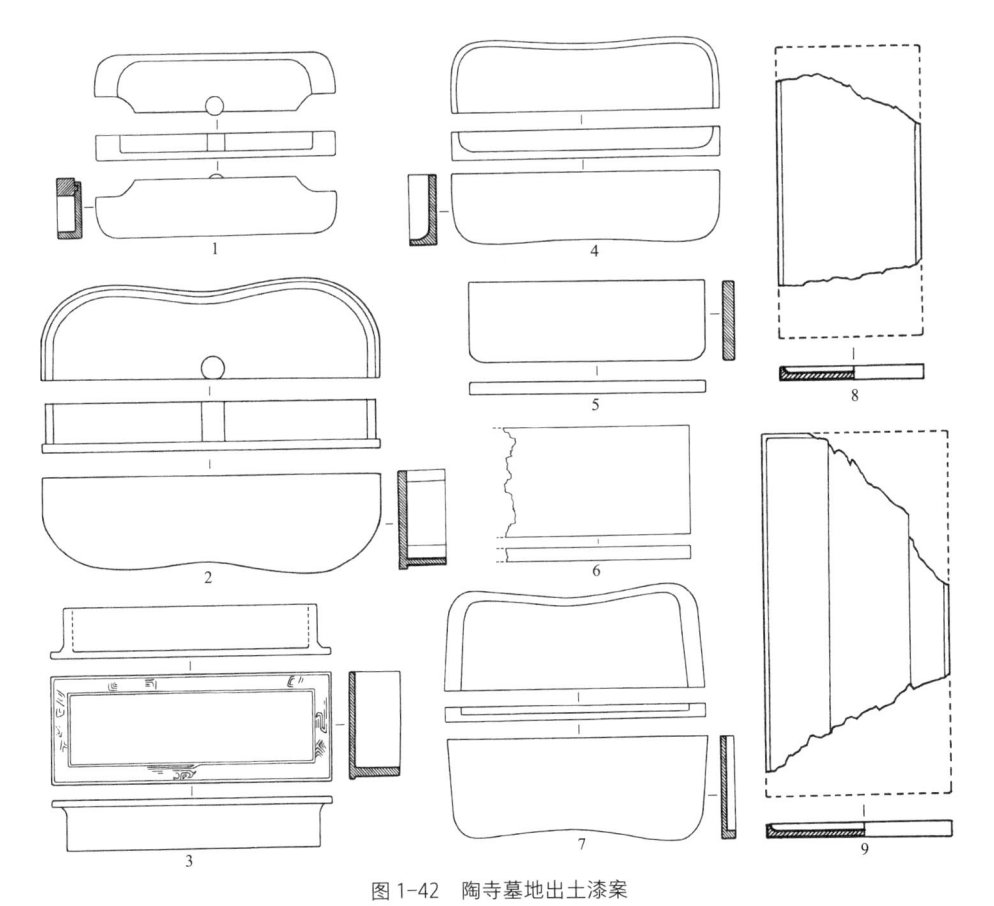

图1-42　陶寺墓地出土漆案
1. M2168：1　2、4、7. M2103：1、M2092：1、M2115：4　3. M2001：7
5、6、8、9. M2172：1、M2180：27、M3016：17、M3073：1

1-42-7）。案上有陶觚及不明器形的无彩木器各1件。M2092：1，亚腰没有M2115：4明显。通长94、两端宽25、中腰宽23.5、案板厚3、支架下端厚2.5、通高10厘米（图1-42-4）。案面上见到星星点点的红彩。在案与木棺头挡之间有陶折腹斝、陶灶、木觚各1件，斝置灶上。M2103：1，器形较高，支架的部位从案板边缘内缩，故案板仰视呈三面出沿状，直边中部设一柱状支撑圆木。这是最大的木案，通长120、案板两侧最宽处32.5—34.5、中腰宽30、厚3、支架外侧距案边沿1.5、支架厚3、支撑圆柱高14、柱径8、通高17厘米（图1-42-2）。由该案的形制推测，三边弧形支架及直边下的支柱可能是另外做成后安装在案板下面的，并非由一块木料斫成，但支架、支柱同案板的榫接结构不详。出土时，案板及支架外侧色彩鲜艳，大部分为绿色，少数地方呈红色。经局部剔剥，知案面素胎上先涂一薄层白色细腻乳状物，厚不足0.5毫米；其上施黑色胶状物一层，厚1—2毫米（大约是生漆，氧化后呈黑色）；又在上面施绿彩一层，厚1毫米左右；再以红彩沿两端及亚腰一侧绘出宽1.5厘米的边框，其内以红彩绘似对称的圆点勾连纹、弯月形纹、扇形纹一类，红、绿相映构成图案。惜已残损斑驳，无法窥其原貌。案面正中原放红彩木觚2件、左端有红彩仓形器1件。

另有1件案（M2168：1），一侧两端呈圆角，但中部不作亚腰；相对的另一侧两端作凹角。案板下，两短边及圆角一侧连成三边形支架，凹角一侧中部设支撑圆柱。通长85.5、案板两侧凹角处4.5、中部宽20、厚2.6、支架长侧厚2.6、两端厚8.5、支柱高6.2、柱径6.2、通高8.8厘米（图1-42-1）。这件木案较矮，三边形支架与案板系从一块木料上斫出，支撑圆柱是同时斫出抑或后加不详。案面及支架外侧遍涂红彩，案面上还可见零星绿彩斑点。案中部原有木觚1件，出土时作向案下倾倒状。

还有1件案（M2001：7），案板呈规整的长方形，长、宽大于支架形成的三边形，长边一侧宽出0.8、两端短边各宽出4—5厘米，两端案板与支架之间的夹角成一抹坡，起到承力、加固的作用。支架是与案板从同一块木料上斫出抑或采用榫接，不详。案面及支架外侧遍涂赭红色，案面四周边沿及其内距四边各6厘米处，用宽近1厘米的白彩绘出内、外两重长方形构成边框，在边框内以白彩绘繁缛的几何勾连纹图案，残留斑驳不清的局部。通长

99.5、案板宽 38、厚 2.5、支架高 15、厚约 2、通高 17.5 厘米（图 1-42-31，图 1-43-1[1]）。出土时，案正中置折腹陶斝 1 件、不明器形的木器 1 件，案左、右两侧分别置多件成组的仓形器和高柄豆，其中有仓形器 2 件、高柄豆 1 件放在案上左、右两端。

需要说明的是，5 座一类甲型墓中有 3 座未见案。其中 M3015 墓圹头端有横置的残木器 1 件，残长 35、残宽 12 厘米，表面一侧为白彩，一侧为红彩，其左端有仓形器 1 件，从所在位置看，或为被扰动后的案的残迹；而另 2 座（M3072 和 M3002）头端均遭破坏，或许原来也是有彩绘木案的。

图 1-43　陶寺墓地出土漆案
1. M2001∶7　2. M2180∶27 及其上木杯、觚、斗的石膏复原模型

―――――
〔1〕 图片采自中国漆器全集编辑委员会《中国漆器全集（1）·先秦》。

俎 9件。分别出于9座墓中。俎上都放有石刀，一般为1件；M3015出土的俎上有2件石刀（另有1件掉落在俎旁）。在M2168、M2172和M3015出土的俎上发现猪的肩胛骨、头骨、肋骨、肢骨等，尤其M2168出土俎上的石刀斜插于猪肩胛骨上，M2172出土的石刀斜插入俎面猪肋间的情形，表现得十分真切。

无足的俎有1件（M2180∶14）。造型简单，只是一块木板。平面略呈梯形，短边一侧的两端作圆角。一侧长40、另一侧长48、宽24、厚2.4厘米。素木，无彩（图1-44-1）。俎上立石刀1件。

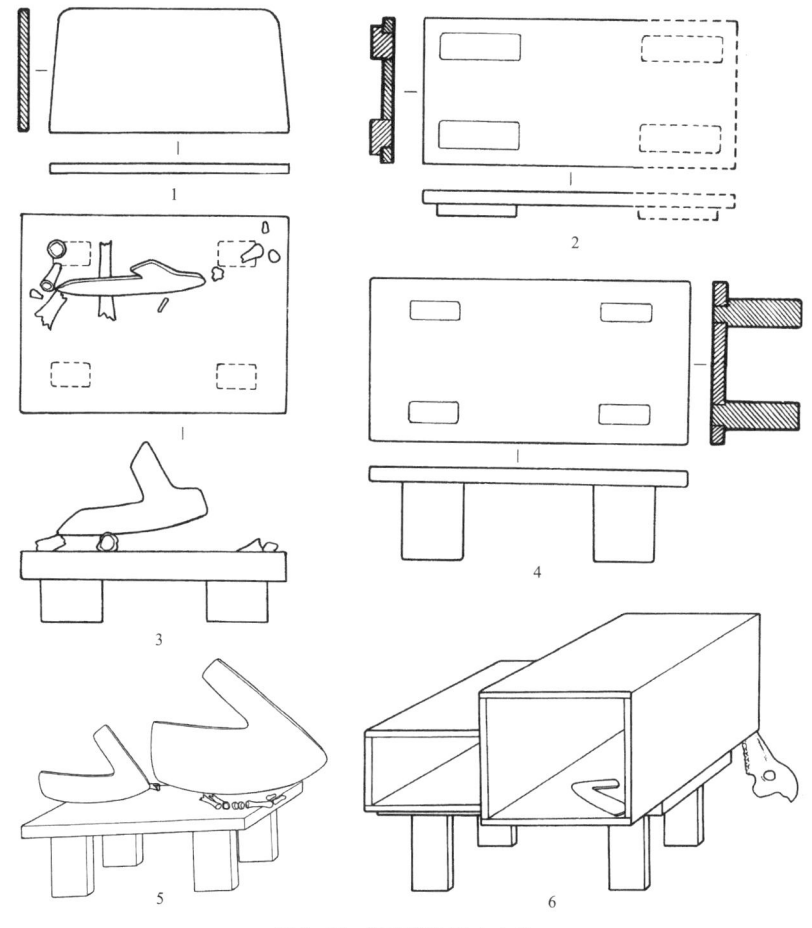

图1-44 陶寺墓地出土木俎

1. M2180∶14 2—6. M2014∶8、M2168∶12、M2001∶57、M3015∶79、M3072∶20

四足的俎有 7 件。长方形板式台面，下设四条竖立的长方体木足。出土数量较多，形制明确，是俎的典型式样。台板与足榫接，一般在台面上都留有卯眼痕迹，均为闭合透榫，足上端作单肩榫、双肩榫或四肩榫三种形式。除 M2001：57 上遍施红彩、M2014：8 的台面上见红彩斑点外，余均素面、无彩。M2168：12，台板长 44.2、宽 31.2、厚 4.3、卯眼长 6.5、宽 4.3、足宽 10—10.5、厚 4.3、高 7.3、通高 11.6 厘米。台面上有猪的肩胛骨，石刀斜插于肩胛骨上（图 1-44-3，图 1-45-2）。俎旁有猪蹄骨，或是从俎上掉落的。M2172：25，形制与 M2168：12 相似而略大，台面长 60、一端宽 33、另一

1

2

图 1-45　陶寺墓地出土木俎
1. M2001：57　2. M2168：12

端宽 31 厘米。台面中部有猪的肋骨、肢骨、蹄骨，一端（靠近足端墓壁且略高于木俎台面）有劈开的猪头骨，石刀 1 件，斜插于猪肋间。M2014∶8，器形很矮。台板残长 43.5、宽 28.5、厚 2.5、卯眼长 15.5、宽 5、足宽 15.5、厚 7、高 2.5、通高 5 厘米。台板复原长度 61.5 厘米。台面上立置石刀 1 件（图 1-44-2）。M2092∶21，台板长 54、宽 31、厚 2.5—3、卯眼长 6、宽 3、足宽 8、厚 4.5、高 9.5、通高 12.5 厘米。俎面上立置石刀 1 件。M2001∶57，台板长 63、宽 32、厚 3、卯眼长 9.5—10、宽 3.5—4、足宽 12、厚 5.5、高 14.5、通高 17.5 厘米。俎上立置石刀 1 件（图 1-44-4，图 1-45-1）。还有两件俎上放有木匣。M3072∶20，素木无彩，仅见朽后遗留的灰白色木灰痕迹。台板长 78、宽 56、厚 3、足高 25、厚 4、复原宽度 10、通高 28 厘米。2 件彩绘木匣并排横置于俎上（图 1-44-6）。其中 8 号复原为长 80、宽 40、高 36 厘米的朱绘木匣，9 号复原为长 66、宽 38、高 22 厘米的红、白、黑三色彩绘木匣。匣板的厚度按 2 厘米复原。2 件都未发现前侧壁板或该板塌落后的痕迹，推断前端（即面向墓室的一侧）原来是敞口的。8 号匣前右侧斜立的石刀，锋端尚在匣内，故它同匣后的猪头都是因匣壁板、底板损坏而掉落的。M3015∶79，素木无彩，仅存板灰痕迹。台板长 75、宽 42、厚 4、足宽 12、厚 5.2、高 21、通高 25 厘米。因台面上叠压有木匣，卯眼痕迹不清楚。据 M2001 出土木俎复原为四肩榫。出土时，俎上斜立石刀 2 件，并有猪的肢骨（图 1-44-5）。俎旁侧的 1 件石刀和一段猪尾椎可能是从俎上掉落的。

此外，还有 1 件俎（M2095∶9），仅知俎面作长方形，残长 40、宽 20 厘米。俎上有石刀 1 件。

豆 34 件。可分为大、中、小型三种，以小型豆为主。

大型豆 2 件。M2001 出土，形制相同，大小相若。豆盘都作圆形，系用四块木板拼成，拼缝明显，台面周沿出矮棱。台板下正中有近喇叭状束腰木座。豆盘中央有方形卯眼塌陷痕迹，可知木座与豆盘以闭口透榫结合。木座的中、下部掏空。2 件豆表面通体经朱绘，出土时呈赭红色。M2001∶63，复原直径 85.5、厚约 3、通高 28.2 厘米。豆盘上斜置石刀 1 件，并有残断猪肋骨（图 1-46-1、3、4）。M2001∶64，豆盘直径 85、厚 2.5、通高 27.2 厘米。豆盘上斜立石刀 1 件，并有猪肋骨及蹄骨（图 1-46-2）。此外，M2103

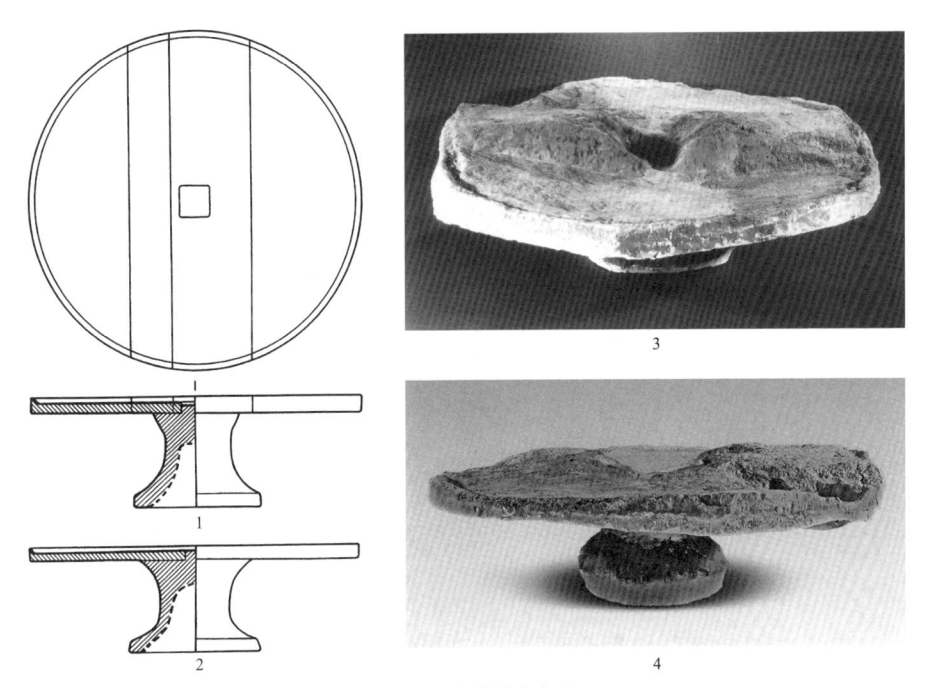

图1-46 陶寺墓地出土漆豆
1、3、4. M2001∶63 2. M2001∶64

出土1件残器（M2103∶3），圆形豆盘只剩半个，直径近1米，厚3—7厘米，近周沿略上翘，台板靠墓壁一侧连接一柱状座，柱残高6、直径12—16厘米。经解剖，发现台面上原有鲜艳的红、绿彩图案，现已斑驳不清。其施彩方法是：先在打磨平整的素木胎面上抹一层白色乳状物，稍有黏性，质地极细腻，厚不足0.5毫米；然后加一层黑色胶状物，厚2毫米左右；再在其上遍施朱红彩为地，厚0.5—1毫米；最后绘绿色纹样，红、绿相映组成图案。

中型豆8件。盘径多大于40厘米或接近40厘米，个别的达60厘米，通高20—28厘米。在墓中都是单件。其中3件（M2092∶24、M3015∶21和M3072∶7）出土时已残损大半，余5件都作喇叭形圈足，因盘面较薄且未见明显卯眼痕迹，故盘与柄上端结合方式尚不清楚。5件豆中有2件豆盘呈凹面，方唇，无沿。M2103∶5，是同类木豆中较小的，斜方唇，圈足底座周边出棱。盘面上有明显红彩。盘径38.5、通高25、盘壁厚1.9—4.5厘米（图1-47-1）。M2035∶9，盘壁厚度较匀称，喇叭形圈足较肥大。盘的内壁、柄和座的外壁均施红彩。长径47.5、短径残长44、通高22.8、盘壁厚2—3.5厘米（图1-47-4，图1-48-2）。另3件豆盘有斜平的宽沿，沿内侧呈凹面或向盘心凹下的斜面。M2180：12，圈足较粗壮。通体器表施红彩。盘外径46、盘深1—2.6、通高20.5厘米（图1-47-2，图1-48-3、4）。M1111：2，通体器表施红彩。盘外径54.6、通高28.5厘米（图1-48-1）。M2014：12，通体器表施红彩。盘外径60、盘壁厚2—2.5、通高24厘米（图1-47-3）。

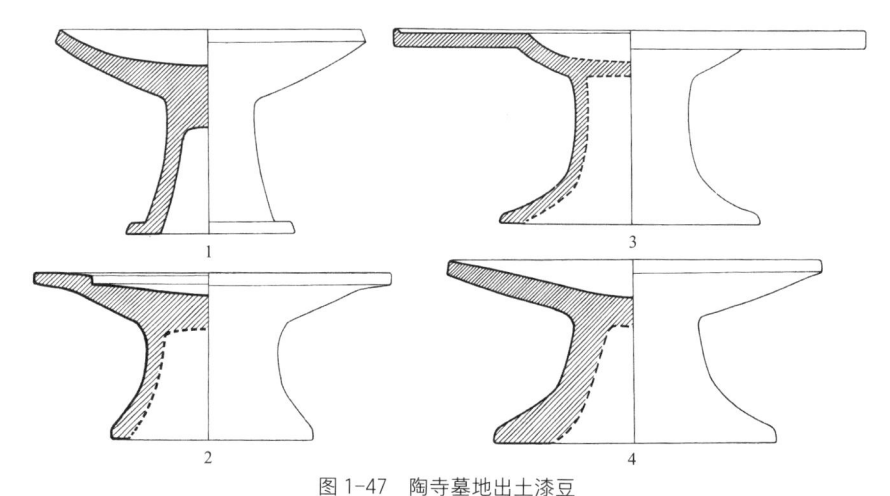

图1-47 陶寺墓地出土漆豆
1、4. M2103：5、M2035：9 2、3. M2180：12、M2014：12

　　小型豆24件，其中3件（M3002：30、31、57）已残毁过甚，无法复原；余21件也都有不同程度的损坏，尺寸与同出的陶豆相仿或略大，一般盘径20—24、通高10—22厘米；个别小木豆盘径14—15厘米。大多朱绘，也有少量彩绘。其中9件有双耳。豆盘作略向外倾斜的折沿，方唇，盘壁两度凹曲，圈足式豆柄。在盘沿、盘面及耳部有精美彩绘。M2001出土一组9件，形制相同，大小相若。M2001：24，施红、黄、白三色彩绘：盘沿一周作十二等分，红色、白色各三段，土黄色六段，相间分布，在黄色区段又绘出相间分布的红色和白色放射状线条各四条；在盘内壁，上段凹曲部位涂红彩一周、宽约3厘米，盘心涂土黄色、直径约10.6厘米；凸字形耳表面涂红彩，耳端有一长方形图案，以土黄为地，又在其中部绘出顺向白色矩形，两

图 1-48　陶寺墓地出土漆豆
1、3、4. M1111∶2；M2180∶12、M2180∶12 复原模型　2. M2035∶9

端各绘出红色线条两道、白色线条一道；耳下表面及盘壁外表涂土黄色，柄部表面涂红色。豆盘直径 21.5—21.8、双耳（外沿）距 30.4、盘深 2.5、圈足径 11.3、通高 10.3 厘米（图 1-49-1，图 1-50）。M2001∶23，彩绘纹饰与 M2001∶24 相同。盘径 20.6、双耳（外沿）距 28.5、盘深 2.1、盘壁厚约 0.8、圈足径 11、通高 9 厘米（图 1-49-2，图 1-50）。另有 12 件无耳。M3073 出土 5 件，均残。M3073∶5，盘径 19、沿宽 2、盘心深 3.75 厘米（图 1-49-3）。盘内、外壁涂红彩。从盘底断茬观察，是先抹上一层白色物质，再涂红彩。M3015 出土 7 件，均残。通体表面施红彩。M3015∶72，盘残径 18、复原直径 24、通高 16 厘米（图 1-49-5）。M3015∶70，盘径 22.4、通高 22.5 厘米（图 1-49-6）。M3015∶85，只存豆盘及残柄。盘内、外壁及柄表面有红彩。盘径 15、盘深 3.8、残高 7.5 厘米（图 1-49-4）。

高柄豆　14 件。造型特殊，顶端浅盘，柱状高柄，下置圆础状实心底

076 / 中华早期漆器研究

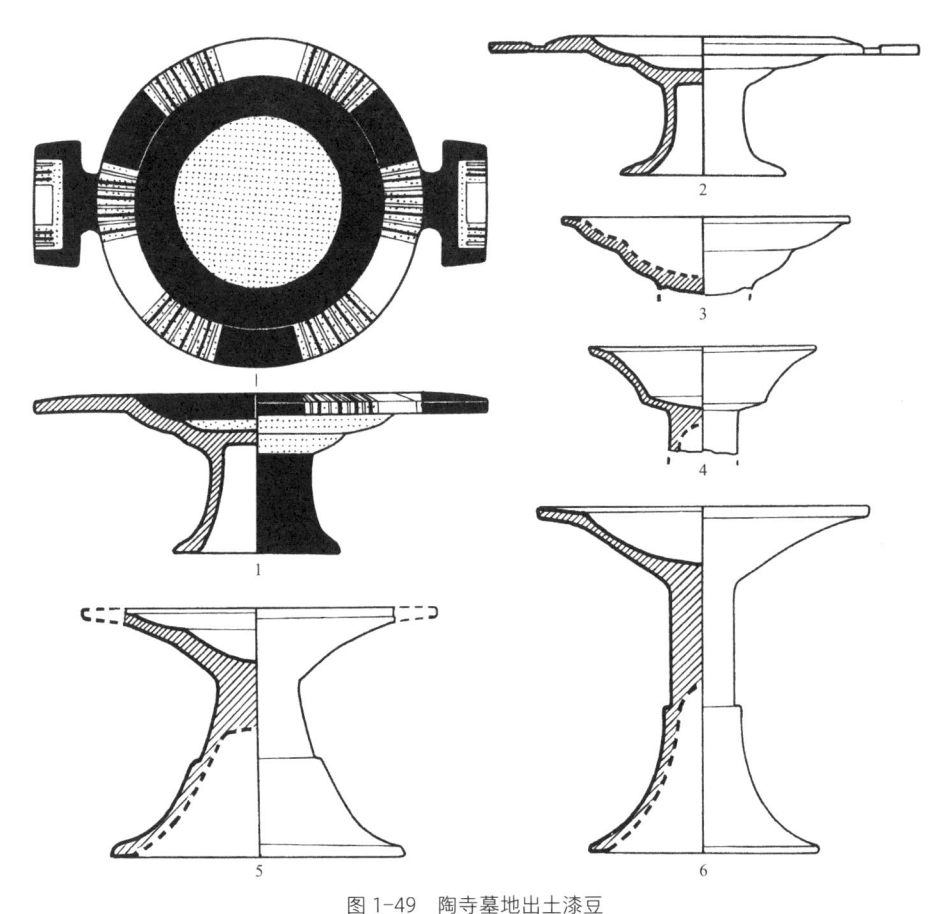

图 1-49　陶寺墓地出土漆豆
1、2.M2001∶24、23　3—6.M3073∶5、M3015∶85、M3015∶72、M3015∶70

座。盘径 10—20、通高 25—50 厘米。从形制、出土位置与组合情况推断，这是一种盛置肉食、菜肴的器具，其造型庄重，器表一般经过朱绘或有精美彩绘，器形很高但豆盘不大，似乎其礼仪作用大于实用价值。

其中 3 件为柱状柄，单层台座，有 2 件顶端呈覆斗状，未见盘沿。M2202∶9，顶端覆斗状盘及底座表面仅残留红彩斑点，柄的中、下部表面尚见片断彩绘痕迹，是在木胎上先涂一层白色，白色上敷黑色，再于黑地上绘红色图案。盘顶径 7.8、盘高 2.2、柄径 5.7、底座直径 8.5、存高 25.8 厘米（图 1-51-3）。M2172∶35，仅底座表面残存红彩。盘顶径 9.5、盘高 6、柄径 5.2、底座直径 11.5、通高 49.5 厘米（图 1-51-1）。另一件顶端盘下有束腰状颈，

图 1-50　陶寺墓地出土漆豆（M2001：24、M2001：23）复原模型

颈下出檐一周。M2172：36，盘上端已残，柄下端略粗，扁柱状座，底座周围残留红彩痕迹。盘残径10、底座直径9、通高48厘米（图1-51-2）。

其余11件的柄呈束腰柱状，双层台座。8件颈部呈束腰状，颈上有盘，盘心微凹，颈与柄之间出檐一周，柄的上、下端外展而中部作柱状，双层圆柱状台座。其中7件出自M2001，通体饰赭红色并隐约可见斑驳不清的白色图案；1件出自M2180，器表见红彩残迹。M2001：75，盘残径10、柄径6.8、通高50厘米（图1-51-6，图1-52-1）。M2001：77，盘径17、柄径6.5、通高51.6厘米（图1-51-4）。M2001：80，是同墓所出高柄豆中较小的

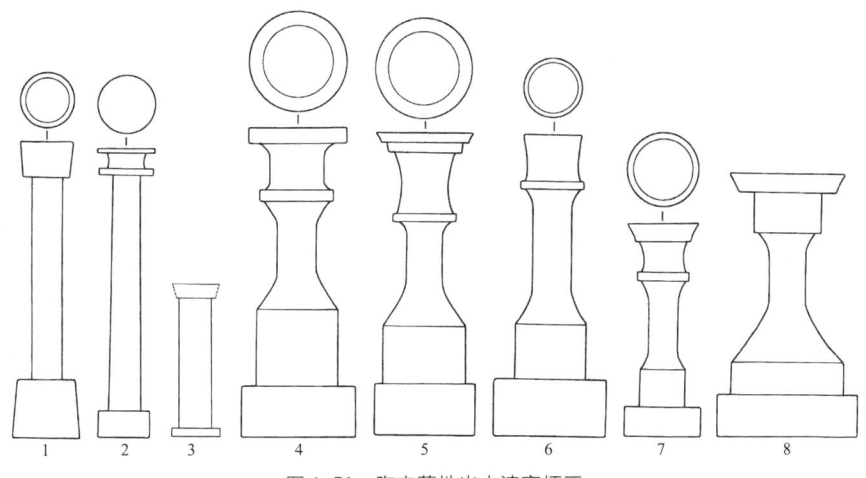

图 1-51　陶寺墓地出土漆高柄豆

1—3. M2172：35、M2172：36、M2202：9　4—7. M2001：77、78、75、80　8. M3015：33

2 件之一。盘径 12、通高 35.5 厘米（图 1-51-7，图 1-52-2）。M2001：78，豆盘作重叠的双层，上层略大于下层。通体表面施赭红彩，并隐约可见白色图案痕迹。直径 16.8、柄径 6、通高 50.5 厘米（图 1-51-5）。此外，还有 3 件，均出于 M3015，器体粗壮，覆斗形豆盘下面没有束腰状颈部，而是扁柱体的盘托，下面也不出檐，直接与柄相连。损毁严重，原来器表都有精美彩绘。据局部解剖可知，在木胎上先涂一层黑色胶状物，其上遍施赭红彩，再以黄、白两色绘出图案，均只留下斑驳痕迹。M3015：33，盘径 20、柄最细处直径 6、通高 44 厘米（图 1-51-8，图 1-52-3）。

图 1-52　陶寺墓地出土漆高柄豆
1、2. M2001：75、80　3. M3015：33

　　觚　在 9 座墓中发现 14 件。M2103、M2168、M2172 和 M2180 四座墓出土 8 件觚，分置于木案上。据外形及解剖实测可知，觚作敞口或喇叭口，平底，与当地庙底沟二期文化（晚期）及陶寺文化早期陶觚造型相似。由于内壁加工困难，往往底部甚厚，多数较粗矮，少数细高，个别呈大敞口、束腰状。一般内、外壁均施红彩。

　　其中 11 件为粗体觚。M2063：2，口径 12.1、底径 7、高 16.4 厘米（图 1-53-7）。M2202：1B，口径 16、底径 6.5、高 18 厘米（图 1-53-2）。

M2103∶22，口径 12、底径 4.3、高 18.2 厘米（图 1-53-8）。M2103∶23，口径 12.5、底径 5.8、高 18.2 厘米（图 1-53-3）。M2172∶2，口径 14、底径 4.8、高 16.7 厘米（图 1-53-4）。M2180∶26，口径 16.1、底径 6.9、高 16.7 厘米（图 1-53-6）。

其余 3 件为细体觚。M2180∶28，口径 6.7、底径 3.3、高 14.2 厘米（图 1-53-1）。M2202∶1A，应是细体觚的典型式样。口径 10、底径 6、高 21 厘米（图 1-53-5）。

另外，在 M2027 头端发现 2 件木器，在 M2001 木案上、折腹斝旁有 1 件残木器，从出土位置和大体形状看，可能都是觚。

杯　2 件，器形相同，通体内、外朱绘，与漆觚、斗共置于 M2180 头端木案上，应为饮器。其造型同居住址出土的陶杯近似，均为敞口、圆唇、平底，唯在器身两侧设对称双耳。经解剖可知其装耳方法：先在杯壁钻或挖凿出对称的透孔，孔径内壁大于外壁，然后将方锥形木耳细而薄的一端自内向

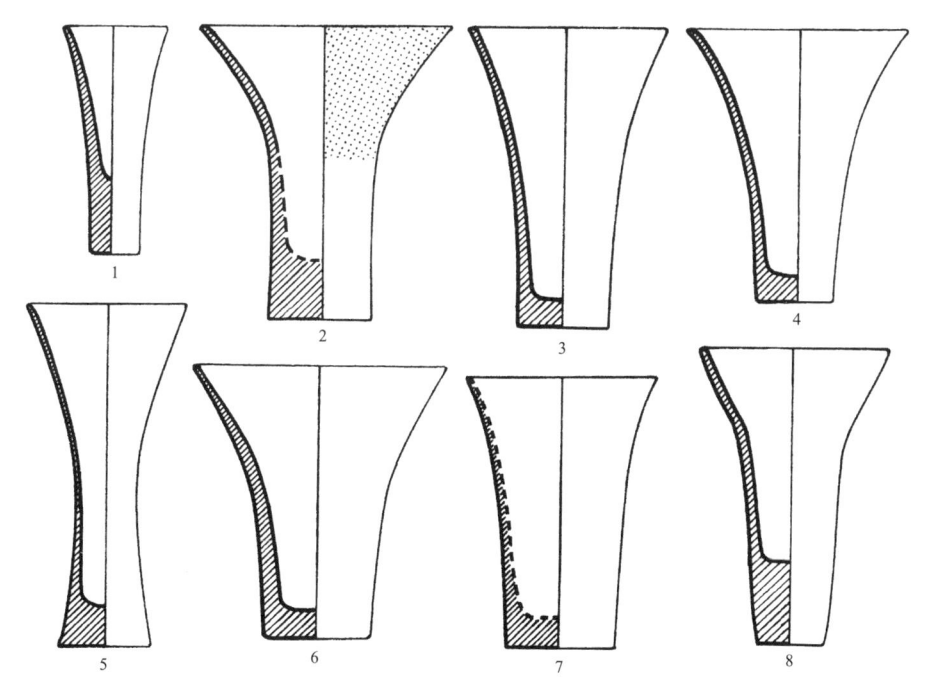

图 1-53　陶寺墓地出土漆觚
1、5. M2180∶28、M2202∶1A　2—4、6—8. M2202∶1B、M2103∶23、M2172∶2、M2180∶26、M2063∶2、M2103∶22

外穿出，令粗厚的一端卡在孔部，并在耳与孔壁之间用黑色胶状物（生漆）粘接、固定。M2180：24，口径 8、底径 4.2、耳长 1.5—2、通高 5.1、底厚 0.8 厘米（图 1-54-1）。M2180：25，口径 6.3、底径 4.2、耳长 1.5—2、通高 4、底厚 0.9 厘米（图 1-54-6）。

盘　2 件，器形略有不同。敞口，盘壁呈弧线下收，平底。M2168：27，内、外壁均涂红彩。口径 24、底径 17.5、通高 4、底厚 1 厘米（图 1-54-4）。M2168：9 与该墓地出土的 III 型陶盘形制相似，位于墓坑右侧中部，盆形斝与木俎之间。略显翻沿，圆唇，盘壁较厚而盘心较浅。素木无彩。口径 25.9、底径 15、通高 4.3、底厚 1.6 厘米（图 1-54-3）。

碗　2 件，均为敞口、无沿、平底，厚胎，由一块木料挖凿而成。M2172：30，内、外壁均着红彩。口径 12、底径 8、通高 4.6、口部壁厚 0.9、底厚 1 厘米（图 1-54-5）。M2156：1，碗壁厚薄不匀，口部厚 1.2—2、底厚 2—3 厘米。碗内有塌落的赭红和粉红色彩皮。复原口径 18、底径 14.5、高 8 厘米（图 1-54-2）。

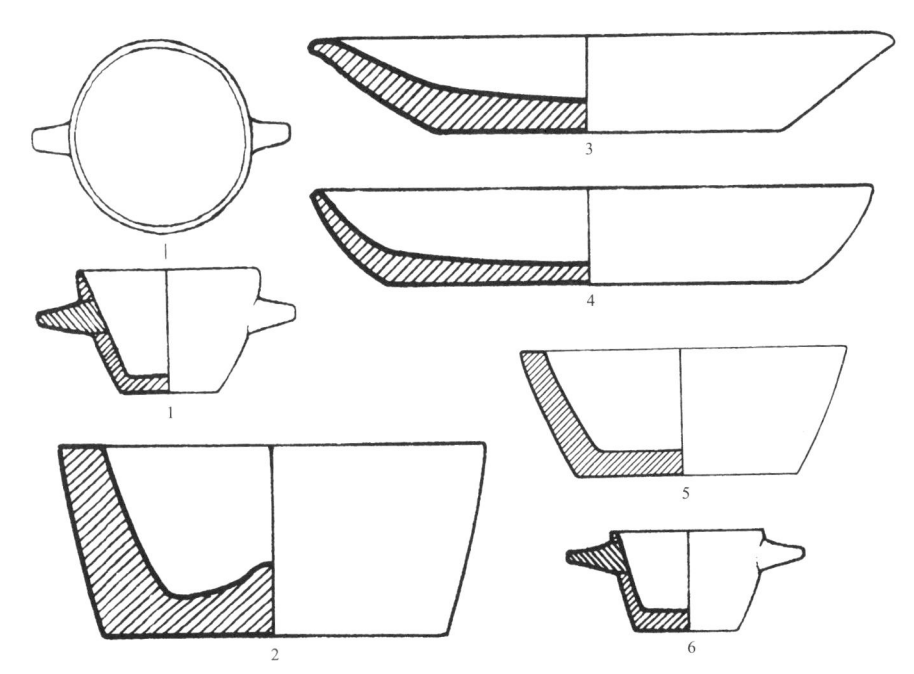

图 1-54　陶寺墓地出土漆器
1、6. 杯（M2180：24、25）　2、5. 碗（M2156：1、M2172：30）　3、4. 盘（M2168：9、27）

盆 3件，其中2件较大。M2001：73，圆唇，宽平折沿，上腹先作弧曲而后折为直壁，下腹内收，小底内凹。造型同大型折腹陶盆类似。通体器表施赭红彩。盆口最大径68、沿宽10、底径15.5、通高21、壁厚约2厘米（图1-55-1，图1-56-1、2）。盆中置长柄木勺。M3015：32，翻沿，折腹，圈足。通体施红彩，沿面上有白彩图案残迹。口径62、圈足径32、通高22厘米（图1-55-3、5）。盆中置1件彩绘木勺（M3015：35）。M3015：43，器形较小，翻沿，深折腹，上、下腹皆内曲，小平底。器表包

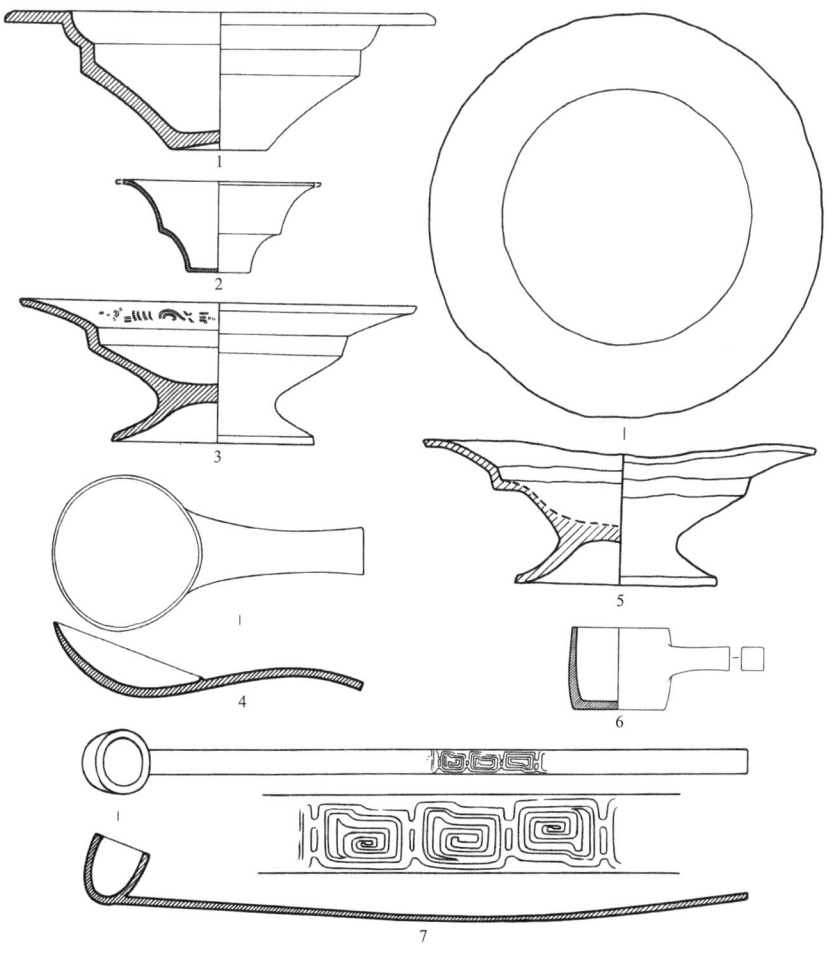

图1-55 陶寺墓地出土漆器

1、2、3、5.盆（M2001：73、M3015：43、M3015：32复原图、M3015：32保存现状）

4、7.勺（M2014：11、M3015：35） 6.斗（M2180：23）

括盆底遍施淡红彩。复原口径 26、底径 8、通高 11.2 厘米（图 1-55-2）。

斗　1 件（M2180：23）。斗身呈桶状，一侧有短柄，同觚、杯等一同置于墓圹头端的案上，可证明是舀酒器。器身较厚重，柄作横向的长方体，器表涂红彩。口径 15.5、底径 14.5、高 13、壁厚 0.8—1.4、柄长 9.5、宽 3.6、厚 3.7 厘米（图 1-55-6）。

勺　3 件。其中 2 件，勺头作圆形或椭圆形，较浅，一侧连接扁宽的短柄。这种勺是由一块木料斫出大样并经挖凿而成的。M2014：11，出土时，置于墓圹右侧的盆形陶斝上，其柄部搭在大型木豆上。勺头平面呈不规则圆形。通体施红彩，以勺底外表的红彩保存最好。勺径 24、深 4.6、柄长 27.5、宽 6.2—12、勺底及柄厚约 1.5、通长 49.5 厘米（图 1-55-4）。M2172：26，平放在桶形器上。勺头平面呈椭圆形。柄宽 3.5、通长约 30 厘米。另一件（M3015：35），勺身圜底，一侧勺底连接扁长而微曲的木柄。出土时，勺身置于木盆（M3015：32）内，柄伸向盆沿外。通体施红彩，柄上局部残留白彩绘成的回纹图案。口径 9、高 10、壁厚约 1、柄长（指直线长度）101、宽 4、

图 1-56　陶寺墓地出土漆器
1、2. 盆（M2001：73、M2001：73 复原模型）　3. 朱绘短柄石钺（M2103：24）　4. 仓形器（M2001：14 复原模型）
5. 桶形器（M2172：27 复原模型）

厚 1.5 厘米（图 1-55-7）。

仓形器 在 5 座墓中发现 13 件，通常每件仓形器上置骨匕 1 件。仓形器的基本形制：下部为一圆柱体，上有伞形顶盖，柱体周围有三或四个凹进的龛（或称门），龛后壁皆作弧形，龛与龛之间互不连通。外壁满布红彩。取 7 件标本。

1 件（M2001∶16）为四龛，体细高，柱高比例加大，龛作平顶，龛高略大于柱高的二分之一。檐径 20、通高 31 厘米（图 1-57-8）。

其余 6 件为三龛。M2001∶8 和 M2001∶14，器体细高，顶下有平整的檐，顶、檐、柱间分界明显。龛作平顶，龛高超过柱高的三分之二。M2001∶8，檐径 20、通高 26 厘米（图 1-57-6）。M2001∶14，檐径 25、通高 40 厘米（图 1-56-4，图 1-57-1）。M2202∶11，顶盖檐部翘起，顶、檐、柱之间无明显分界，龛作平顶、扁阔。檐径 21.5、通高 17.5 厘米（图 1-57-5）。M3015∶77，顶的下部略向外拱起，龛作拱顶。檐径 20、通高 24 厘米（图 1-57-7）。M3015∶75 和 M3015∶76，器体粗壮，顶相对较矮而檐的厚度加大，柱壁内曲作束腰状，龛作拱顶。M3015∶75，系同类器中最粗壮的一件。檐径 30、通高 31.8 厘米（图 1-57-2）。M3015∶76，柱壁内曲明显且檐最厚，龛高接近柱高的七分之六。檐径 25.8、通高 25.8 厘米（图 1-57-9）。

桶形器 2 件。上部为一圆形木桶，置于下面的十字形木座上。M2172∶27，出土时桶上放木勺和骨匕各 1 件。桶的外壁及十字形座表面涂红彩，桶内无彩。桶长径 28、短径 23（复原口径 24）、高 25、口部壁厚 1.2、底厚约 2 厘米。木座枋木长 45、宽 4.5、高 12.5 厘米。通高 37.5 厘米（图 1-57-3，图 1-56-5）。M2168∶29，十字形座上套置两层圆形直壁木桶，内层的小桶中还有 1 件木觚。内、外桶和觚的外壁、底座器表满涂红彩，桶及觚的内壁无彩。外层的木桶口径 30、高 16.5、桶壁厚 1、底厚 1.5 厘米。中层的小桶口径 17.5、高 13、桶壁厚 4、底厚 4 厘米。内层的木觚作敞口、小平底粗体觚形，口径 9、底径 4.9、高 7.7 厘米。木座枋木长 46、宽 9、高 15.5 厘米。通高 32 厘米（图 1-57-4）。

钺柄 3 件玉石钺可见木柄痕迹。M2103∶24，大理石磨制。其木柄整体呈刀形，钺镶入木柄一侧的凹槽内，再用绳索、皮条类捆绑、固定。木柄

图 1-57　陶寺墓地出土漆器

1、2、5—9. 仓形器（M2001：14、M3015：75、M2202：11、M2001：8、M3015：77、M2001：16、M3015：76）
3、4. 桶形器（M2172：27、M2168：29）

表面涂有暗红色颜料。通长33厘米（图1-56-3）。M1364：1，红彩木柄痕迹长80、宽2—5厘米。M2339：2，红彩木柄长31、直径4.5—5.8厘米。此外，还有近20件玉石钺，在孔内、孔旁或近端可见斑驳的红彩，当是涂彩木柄遗留的痕迹。

弓　2件。M2200∶2，斜立于墓圹左壁下，与成组带细木杆的箭同出。上端略粗，下端略细，通体涂红彩，接近墓底处已残断。上端直径4、下端直径2、存长214厘米，复原长度225厘米（图1-58，图1-59，图1-60-1）。笔者根据器物质地、形制、出土位置及共出物判断，该器可能是漆弓。2002ⅡM22[1]出土一件漆木杆（2002ⅡM22∶43），残长171.8厘米，上部残损长度为8.2厘米，复原长度180厘米，直径2—3厘米。漆杆呈黑绿相间的色段，加以粉红色带分隔（图1-60-2）。考虑到这件漆木杆与2件木胎黑漆弓、1件红色箭箙及其内的7组骨镞共出于南壁东半部，再结合漆杆的质地、形制等方面情况，笔者认为这件漆杆也可能是漆弓。对于这两件漆杆，学者已有专门研究，先后发表了圭尺说[2]和槷表说[3]，均以其为测量日影的天文仪器。陶寺墓地出土的这两件漆杆保存状况不好，仅存残迹，而考古发掘出土的同时期遗存中未见或是未辨认出同类遗存，可以说，从考古资料本身来看，很多具体情况并不十分清楚，同时也缺乏相关文献记载，因此其名称和功用等还

图1-58　陶寺M2200出土弓箭　　　　图1-59　陶寺M2200出土箭杆、骨镞

[1] 中国社会科学院考古研究所山西队、山西省考古研究所、临汾市文物局：《陶寺城址发现陶寺文化中期墓葬》，《考古》2003年第9期。墓中出土25件漆木器，包括觚、豆、盒、箱、彩绘陶盆的漆木架、桶形器，还有6件玉石钺的漆木柄，发掘简报中均无详细介绍和相关图片。漆杆的线图和文字描述引自何驽《山西襄汾陶寺城址中期王级大墓ⅡM22出土漆杆"圭尺"功能试探》，《自然科学史研究》2009年第3期。
[2] 何驽：《山西襄汾陶寺城址中期王级大墓ⅡM22出土漆杆"圭尺"功能试探》，《自然科学史研究》2009年第3期；何驽：《陶寺圭尺补正》，《自然科学史研究》2011年第3期。
[3] 冯时：《陶寺圭表及相关问题研究》，载中国社会科学院考古研究所《考古学集刊》第19集，科学出版社2013年版。

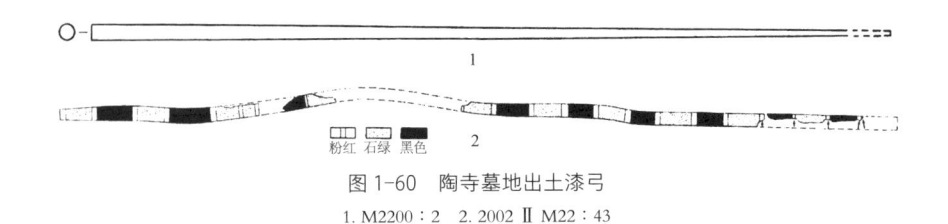

图 1-60　陶寺墓地出土漆弓
1. M2200∶2　2. 2002ⅡM22∶43

有进一步探讨的余地。笔者不揣浅陋，推测这两件漆杆有可能是漆弓。若今后考古发掘能够发现更多类似遗存，将为此提供更多可资参考的实物资料。

头饰　M2001、M2003、M2010、M2011、M2028、M2023、M2024、M2081、M2255 和 M3018 均出土玉、骨组合头饰。它们形制相似，均镶嵌绿松石片，其中最多的有 60 余片，最少的也有 10 余片。笄的上部表面、绿松石片底部均有黑色胶状物，笄与环交接部位也用黑色胶状物固定。发掘报告推断，黑色胶状物是漆或某种树脂。这些出土嵌绿松石头饰的墓葬的墓主，性别有男有女。其中保存最好且最精美的头饰为 M2023 出土者，由骨笄、弧形穿孔玉片、半圆形穿孔玉片、玉坠饰各 1 件，以及 60 余片绿松石嵌饰组成（图 1-61-1）。

腕饰　10 件，其中 8 件嵌绿松石，2 件嵌蚌片。

嵌绿松石腕饰　分别出土于 M2001、M2010、M2013、M2023、M2028、M3003、M3085 和 M3168，每墓 1 件，其中 7 件位于墓主右腕部，1 件出土情况不明。关于墓主性别，男性 2 座、疑为男性 1 座、女性 2 座、性别不明者 3 座。镶嵌用的绿松石片均呈不规则形，大小不等，最大者长 2.3、宽处达 1.3 厘米，最小者长仅 0.2、宽仅 0.1 厘米，厚 0.03—0.15 厘米。绿松石片的表面一般都经过磨光处理。发掘报告描述："松石片以下普遍有一层黑色胶状物，同玉骨组合头饰及漆木器彩绘层下发现的性状相同，至今仍有一定黏度，厚 0.2—0.4 厘米不等，推测是生漆或其他有机树脂类黏合剂。有的在黑色胶状物之下另有一层较疏松的炭化物，颜色比胶状物稍浅，无黏性，或应是皮革一类衬托物的痕迹。"[1] 笔者认为，皮革类物质既薄又软，不宜作为腕饰，其上更不宜镶嵌大量的绿松石饰。这些绿松石片应是漆木腕饰上的嵌饰。

────────

[1] 中国社会科学院考古研究所、山西省临汾市文物局：《襄汾陶寺：1978—1985 年考古发掘报告》。

图 1-61　陶寺文化墓地出土漆器

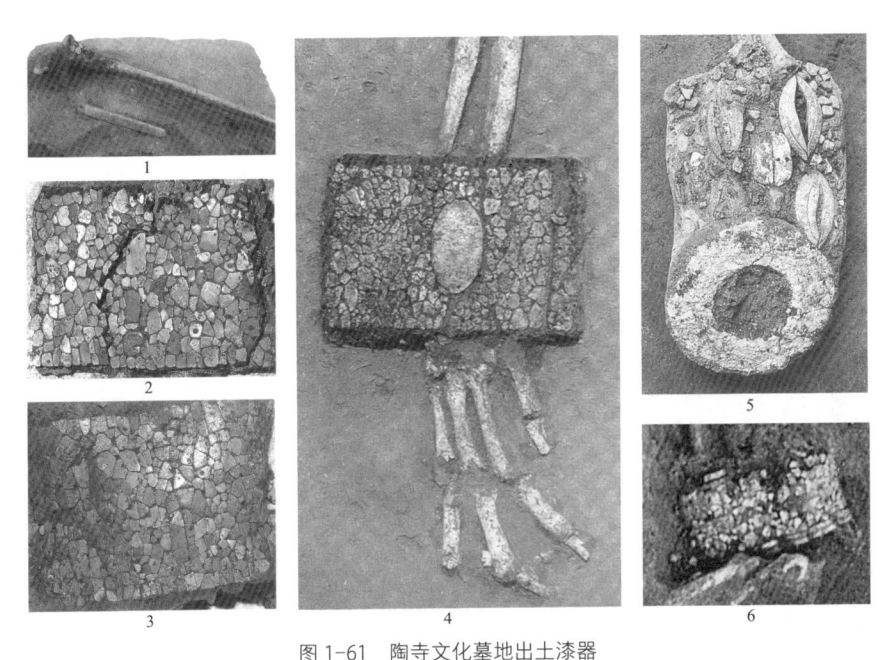

1. 头饰（陶寺 M2023：1、2）　2—6. 腕饰（陶寺 M2001：3、陶寺 M2010：4、下靳 M76：1、陶寺 M3168：6、陶寺 M2023：4）

4件保存较好的腕饰中，有3件形制大致相同，均呈圆筒状，已被压扁。每件暴露出来的部分表面镶嵌绿松石片，均为一百数十片。每片的大小相近，长、宽多为0.3—0.5厘米。M2010：4，宽10.5、高7.8厘米（图1-61-3）。M2001：3，宽10.8、高8.3厘米（图1-61-2）。M3168：6，上端宽14、连同石璧高25厘米。五组牙饰较突出，其间及周围满布绿松石片，有90余片。其下部为1件大理石璧。外径13.5、厚0.7厘米（图1-61-5）。发掘报告认为，这件大理石璧是腕饰的一部分。笔者认为，这件大理石璧既大又厚重，不宜作为嵌饰，应是被单独使用的。从出土情况判断，它原应也是套在腕部的，后来被压平，导致其与牙饰互相叠压。M2023：4，上下边缘各用两列长条形的牙片镶出边框，每列各6片，下缘大部已残缺。宽8.8、高5厘米（图1-61-6）。

嵌蚌片腕饰　2件。均出自M2003，其形制及制法同M2023等墓出土的由绿松石镶嵌的筒形腕饰类同。表面满嵌细小的蚌片，蚌片为近圆形、近方形或不规则形，最大的长、宽不超过0.3厘米，厚度约为0.1厘米。蚌片层下

图1-62 陶寺M2003

是黑色胶状物，厚0.3—0.4厘米。出土时已压扁并散碎。墓主左右腕部各套一件，按出土时压扁的形状，宽8、高4厘米。发掘报告没有发表器物照片，但有墓葬照片（图1-62）。

葬具　陶寺M2200中的独木舟式棺，盖板坍朽，只在棺内见到散落的黄色漆皮。侧板和底板外壁有黄色彩皮。M2001中的长方形木棺，棺外壁涂成红色。M2023中的长方形木棺内外均可见散落的红彩皮，未发现底板。M2082中的长方形木棺，棺内底板上残存成片的"红彩板"，红彩板厚仅5毫米，上、下两面有彩皮，中间夹一层黑色炭化物，应是棺内底板上附加的一层设施，与后世的笭床性质近似，此处便暂称为"笭床"。概言之，葬具方面，陶寺墓地出土了黄漆木棺、朱漆木棺和朱漆笭床。

（二）临汾下靳墓地[1]出土漆器

腕饰　2件。嵌绿松石片。M76:1，呈较宽的环带状，在黑色胶状物上粘附绿松石片，并等距离镶嵌有3个白色的石贝。出土时，该腕饰戴于墓主右手腕部。宽9、周长30厘米（图1-61-4）。M136:3，在黑色底上粘附有绿松石片。出土时，该腕饰戴于墓主左手腕部。外径9.5厘米。两座墓葬的墓主均为老年女性。此外，发掘简报介绍，M76墓主左手腕部戴1件黑色手镯（M76:9），没有说明材质等情况，根据M136:3的情况，笔者推断其应为黑漆木胎腕饰。墓地年代相当于陶寺文化早期或略晚。[2]

---

[1] 下靳考古队：《山西临汾下靳墓地发掘简报》，《文物》1998年第12期。
[2] 山西省临汾行署文化局、中国社会科学院考古研究所山西工作队：《山西临汾下靳村陶寺文化墓地发掘报告》，《考古学报》1999年第4期。

第二节
夏代漆器的考古发现

通过梳理现有资料可知，夏代漆器的考古发现比较少，能够确认的主要包括在河南偃师二里头遗址、驻马店杨庄遗址和内蒙古赤峰大甸子墓地发现的漆器（表1-2，附表二）。需要说明的是，其中的二里头1984 Ⅵ M9、1984 Ⅵ M11、1987 Ⅵ M57 的年代属于二里头文化四期，暂归入夏代，或已进入商代。因为根据相关研究可知，二里头文化主体（第一至三期）无疑早于早商文化，其第四期（至迟其晚段）则已经进入商代。[1]

一 河南出土夏代漆器

河南出土夏代漆器集中发现于偃师二里头遗址，驻马店杨庄遗址也有零星发现，二者均属二里头文化。

（一）二里头遗址出土漆器

1. 20世纪70年代至90年代中出土漆器

1976年，Ⅲ KM6、M10 出土漆器的器形、数量不明，二墓分别出土圆陶片6件、3件。M6被盗扰，有朱砂。M10有漆棺，朱砂厚5—6厘米。[2]

1977—1978年，在二号宫殿主体殿堂基址后面发现一个大型竖穴土坑墓 VD2M1，[3]被盗一空。在墓口下2.7米深处有一完整的狗骨。狗骨长约35厘

---

[1] 中国社会科学院考古研究所编著《中国考古学·夏商卷》，第81页。
[2] 中国社会科学院考古研究所：《偃师二里头》，第241页。
[3] 中国社会科学院考古研究所二里头队：《河南偃师二里头二号宫殿遗址》，《考古》1983年第3期；中国社会科学院考古研究所：《偃师二里头》，第157—158页。

米，身体蜷曲。狗架似在一个朱漆木匣中，匣长约42厘米。在盗洞发现少量朱砂、漆皮及蚌饰片。

1980年，Ⅲ M2出土漆觚、盒、豆等，数量不详。盒，敛口，圆腹，平底。[1]还有1件雕花残漆器Ⅲ M2：2，木胎，斫制，漆器痕呈平面，阴刻兽面纹，通体髹朱漆。残长8.2、残宽8.2厘米（图1-63；彩图25）[2]。此外，还出土漆棺1具及圆陶片4件。该墓东北角被一扰坑打破。墓内残存部分人骨。Ⅲ M4、Ⅴ M3也各出土漆棺1具。棺均仅存红漆皮，且墓中均有朱砂，推断棺的红色颜料为朱砂。Ⅲ M4还出土涂朱圆陶片1件。Ⅲ M4被盗，破坏严重。Ⅲ M4、Ⅴ M3内人骨已朽。[3]

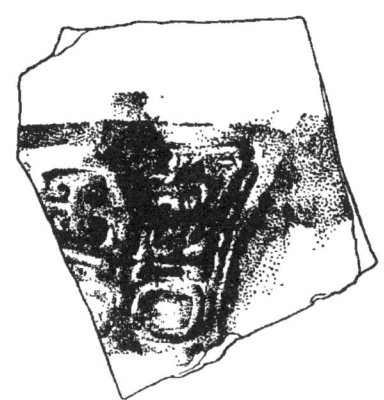

图1-63　二里头Ⅲ M2出土朱漆雕花漆器（Ⅲ M2：2）

1981年，Ⅴ M4出土漆器数量较多，能辨别器形的有2件碗[4]、1件鼓、1件觚和1件以嵌绿松石铜牌为钖的干[5]。其中M4出土碗，髹朱红漆。口径约20、高9厘米。鼓，呈束腰长筒状，髹朱红漆。通长54厘米。嵌绿松石铜牌Ⅴ M4：5，放置于墓主胸部略偏左，呈长圆形，中间呈弧形束腰，近似鞋底

---

[1] 发掘简报称为盒，没有图、照，仅有简单的文字描述，具体器形不明。笔者认为也可能为碗。
[2] 照片采自中国漆器全集编辑委员会《中国漆器全集（1）·先秦》。
[3] 中国社会科学院考古研究所二里头工作队：《1980年秋河南偃师二里头遗址发掘简报》，《考古》1983年第3期。
[4] 发掘简报称为钵，本书统称为碗。
[5] 学界一般称为铜牌，对其功能、内涵等还存在不同认识，笔者认为此类铜牌应是干上的铜饰——钖，详见本书第二章第二节"兵器"部分。

形，两侧各有二穿孔钮。凸面由许多不同形状的绿松石片粘嵌排列成兽面纹。凹面附着有麻布纹。凸面绿松石片图案组合异常精巧，保存极好。长 14.2、宽 9.8 厘米（图 1-64-1；彩图 27-1）。这件嵌绿松石铜牌应属朱漆木干上的铜饰——钖。该墓还出土 1 件玉柄形饰。Ⅴ M5 出土 1 件漆觚（Ⅴ M5：6），髹朱红漆，未见花纹。口径约 12、高 25.5 厘米。Ⅴ M3—5 墓底均铺垫一层朱砂，M4 中最厚处竟达 8 厘米。Ⅴ M3—5 内各有漆棺 1 具，棺木外表皆用朱红漆刷过。仅Ⅴ M3 保存人骨下肢骨，余均朽。Ⅴ M3、M4 还各出土 2 件圆陶片。[1]

1984 年，Ⅵ M9 出土 1 件漆觚、3 件圆陶片。发掘简报未介绍漆觚髹漆情况，笔者推断应为朱漆。漆觚高 25 厘米。Ⅵ M11 出土 1 件漆盒、3 件玉柄形饰、6 件圆陶片和 1 件以嵌绿松石铜牌为钖的干。漆盒呈扁圆球形，髹红漆，直径 16—20 厘米。嵌绿松石铜牌Ⅵ M11：7，形制与 1981 Ⅴ M4：5 相似，也置于墓主胸前，长 16.5、宽 8—11 厘米（图 1-64-2；彩图 27-2）。Ⅵ M11 还出土 1 件玉戚。两墓所出圆陶片大部分一面涂一层红彩。人骨均朽。[2] 发掘简报未介绍葬具情况，应已朽；介绍墓底多有朱砂，或与漆棺有关。

图 1-64 二里头遗址出土嵌绿松石铜牌
1.1981 Ⅴ M4：5   2.1984 Ⅵ M11：7   3.1987 Ⅵ M57：4

[1] 中国社会科学院考古研究所二里头工作队：《1981 年河南偃师二里头墓葬发掘简报》，《考古》1984 年第 1 期。
[2] 中国社会科学院考古研究所二里头工作队：《1984 年秋河南偃师二里头遗址发现的几座墓葬》，《考古》1986 年第 4 期。

1987年，Ⅵ M28、M44、M49、M57各出土1件漆觚，胎体已朽，仅存朱红色漆皮。[1] Ⅵ M57还出土5件圆陶片、2件玉柄形器和1件以嵌绿松石铜牌为鍚的干。嵌绿松石铜牌Ⅵ M57：4，圆角梯形，瓦状隆起，两侧各有二钮。以青铜铸成兽纹镂空框架，以绿松石片镶嵌。出土时绿松石片全部悬空（原来应有依托）。整体为一猛兽形象，圆眼、弯眉、直鼻，下颌有利齿，身有鳞状斑纹。所嵌400余片长条形、方形和三角形绿松石片，厚约0.2厘米，多数十分细小，大者宽0.5厘米左右，排列致密有序，镶嵌十分牢固，工艺精湛，艺术水平高超。长15.9、宽7.5—8.9、厚0.25厘米（图1-64-3；彩图27-3）。Ⅵ M57还出土1件玉戈。墓底中部还散布着几件制作精细的小玉饰及大量的小绿松石片。它们可能原本镶嵌或粘附在某种有机物上，组成某种图案，后来因有机物腐朽，失去依托而散乱。笔者推断或与漆器有关。墓底有2—3厘米厚的朱砂，有木质葬具，残存白色板灰痕迹。人骨已朽。Ⅵ M28、Ⅵ M44还各出土1件圆陶片。Ⅵ M28有木质葬具、朱砂。Ⅵ M44有朱砂，人骨保存不佳。Ⅵ M49被H82打破，墓主为成年男性。圆陶片直径均在4厘米左右。

　　1995年，在二里头遗址Ⅸ区一座建筑基址上，发现一个直径约11厘米的带漆的类似"柱洞"的遗迹，"柱洞"内周圈有朱、黑两色漆，黑漆厚约1毫米、在外，朱漆薄、在内。不知其是建筑上的漆柱，还是埋入地下的漆器，为保持建筑基址的完好，未解剖。值得注意的是，这里是一片与祭祀有关的建筑遗存。[2]

　　此外，《中国考古学·夏商卷》还简要介绍了二里头队考古资料中的漆器，详见表1-2。

2. 1999年至2006年出土漆器[3]

　　根据发掘报告可知，共有4座墓葬出土漆木器及相关遗物，年代均为二里头文化二期。下面分述之。

---

[1] 中国社会科学院考古研究所二里头工作队：《1987年偃师二里头遗址墓葬发掘简报》，《考古》1992年第4期。
[2] 中国社会科学院考古研究所编著《中国考古学·夏商卷》，第117页。
[3] 中国社会科学院考古研究所：《二里头（1999—2006）》贰册，第995页。

（1）2001ⅤM1　西北部被灰坑打破。未见人骨。

觚　1件（ⅤM1∶1）。朱红色，残甚。根据共出的圆陶片和玉柄形器推断，应为漆觚。[1]

圆陶片　2件。泥质灰陶，用陶片磨制而成，剖面呈梯形。ⅤM1∶4，直径3.6、厚0.4厘米（图1-65-1）。ⅤM1∶12，直径4.8—5.1、厚1厘米（图1-65-2）。

玉柄形器　1件（ⅤM1∶3）。菌形帽，四棱体，锥状尖。器表饰纹以减地工艺表现。长10.3、宽1.28、厚0.87厘米（图1-65-3）。

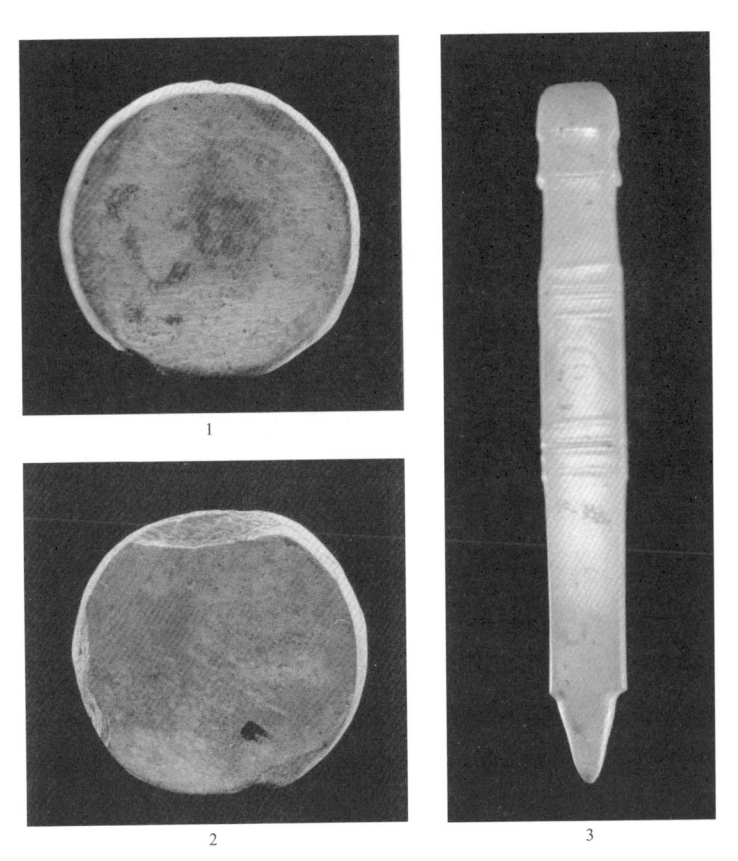

图1-65　二里头2001ⅤM1出土遗物
1、2. 圆陶片（ⅤM1∶4、12）3. 玉柄形器（ⅤM1∶3）

[1] 严志斌：《漆觚、圆陶片与柄形器》，《中国国家博物馆馆刊》2020年第1期。

（2）2002 V M3　西南部被灰坑打破，其余部位未被扰乱（图1-66）。墓主部分肢骨被毁，经鉴定，为成年男性，年龄在30—35岁。

图1-66　二里头2002 V M3

觚　1件（V M3：34）。仅存朱红色漆痕。敞口，平底，细腰。底部有一圆陶片（V M3：21），上有朱红漆痕，应为器底。口径6.3、底径5.2、高16厘米（图1-67-1；彩图28-1）[1]。

勺　1件（V M3：36）。仅存朱红色漆痕。敞口，平折沿，斜圆腹。口径12、沿宽2、底径5、柄长10、宽3厘米（图1-67-2、3；彩图28-2、3）。

箸　1双。仅存朱红色漆痕。放置于漆案（V M3：16）之上。箸痕长16厘米。

案　1件（V M3：16）。仅存朱红色漆痕。近方形，其下有平底陶盆残片，其上有陶盉残片和棍状漆器痕迹。发掘报告推断该器物可能为漆匣或盘，其上放置酒器陶盉和漆木箸。笔者判断其应为案，也即通常所说的长方盘。长、宽均40厘米（图1-67-5；彩图28-5）。

圆形圜底器　1件（V M3：15）。整体呈半圆形，圜底，红地黑彩，南

---

[1] 发掘报告发表漆器出土情况的彩照均未具体注明是哪件，笔者根据文字描述，将文图对应。但图1-67-4、彩图28-4不知对应哪件，暂缺。

图 1-67 二里头 2002 Ⅴ M3 出土漆器
1.觚（Ⅴ M3：34） 2、3.勺（Ⅴ M3：36） 4.漆器 5.案（Ⅴ M3：16） 6.圆形圜底器（Ⅴ M3：15）

部口下发现宽约 2.3 厘米的口沿（图 1-67-6；彩图 28-6）。

圆陶片 3 件。上有红色漆痕，应为漆觚底部。Ⅴ M3：14，残甚。Ⅴ M3：20，保存基本完整。圆饼状。直径 3.85—3.95、厚 0.8 厘米（图 1-68-1、2）。Ⅴ M3：21，一面微内凹，一面微外鼓，表面有五道凹弦纹。直径 5.18—5.25、厚 0.6 厘米（图 1-68-3、4）。

玉鸟形器 1 件（Ⅴ M3：13）。细长条形，尖端自横向钻孔处残失。截面形状不规则，弧顶，锥状尖。器体中部和下部各有一穿孔。器表鸟形纹饰以减地工艺显示。残长 6.94、直径 1.18—1.4 厘米（图 1-68-5）。

斗笠形器 3 件（Ⅴ M3：1—3）。均为泥质磨光白陶，胎质细腻，上面光滑，下面可见泥条盘筑时的螺旋痕迹，顶端中心有圆孔贯通。1、2 号上面有红色漆痕。尺寸分别为：直径 4.85、高 2.18、厚 0.3—0.8 厘米；直径 5.9—6.1、高 2.85、厚 0.4—0.95 厘米；直径 4.8、高 2.44、厚 0.4—0.76 厘米（图 1-69-1、2）。何驽先生认为，第 1、2 号斗笠形器上有红色漆痕，表明这些

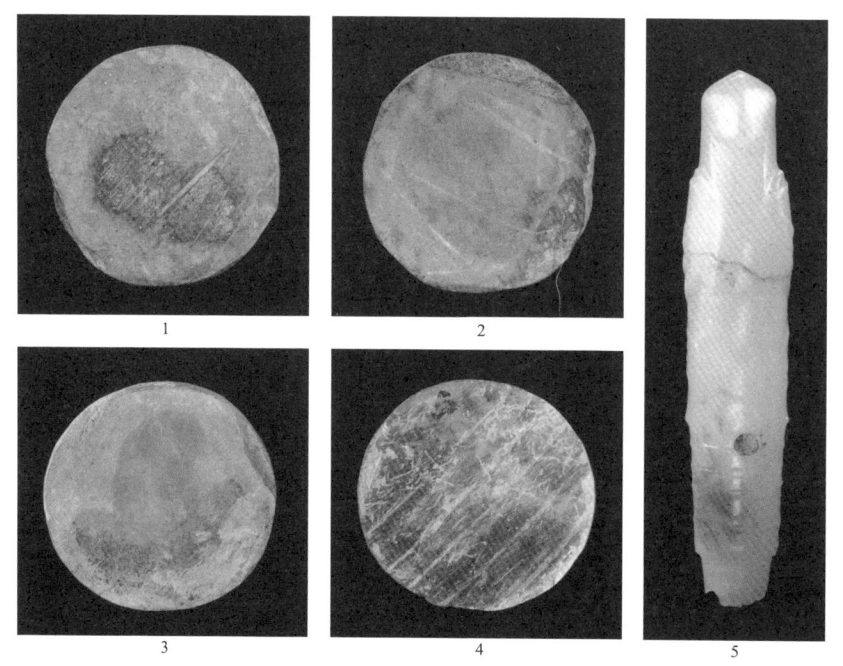

图 1-68 二里头 2002 V M3 出土遗物
1、2. 圆陶片（V M3∶20） 3、4. 圆陶片（V M3∶21） 5. 玉鸟形器（V M3∶13）

斗笠形器原本是嵌在头顶冠饰上，用于插羽毛。出土时，三件斗笠形器散落呈品字形，最大的 2 号在"品"字中间的顶端，其余 2 件小的分别在其两翼。可以推测 2 号斗笠形器是羽冠的核心，插最粗大的雉尾羽；两侧小的斗笠形器分别插稍细一点的雉羽，其中 1 号斗笠形器上有 31 号绿松石珠作为羽毛插座，3 号斗笠形器上有 33 号绿松石珠作为羽毛插座，陪衬 2 号斗笠形器上的主羽，视觉效果极佳。由此，2002 V M3 随葬品的考古存在背景关系展示了干羽之舞的万舞全套道具或装备——绿松石龙牌（干）、铜铃、翟冠。[1] 该论断有一定道理，但笔者认为斗笠形器也可能是漆木（骨）笄的帽，与绿松石珠组合，绿松石珠作为笄帽孔上装饰。它们之间以绳连结、固定，很可能又辅以胶或漆黏结、加固。

绿松石珠 5 件。V M3∶4，长 2.23、宽 2.01、厚 1.45、孔径 0.21—0.45

―――――
〔1〕 何驽:《二里头绿松石龙牌、铜牌与夏禹、万舞的关系》,《中原文化研究》2018 年第 4 期。

厘米（图 1-69-3）。ⅤM3：31，长 1、宽 0.94、厚 0.55、孔径 0.18—0.3 厘米（图 1-69-5）。ⅤM3：32，长 1.23、宽 1.19、厚 1.1、孔径 0.03—0.18 厘米（图 1-69-6）。ⅤM3：33，长 1.2、宽 0.71、厚 0.62、孔径 0.22—0.27 厘米（图 1-69-7、8）。ⅤM3：37，长 2.6、宽 2.42、厚 1.55、孔径 0.3—0.4 厘米（图 1-69-4）。

龙形绿松石嵌饰　1件（ⅤM3：5）。由 2000 余片多种形状的绿松石片组成，用三节半圆形实心的青、白玉柱作额面中脊和鼻梁，鼻端为硕大醒目的蒜头状整块绿松石，用顶面弧突的圆饼形白玉为睛。龙首和龙身的外缘分别立嵌两排和一排绿松石片。在距绿松石龙尾端 3.6 厘米处有一条形绿松石饰，与龙体大致垂直，二者之间有红色漆痕，原应连为一体。绿松石片较细

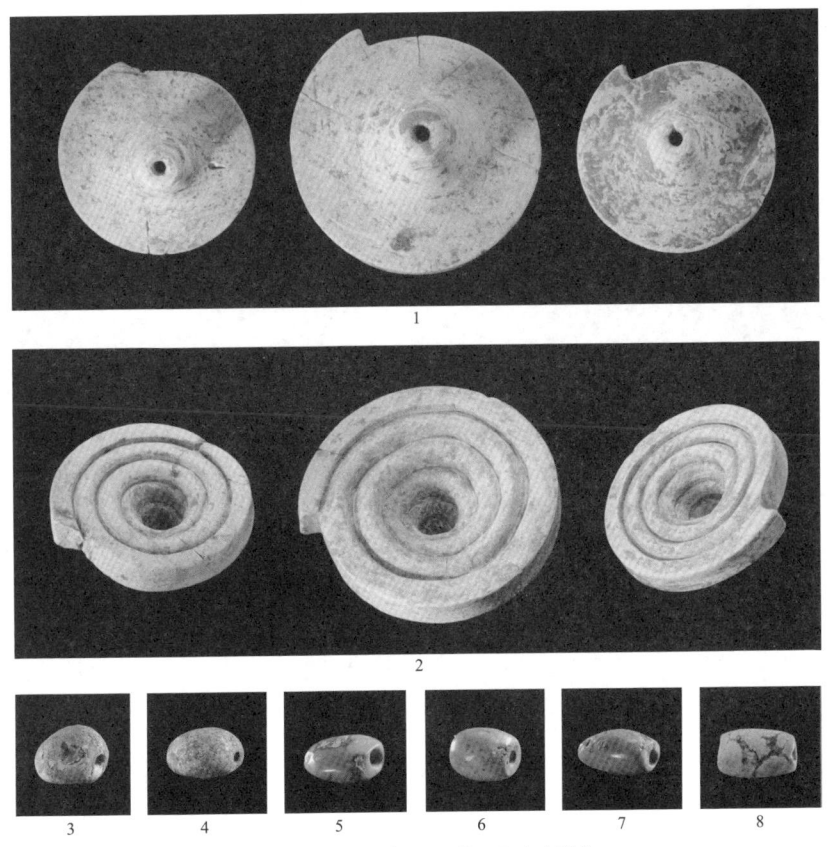

图 1-69　二里头 2002 ⅤM3 出土遗物
1、2.斗笠形陶器（ⅤM3：1—3）　3—8.绿松石珠（ⅤM3：4、37、31、32、33、33）

小，长 0.2—0.9、厚约 0.1 厘米。龙身长 64.5 厘米，最宽处 4 厘米。龙首至条形饰总长 70.2 厘米（图 1-70；彩图 29）。整个龙形绿松石嵌饰及其附近有红色漆痕多处（图 1-71）。这些绿松石片和玉饰上均没有孔洞，它们应是粘嵌在其他器物上的构件。这种器物具有一定厚度，尺寸应比龙形绿松石嵌饰大。考虑到龙形绿松石嵌饰及其附近有多处红色漆痕，笔者推断其应为木胎漆器——干上的嵌饰，详见后文。

（3）2002 Ⅴ M4　南部被灰坑打破。人骨已朽。漆器保存状况较差，共计 7 件（图 1-72）。

Ⅴ M4 : 15　近菱形。长约 12、宽约 6 厘米。

图 1-70　龙形绿松石嵌饰（二里头 2002 Ⅴ M3 : 5）

图 1-71　龙形绿松石嵌饰（二里头 2002 Ⅴ M3 : 5）局部

图 1-72　二里头 2002 Ⅴ M4 局部

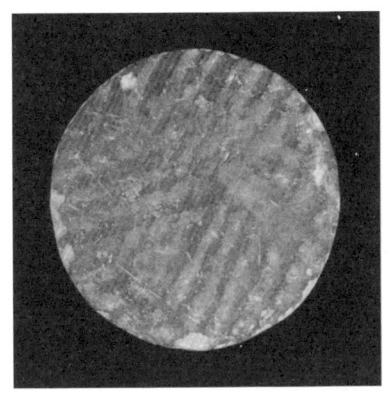

图 1-73 圆陶片（二里头 2002 Ⅴ M4：5）

ⅤM4：16　长方形。长约 7、宽约 5 厘米。

ⅤM4：17　不规则形，中部凸起。长约 11、宽约 7 厘米。

ⅤM4：18　棍状。长 59、宽 2 厘米。

ⅤM4：19　容器状。长约 21、最宽约 21、北端宽约 11 厘米。其下压陶豆。

ⅤM4：20　不规则形。最长 16、最宽 12 厘米。

ⅤM4：21　长条形。长 7、宽 5 厘米。

圆陶片　1 件（ⅤM4：5）。泥质灰陶。圆饼状，周缘较直。一面有绳纹。直径 4.25、厚 0.55—0.7 厘米（图 1-73）。

（4）2002 Ⅴ M5　保存差，西部被汉墓打破，上部被灰坑打破。人骨无存。漆器保存状况较差，仅存朱红漆痕，数量应不少于 11 件（图 1-74，图 1-75；彩图 30）。仅 5 件可大致分辨器形。

图 1-74　二里头 2002 Ⅴ M5

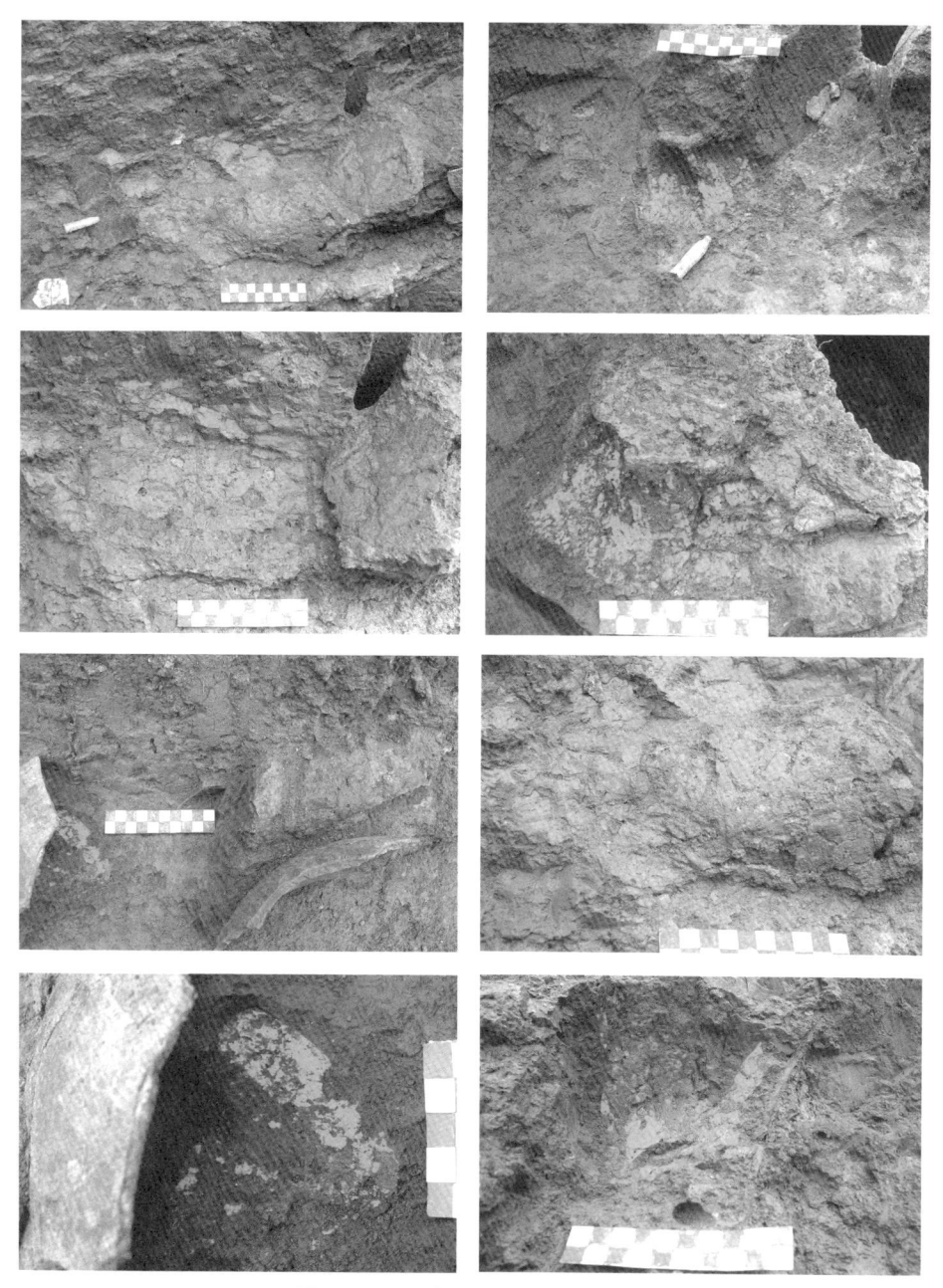

图 1-75　二里头 2002 Ⅴ M5 出土漆器

豆　1件（ⅤM5：11）。残高约12厘米。

觚　2件。ⅤM5：20，高约19厘米。另一件残甚。

圈足器　1件（ⅤM5：17）。

弦纹漆器　1件（ⅤM5：22）。上饰三道弦纹。长28、宽约12厘米。

玉柄形器　1件（ⅤM5：6）。断为两截，分置于墓内两端。长条形，圆首，八棱状器身，锥状尾。浅浮雕纹饰。器身中段有一个钻孔。长8.98、最宽1.1、最厚0.83厘米（图1-76）。

图1-76　玉柄形器（二里头2002ⅤM5：6）

表1-2　二里头遗址出土漆器及相关器物统计

墓号	分期	觚	豆	碗	盒	勺	匕	箸	案	鼓	干	笄	匣	棺	圆陶片	玉柄形器	爵	陶盉	铜铃
1987ⅥM49	二	1																	
2001ⅤM1	二	1													2	1	陶2	2	
2002ⅤM3	二	1			1		1	1		1	3				3	1	陶1	3	1
2002ⅤM5	二	2	1														陶1	2	
1980ⅢM4	三												1				陶√	√	
1980ⅤM3	三												1		1		陶1	1	
1981ⅤM3	三												1		2		陶1		
1981ⅤM4	三	1		2					1	1			1		2	1		1	1
1981ⅤM5	三	1																	
1987ⅥM28	三	1											1		1		陶1	1	
1987ⅥM44	三	1													1		陶1	1	

续表

墓号	分期	漆器											相关器物				
		觚	豆	碗	盒	勺	匕	箸	案	鼓	干	竽	匣	棺	圆陶片	玉柄形器	爵	陶盉	铜铃
1980Ⅲ M2	三	√	√		√								1		4		铜2 陶1	1	
1976Ⅲ KM10	三												1		3				
VD2M1	三								1										
1984Ⅵ M9	四	1													3		铜1 铜斝1	2	
1984Ⅵ M11	四				1					1					6	3	铜1 陶1	1	1
1987Ⅵ M57	四	1											1		5		铜1	1	1
1983Ⅳ M24					1														
1985Ⅵ M8		1																	
1985Ⅵ M7		√			√		√												
1987Ⅵ M58		√																	
1994Ⅳ M1			1																

说明：器形不明者未统计在表中。能确定数量的，用阿拉伯数字标出；不能确定数量的，用√标出。1981ⅤM4、M5 的年代发掘简报定为二里头二期，有研究者定为三期，本书采信三期说（详见叶万松、李德方《偃师二里头遗址兽纹铜牌考识》，《考古与文物》2001 年第 5 期）。表中最后 5 行漆器数据采自《中国考古学·夏商卷》（第 118 页），详细情况不明。圆陶片和玉柄形器作为相关器物统计，而未作为单独漆器统计。

（二）驻马店杨庄遗址[1]出土漆器

觚　1件。T15 第 2 层出土。残存一条白色和一条红色漆带，附着于一圆形泥柱表面。圆形泥柱一端较粗，直径约 10 厘米；另一端稍细，直径约 7 厘米。白、红色漆带各宽约 1.5 厘米。推断此器应为木胎觚类漆器，为杨庄遗址第三期遗存，属二里头文化。[2]

---

[1] 北京大学考古学系、驻马店市文物保护管理所:《驻马店杨庄——中全新世淮河上游的文化遗存与环境信息》，第 187 页。

[2] 发掘报告未发表相关图、照。

二 内蒙古出土夏代漆器

内蒙古出土夏代漆器限于赤峰大甸子墓地[1]。1974—1983年发掘的大甸子墓地有30多座墓葬都出土了漆器或漆器碎片。可辨器形有觚、笲等，其间有经过加工的绿松石片、蚌片、螺片。绿松石片皆拼摆呈平面，蚌片、螺片都修整成长条形，拼摆在绿松石片之间。它们均一面磨光，另一粗糙面粘附黑色胶结物、红色涂料或漆膜。M726龛2中央有一件形状不明的漆器，已朽，上面镶贴绿松石片200余片，旁有白石柄形器1件，还有贝12枚，排列成行，表面着有朱红色。M905南龛内陶鬶、爵周围有红色漆膜，漆膜痕呈长方形，一匜，上面有绿松石片为镶嵌物，及贝5枚。

觚 8件。M726：7，出自龛1，木胎，器口呈喇叭状，直径16.5厘米，细腰，下端残，不能判断是否有器底，现存高30.5厘米（图1-77-1；彩图26）。该器漆膜薄如纸，出土时尚有韧性，呈红色。全器内外表面均有漆膜，内外漆膜之间的胎骨已朽，呈1毫米左右的空隙，漆膜里侧印有纤细的木质纹理。与此器形状相同的漆器痕迹在M726中还有2件，出自龛2。另外还有5座墓（M666、M672、M853、M905、M931）的壁龛中各有1件漆觚。文化上属于夏家店下层文化。

石柄形器 1件（M726：12）。石柄长5.4、最大横截面直径1.1厘米。两端粗细略有差，较粗一端有5毫米的一段收分急骤，表面粗糙，似安装在某物之中的部分（图1-77-3）。

笲 1件（M867：3）。出自壁龛中，仅存痕迹。筒形，似以竹篾编成，上口有5.5厘米宽的一圈用细篾条编织，近底部有7.5厘米宽的一圈也用细篾条编织，细篾条宽2毫米。中腰用8毫米宽的篾条编织。器口沿有一圈漆膜。发掘简报没有介绍漆膜颜色，推断为红色。直径12.5、高32厘米（图1-77-2）。此外，在M682、M853、M931、M1031、M1103等墓葬中也有红色或黑红两色编织器痕迹。

有木构葬具痕迹的墓葬共209座。在大型墓中只有这种葬具形式，中型

---

[1] 中国社会科学院考古研究所：《大甸子——夏家店下层文化遗址与墓地发掘报告》。

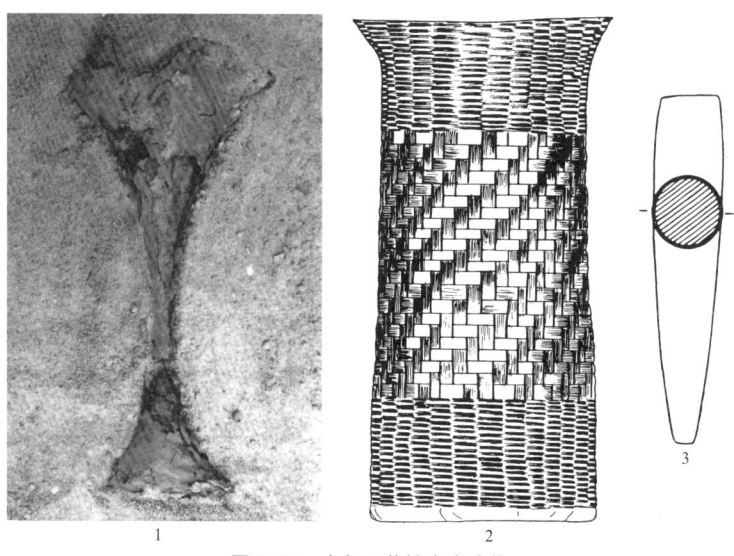

图 1-77 大甸子墓地出土遗物
1. 漆觚（M726∶7） 2. 漆箅（M867∶3） 3. 石柄形器（M726∶12）

墓中以此种为最多，小型墓中略少于生土二层台式。有木构葬具痕迹的墓大部分是有壁龛并随葬有陶器的；无壁龛的墓有 24 座，其中也有一部分随葬有陶器。墓地中凡随葬遗物丰富精美或壁龛特别宽大的，多数是有木构葬具的。在 M677 与 M726 葬具侧板外表发现局部染有朱红色，但未能分辨是葬具涂色还是葬具上覆盖物的颜色。因此，墓地中葬具是否有漆棺，暂存疑。

此外，特别需要注意的是，发掘报告称，在清除陶器彩绘表面附着的泥土和水锈（凝结的碳酸钙）时，发现彩绘的颜色并不易被水或乙醇浸解而脱落。在个别器物颜料调得浓、着色厚的地方，还可看到颜色凝固过程中表面结膜的褶皱。这是由于颜色表面首先结成膜，膜下的颜色陆续凝固收缩，致使表面膜随之出现褶皱。这表明调色的调和剂应是不易渗入陶质且表面能先结膜的，所以很可能是用某种胶质或油质做颜料的调和剂，[1] 不排除使用生漆和桐油的可能性。也就是说，这些彩绘陶器很有可能是漆绘陶器。其他遗址出土彩绘陶器也存在这种可能性。

---

[1] 中国社会科学院考古研究所：《大甸子——夏家店下层文化遗址与墓地发掘报告》，第 102 页。

第二章

[TWO]

早期漆器类型及其特征

根据器物功能差异，可将中华早期漆器大致分为日常生活用器、乐器、兵器、服饰、交通工具和葬具六大类。各时期漆器类别略有差异，如夏代不见交通工具，或因考古发现有限所致。根据各时期各类漆器的形态变化，可以探究其发展演变规律及相关问题。

第一节
新石器时代漆器类型及其特征

根据上文对考古发现的新石器时代漆器的梳理，我们选择其中保存稍好的器类及其代表性标本[1]进行比较分析，以了解不同器类在新石器时代的发展脉络。很多同类标本之间虽有早晚之差，但并不存在逻辑上的演化关系，而应是地域和文化等方面的差异所致，若强求式的划分，未免不太客观。笔者更关注类型和组合的分析，着力阐述不同时代、不同地域和不同文化漆器的特点及其差异。新石器时代漆器包括日常生活用器、乐器、兵器、服饰、交通工具和葬具六大类，具体分析如下。

一 日常生活用器

多为饮食用器，还有少量居室用器，如案等。

（一）碗

出土数量很少，见于浙江余姚河姆渡遗址和山西襄汾陶寺墓地。木胎较厚。根据底部的差异，可分为两型。

A 型：圈足碗。河姆渡 T231 ③：30，口部略呈椭圆形，敛口，腹部呈瓜棱状，圈足外撇。口径 9.2×10.6、底径 7.2×7.6、高 5.7 厘米（图 2-1-1、2）。器表髹一层很薄的朱漆。

B 型：平底碗。敞口，斜直壁。陶寺 M2156：1，碗壁厚薄不匀，口部厚 1.2—2、底厚 2—3 厘米。碗内有塌落的赭红和粉红色彩皮。复原口径

---

[1] 前文已具体介绍各类漆器，为避免不必要的重复，本章类型学研究的关注重点在于器形及髹饰的变化，其他详细信息从略，且精选图片。

18、底径 14.5、高 8 厘米（图 2-1-3）。陶寺 M2172∶30，内、外壁均着红彩。口径 12、底径 8、口部壁厚 0.9、底厚 1、通高 4.6 厘米（图 2-1-4）。

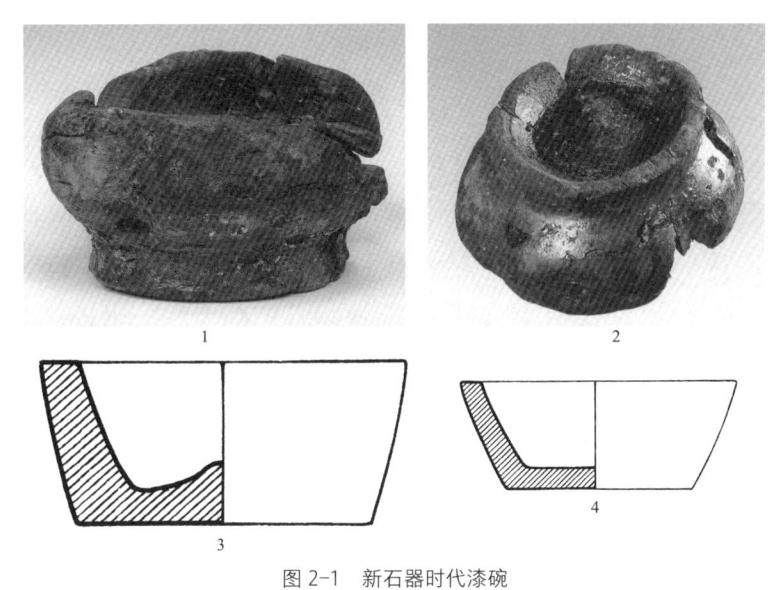

图 2-1　新石器时代漆碗
1、2. A 型（河姆渡 T231③∶30） 3、4. B 型（陶寺 M2156∶1、陶寺 M2172∶30）

（二）豆

出土数量较多，浙江的海盐仙坛庙、杭州下家山和山西的襄汾陶寺均有出土。其中下家山漆豆出自灰沟，其余均出自墓葬。尤以陶寺墓地出土漆豆的数量多，类型丰富。根据豆盘大小差异，可分为三型。

A 型：大型。盘径 80 厘米左右，通高 28 厘米左右。2 件，均为陶寺 M2001 出土，形制大致相同。M2001∶63，豆盘系用四块木板拼成，下有近喇叭状束腰柄。表面通体朱绘。台板上斜置石刀 1 件，并有残断猪肋骨。复原直径 85.5、厚约 3、通高 28.2 厘米（图 2-2-4）。

B 型：中型。盘径 40 厘米左右，个别达 60 厘米，通高 20—28 厘米。陶寺墓地出土较完整的 5 件都作喇叭形圈足，盘面较薄，柄座中空。根据豆盘形制的差别，可分为两亚型。

Ba 型：豆盘呈凹面，方唇，无沿。陶寺墓地出土 2 件。M2103∶5，圈足底座周边出棱。盘面上有明显红彩。盘径 38.5、通高 25、盘壁厚 1.9—4.5 厘米（图

2-2-8）。卞家山G1②：211，豆盘残片，似可归入此型。内髹朱漆，外侧黑漆、朱漆、黑漆分三层髹饰，底面本色。直径约45、残高4厘米（图2-2-2）。

Bb型：豆盘有斜平的宽沿，沿内侧呈凹面或向盘心凹下的斜面。陶寺墓地出土3件。M2180：12，圈足较粗壮。器表施红彩。盘外径46、盘深1—2.6、通高20.5厘米（图2-2-5）。

C型：小型。盘径20—24、通高10—22厘米。个别盘径14—15厘米。大多朱绘，少量彩绘。保存较好的21件，根据耳的有无，可分为两亚型。

Ca型：双耳。豆盘作略向外倾斜的折沿，方唇，盘壁两度凹曲，圈足式豆柄。在盘沿、盘面及耳部有精美彩绘。陶寺M2001出土一组9件，形制相同，大小相若。M2001：24，施红、黄、白三色彩绘：盘沿一周作十二等分，红色、白色各三段，土黄色六段，相间分布，在黄色区段绘相间分布的红色和白色放射线各四条；在盘内壁上段凹曲部位涂红彩一周；盘心涂土黄色；

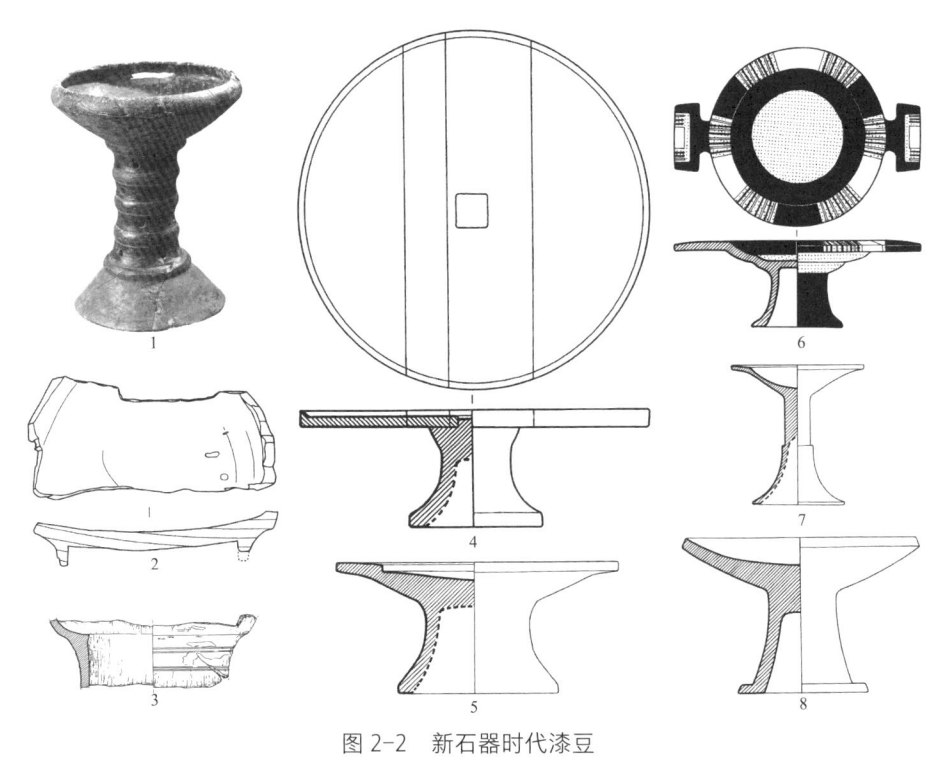

图2-2 新石器时代漆豆

1、3、7. Cb型（仙坛庙M5：2、卞家山G1②：205、陶寺M3015：70） 2、8. Ba型（卞家山G1②：211、陶寺M2103：5） 4. A型（陶寺M2001：63） 5. Bb型（陶寺M2180：12） 6. Ca型（陶寺M2001：24）

耳表面涂红彩，耳端有一长方形图案，以土黄为地，中部绘顺向白色矩形，两端各绘红线两道、白线一道；耳下表面及盘壁外表涂土黄色，柄部表面涂红色。豆盘直径 21.5—21.8、双耳（外沿）距 30.4、盘深 2.5、圈足径 11.3、通高 10.3 厘米（图 2-2-6）。

Cb 型：无耳。陶寺墓地出土 12 件。M3015：70，表面施红彩。盘径 22.4、盘心深 3.5、圈足径 15.5、通高 22.5 厘米（图 2-2-7）。下家山 G1②：205，残，似可归入此型。折腹，圈足较高，其上饰三道浅槽。木胎较薄，外髹朱漆，圈足内未髹漆。口径 18.5、残高 13.8 厘米（图 2-2-3）。仙坛庙 M5：2，陶胎。竹节形豆柄，其上镂孔。口径 18.6、圈足径 15.3、高 22.7 厘米。发掘资料介绍其髹朱漆，从彩照看，也髹了黑漆（图 2-2-1）。

另外，圩墩遗址出土 1 件喇叭形器座，似为豆的圈足。器表上部髹黑漆，下部髹暗红色漆。残高 9.7、底宽 12 厘米（见图 1-32-1）。

（三）高柄豆

仅见于陶寺墓地，共 14 件。造型特殊，顶端浅盘，柱状高柄，下置圆础状实心底座。盘径 10—20、通高 25—50 厘米，多成组出土。器表一般经朱绘或有精美彩绘。根据柄部差异，可分为两型。

A 型：柱状柄，单层台座。3 件。M2172：35，底座表面残存红彩。盘顶径 9.5、盘高 6、柄径 5.2、底座直径 11.5、通高 49.5 厘米（图 2-3-1）。M2172：36，顶端盘下有束腰状颈，颈下出檐一周。底座周围残存红彩。盘残径 10、底座直径 9、通高 48 厘米（图 2-3-2）。

B 型：柄呈束腰柱状，双层台座。11 件。根据顶部形制差异，可分为两亚型。

Ba 型：颈部呈束腰状，颈上有盘，盘心微凹，颈与柄之间出檐一周，柄的上、下端外展而中部作柱状，双层圆柱状台座。8 件，有 7 件出自 M2001，通体饰赭红色并隐约可见斑驳不清的白色图案；1 件出自 M2180，器表见红彩残迹。M2001：77，盘径 17、柄径 6.5、通高 51.6 厘米（图 2-3-3）。M2001：78，豆盘作重叠的双层，上层略大于下层。直径 16.8、柄径 6、通高 50.5 厘米（图 2-3-4）。通体表面施赭红彩，并隐约可见白色

图 2-3 新石器时代漆高柄豆
1、2. A 型（陶寺 M2172∶35、36） 3、4. Ba 型（陶寺 M2001∶77、78） 5. Bb 型（陶寺 M3015∶33）

图案痕迹。

Bb 型：Ba 型的一种简化形式，覆斗形豆盘下面没有束腰状颈部，而是扁柱体的盘托，下面也不出檐，直接与柄相连。器形粗壮。3 件，均出自 M3015。据局部解剖可知，在木胎上先涂一层黑色胶状物，其上遍施赭红彩，再以黄、白两色绘纹。M3015∶33，盘径 20、柄最细处直径 6、通高 44 厘米（图 2-3-5）。

（四）盘

出土数量较多，浙江杭州的反山、瑶山、卞家山、庙前和山西襄汾的陶寺均有出土。其中卞家山漆盘出自灰沟，庙前漆盘出自灰坑，其余均出自墓葬。根据器物形制差异，大致可分为三型。

A 型：太阳盘[1]。反山 M12∶12—58、68，盘内底中心嵌圆形玉片，其

---

[1] 这类盘内底中心嵌圆形或环形玉片，似为太阳，周边嵌玉粒，似为其光芒，发掘者称为"太阳盘"。因为保存状况不好，底部情况不明，加之其装饰独特，所以此处单分一类。

外镶嵌一周由1件和2件玉粒相间组成的"光芒"状图案，再外为3件长条形玉粒和6件梅花形玉粒组成的图案。外廓为一周朱痕，宽约2.5厘米，呈凸棱状，高出内面约2厘米。现出露玉粒、玉片的总数为182件。此器已修复，但难以知道朱痕是否深入两侧的下部（图2-4-1、2）。盘径约30厘米。此外，反山M22、瑶山M7也出土类似太阳盘。

B型：圈足。卞家山遗址出土4件，其中2件保存较完整。折腹。盘内、外侧髹朱漆，圈足内未髹漆。G1①：140，口径约30、残高6.2厘米（图2-4-5、6）。G1①：139，口径约45、残高5.4厘米（图2-4-3、4）。

C型：平底。庙前H2：55，翻沿，浅腹。木盘内外先髹朱漆作地，再在外腹用黑漆勾绘出几何图案。高5.4厘米（图2-4-7、8）。陶寺M2168出土2件，器形略有不同。M2168：27，内、外壁均涂红彩。口径24、底径17.5、通高4、底厚1厘米（图2-4-10）。M2168：9与同类陶盘形制相似，素木无彩。口径25.9、底径15、通高4.3、底厚1.6厘米（图2-4-9）。

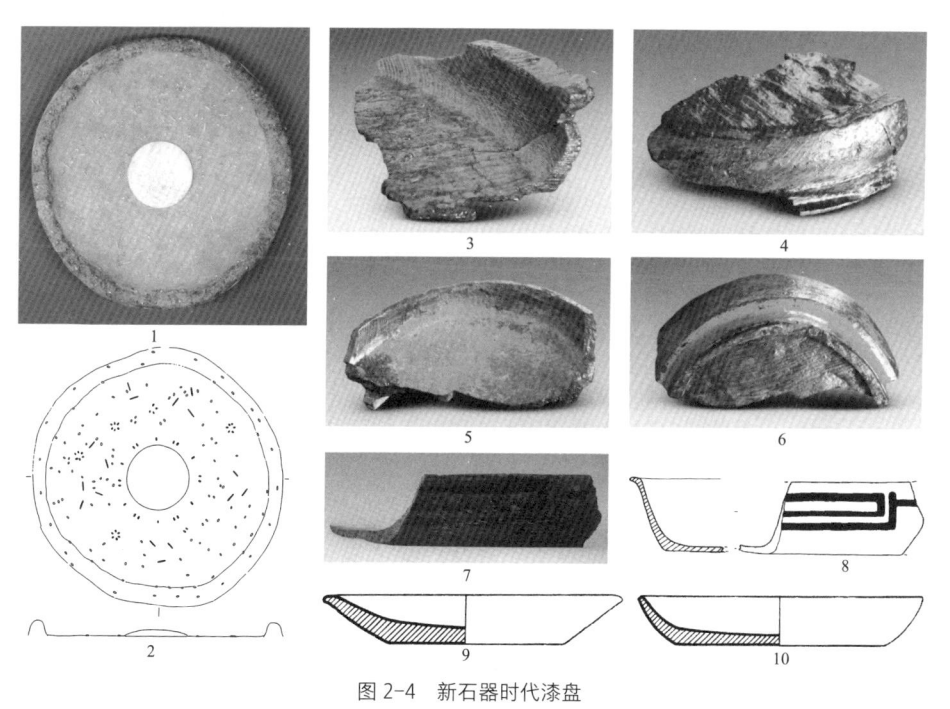

图2-4 新石器时代漆盘

1、2. A型（反山M12：12—58、68） 3—6. B型（卞家山G1①：139正面、G1①：139背面、G1①：140正面、G1①：140背面） 7—10. C型（庙前H2：55、庙前H2：55、陶寺M2168：9、陶寺M2168：27）

此外，湖北沙洋县城河新石器时代遗址王家塝墓地 M112 墓室棺外西侧随葬暗红色板状器物，发掘者推测为漆盘。

(五) 觚

出土数量最多，很多地点都有发现，如浙江杭州的瑶山、卞家山、钟家港，桐庐的小青龙，桐乡的新地里，遂昌的好川；江苏的兴化，东台的蒋庄和江阴的高城墩；山西襄汾的陶寺。其中卞家山漆觚出自灰沟，其余均出自墓葬。根据整体器形的差异，可将其大致分为两型。

A型：粗体。卞家山 G1②：207，保存 4 块较大的残片和若干碎小残片，可拼合出漆觚的全高。上组凸棱残留 4 段，下组凸棱残留 2 段。凸棱上未髹漆，外壁其他部分髹朱漆，底部内凹，未髹漆。内壁底部留有木塞印痕。器高 26 厘米（图 2-5-1）。卞家山 G1②：237，保存 4 块残片，可拼合出一条纵向的觚片。上组凸棱残留 3 段，下组残留 2 段。全身髹朱漆，两组凸棱区域再覆盖黑漆，然后在凸棱间的黑地上用朱漆描绘纹饰。纹样有边线，里面为云雷纹填直线纹。残高 25 厘米（图 2-5-2）。钟家港 T2521-2522⑪ A1：2，腹部有两组凸棱，上组凸棱有 3 段、呈螺旋式，下组凸棱有 2 段、呈水平式。器表髹朱漆，内壁发黑，口沿处髹朱漆。高 30.3、残宽 8.1、胎厚 0.5—1 厘米（见图 1-18-1）。小青龙 M9：6，暗红色。木胎已朽。喇叭口，小平底。腹中下部施两组平行的细凸棱，每组 2—3 条。口径 15、底径 8.8、高 28.4 厘米（图 2-5-3）。陶寺 M2103：23，内、外壁均施红彩。口径 12.5、底径 5.8、高 18.2 厘米（图 2-5-4）。

B型：细体。卞家山 G1②：131，保存 6 块残片，可错位拼合出漆觚的全高。器体下部琢有两条凸棱，以黑漆髹饰。器表其他部分皆髹朱漆。内壁口沿 3 厘米范围也髹朱漆。底部内凹，嵌入其他材质的木塞后髹朱漆。高 22 厘米（图 2-5-5）。小青龙 M10：6，器身下部有两条平行的凸棱。口径 13.5、底径 11.2、高 32 厘米（图 2-5-6）。陶寺 M2202：1A，内、外壁均施红彩。口径 10、底径 6、高 21 厘米（图 2-5-7）。

此外，好川墓地出土 7 件嵌石片漆器和 5 件未嵌玉石片漆器，除了器形不能判明者外，均应为漆觚，详见前文。因仅存嵌饰和漆痕，无法分型。

图 2-5　新石器时代漆觚

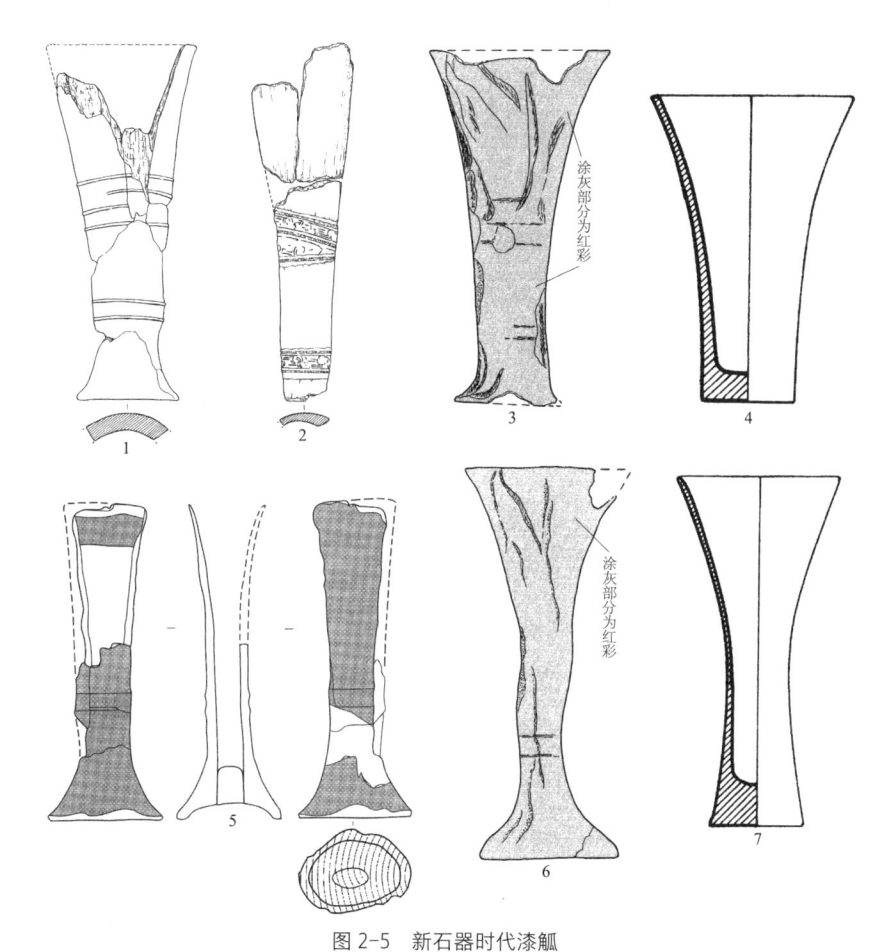

1—4. A 型（卞家山 G1②：207、卞家山 G1②：237、小青龙 M9：6、陶寺 M2103：23）　5—7. B 型（卞家山 G1②：131、小青龙 M10：6、陶寺 M2202：1A）

（六）杯

出土数量较多，形制多样。在浙江的海盐王坟、余杭反山，江苏的吴江梅堰，以及山西的襄汾陶寺，均有出土，其中王坟和梅堰遗址出土的是陶胎漆杯。根据耳部差异，大致可分为三型。

A 型：无耳。2 件陶胎漆杯为此型，整体器形呈筒状，微敛口、弧腹、平底假圈足。王坟 J2：2，泥质黑陶。腹饰两组弦纹。外壁施朱漆彩绘。口径 4.3、底径 4.4、高 11 厘米（图 2-6-1）。梅堰遗址出土杯，泥质灰陶，胎薄。在黑陶衣上用棕红色漆绘一道宽彩带，漆绘已部分脱落。口径 6、高 13 厘米（图 2-6-2）。

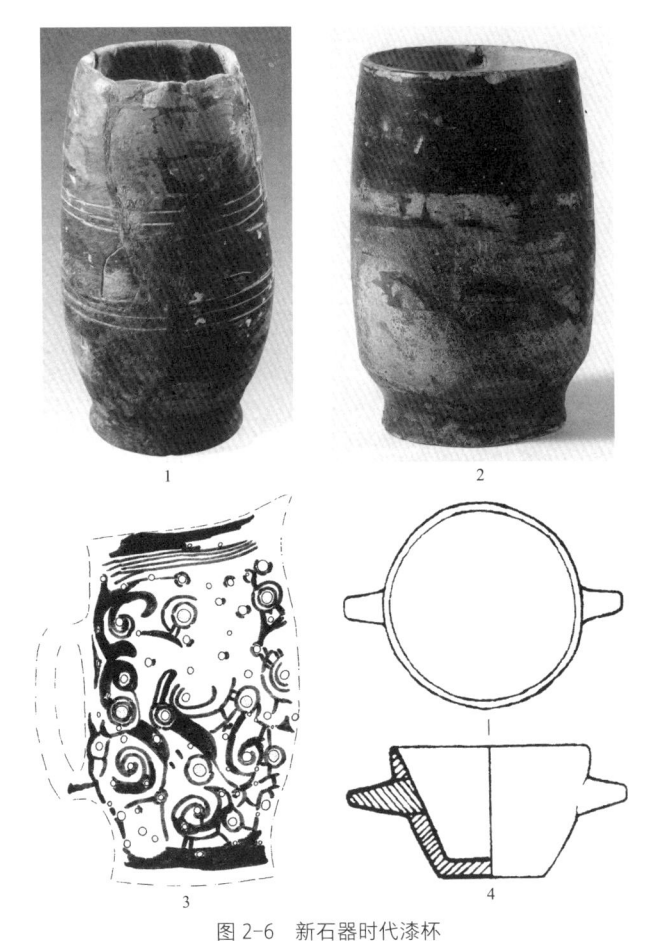

图 2-6　新石器时代漆杯
1、2. A 型（王坟 J2：2、梅堰遗址出土）　3. B 型（反山 M12：1）　4.C 型（陶寺 M2180：24）

B型：单耳。反山 M12：1，整体为一瘦长形的单耳宽流杯，鼓腹，可能有圈足。外壁嵌玉粒。除了口沿外壁、底部以及耳部的小玉粒外（长约 0.2、宽约 0.1 厘米），其余大致呈圆形，有大小两种。大者直径约 0.7 厘米，小者直径 0.2—0.4 厘米。出露玉粒总数为 141 件。图案以大玉粒为中心，主要结构有重圈、螺旋纹等。杯高约 16 厘米（图 2-6-3）。漆杯的胎骨雕琢成浅浮雕的图样，再髹漆、嵌玉，其工艺极为复杂，是良渚文化的"高精尖"产品[1]。朱漆与白玉交相辉映，具有独特的艺术效果。

---

[1] 浙江省文物考古研究所：《反山》。

C型：双耳。陶寺 M2180 出土 2 件，器形相同，通体内、外朱绘，与漆觚、斗共置于 M2180 头端木案上，应为饮器。其造型与居住址出土的陶杯近似，作敞口、圆唇、平底，唯在器身两侧设对称双耳。M2180：24，口径 8、底径 4.2、底厚 0.8、耳长 1.5—2、通高 5.1 厘米（图 2-6-4）。

此外，反山 M22：42、M22：43，可能为涂朱嵌玉镯形器底的漆杯。

（七）囊形器

2 件，均出自反山墓地。M22：41，一件玉塞位于仅存朱痕的囊形器上方。朱痕总长约 7、宽约 4 厘米（图 2-7-1）。M23：202，整器为加玉塞的垂囊状物体，已被压扁，胎体材质不明，涂满朱漆，漆皮较厚，已开裂。全长约 9、最宽约 3.5 厘米（图 2-7-2）。

图 2-7　新石器时代漆囊形器
1、2. 反山 M22：41、M23：202

（八）筒

出土数量较少，见于浙江的余姚河姆渡和田螺山，以及杭州的卞家山、钟家港，均出自遗址文化层中。根据整体器形差异，可分为两型。

A 型：长圆筒。河姆渡文化遗存中有 2 件，钟家港出土 1 件。河姆渡 T17 ④：23，器壁厚薄均匀，断面略呈椭圆形。外壁髹朱漆，两端均缠有数周藤篾。长 32.6、口径 9.4、壁厚 0.7 厘米（图 2-8-3）。田螺山 T203 ⑦：9，器身表面分三段，两端细刻多圈平行线纹。整体髹光亮黑漆。筒内有一片木塞。长 30—40 厘米（图 2-8-1）。从器形、制法、时代、地域及文化属性等方面看，此型筒与漆觚关系密切，似为漆觚的前身。钟家港 T2621 ⑪ A：1，尖唇，直筒形。器表髹黑漆，近口部有两组凹弦纹，一组两条。内壁上部发黑，近口部也髹黑漆。残高 10 厘米（见图 1-18-2）。

图 2-8　新石器时代漆筒
1、3. A 型（田螺山 T203 ⑦：9、河姆渡 T17 ④：23）　2. B 型（卞家山 G1 ②：171）

B 型：短椭圆筒。仅 1 件（下家山 G1②：171）。外壁髹朱漆，底部髹黑漆，内壁未髹漆。口径 8—12.7、底径 7—11.3、高 18.2 厘米（图 2-8-2）。

（九）盆

仅见于陶寺墓地，共 3 件，均为折腹盆。根据器形大小的差异，可分为两型。

A 型：大型。口径 60 厘米左右。根据底部差异，可分为两亚型。

Aa 型：平底内凹。M2001：73，宽平折沿，上腹先作弧曲而后折为直壁，下腹内收。通体器表施赭红彩。盆口最大径 68、沿宽 10、底径 15.5、通高 21、壁厚约 2 厘米（图 2-9-1）。盆中置长柄木勺。

Ab 型：圈足。M3015：32，翻沿。通体施红彩，沿面上有白彩图案残迹。口径 62、圈足径 32、通高 22 厘米（图 2-9-2）。盆中置 1 件长柄彩绘木勺（M3015：35）。

B 型：小型。口径 30 厘米左右。M3015：43，翻沿，小平底。器表包括盆底遍施淡红色彩。复原口径 26、底径 8、通高 11.2 厘米（图 2-9-3）。

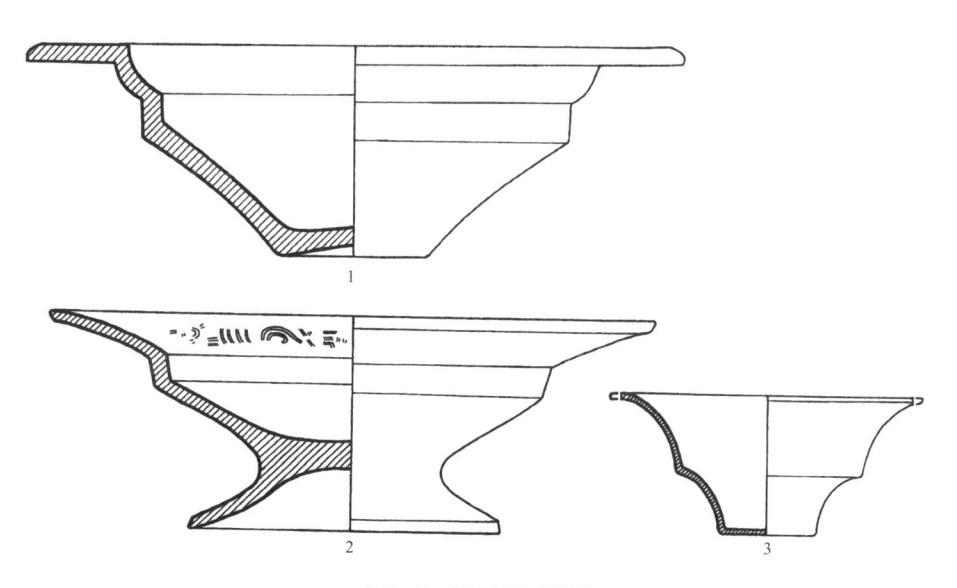

图 2-9 新石器时代漆盆
1. Aa 型（陶寺 M2001：73） 2. Ab 型（陶寺 M3015：32） 3. B 型（陶寺 M3015：43）

（十）罐

出土数量很少。梅堰遗址出土1件陶胎漆罐，泥质灰陶，胎薄质细，器表饰黑衣。侈口，短直颈，腹中央束腰，圈足。口沿两侧有对称的两个小圆孔，用以系绳。颈部用金黄、棕红两色漆绘出两道弦纹，上下腹各绘绹纹。口径6、高8.6厘米（图2-10-1、2）。此外，圩墩遗址出土1件漆罐的残片，仅存口、肩、腹部，器表髹黑漆（见图1-32-3、4）。

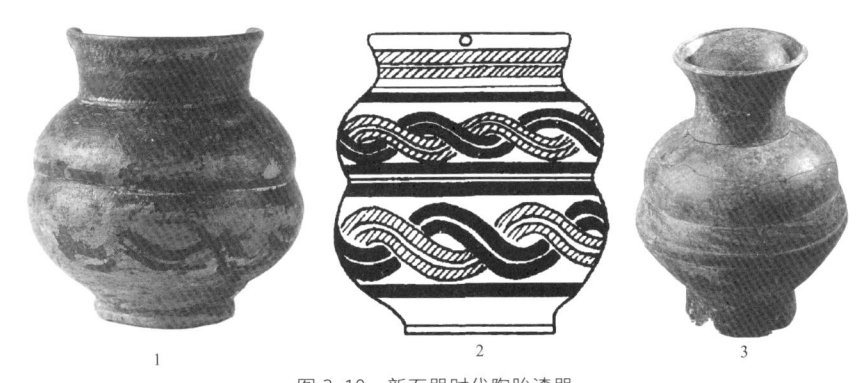

图2-10 新石器时代陶胎漆器
1、2.罐（梅堰遗址出土） 3.壶（仙坛庙M5:4）

（十一）壶

仅见1件（仙坛庙M5:4），朱绘黑皮陶。朱绘纹饰以勾连的"S"为主要题材（图2-10-3）。发掘资料中未介绍该器尺寸。

（十二）带座桶形器

仅见于陶寺墓地，共2件。上部为一圆形木桶，置于下面的十字形木座上。M2172:27，出土时桶上放木勺和骨匕各1件。桶的外壁及十字形座表面涂红彩，桶内无彩。桶复原口径24、高25、口部壁厚1.2、底部厚约2厘米；木座枋木长45、宽4.5、高12.5厘米；通高37.5厘米（图2-11-4）。

（十三）仓形器

13件，均出自陶寺墓地。下部为一圆柱体，上有伞形顶盖，柱体周围有三或四个凹进的龛，龛后壁皆作弧形，龛与龛之间互不连通。外壁满布红彩。起取7件标本。根据龛数，可分为两型。

A型：四龛。1件（M2001∶16）。体细高，柱高比例加大，龛作平顶，龛高略大于柱高的二分之一。檐径20、通高31厘米（图2-11-3）。

B型：三龛。6件。根据龛顶的差异，可分为两亚型。

Ba型：龛作平顶。3件。M2001∶8和M2001∶14，器体细高。M2001∶8，檐径20、通高26厘米。M2001∶14，檐径25、通高40厘米（图2-11-1）。M2202∶11，顶盖檐部翘起，顶、檐、柱之间无明显分界。檐径21.5、通高17.5厘米。

图2-11 新石器时代漆器

1. Ba型仓形器（陶寺M2001∶14） 2. Bb型仓形器（陶寺M3015∶75） 3. A型仓形器（陶寺M2001∶16）
4. 桶形器（陶寺M2172∶27） 5. 鼍鼓（陶寺M3015∶15）

Bb 型：龛作拱顶。3 件。M3015：77，顶的下部略向外拱起。檐径 20、通高 24 厘米。M3015：75 和 M3015：76，器体粗壮，顶相对较矮而檐的厚度加大，柱壁内曲作束腰状。M3015：75，系同类器中最粗壮的一件。檐径 30、通高 31.8 厘米（图 2-11-2）。M3015：76，柱壁内曲明显且檐最厚，龛高接近柱高的七分之六。檐径 25.8、通高 25.8 厘米。

（十四）斗

仅 1 件（陶寺 M2180：23）。斗身呈桶状，一侧有短柄。器表涂红彩。口径 15.5、底径 14.5、高 13、壁厚 0.8—1.4、柄长 9.5、宽 3.6、厚 3.7 厘米（图 2-12-3）。

（十五）勺

出土数量很少。根据柄部差异，可分为两型。

A 型：短柄。河姆渡 T231③：25，未经髹漆。长 13、勺身宽 3.5、柄宽 1、厚 0.2 厘米（图 2-12-1）。陶寺墓地出土 2 件。M2014：11，置于盆形陶斝上，其柄部搭在大型木豆上。勺头平面呈不规则圆形。通体施红彩。勺径 24、深 4.6、柄长 27.5、宽 6.2—12、勺底及柄厚约 1.5、通长 49.5 厘米。M2172：26，

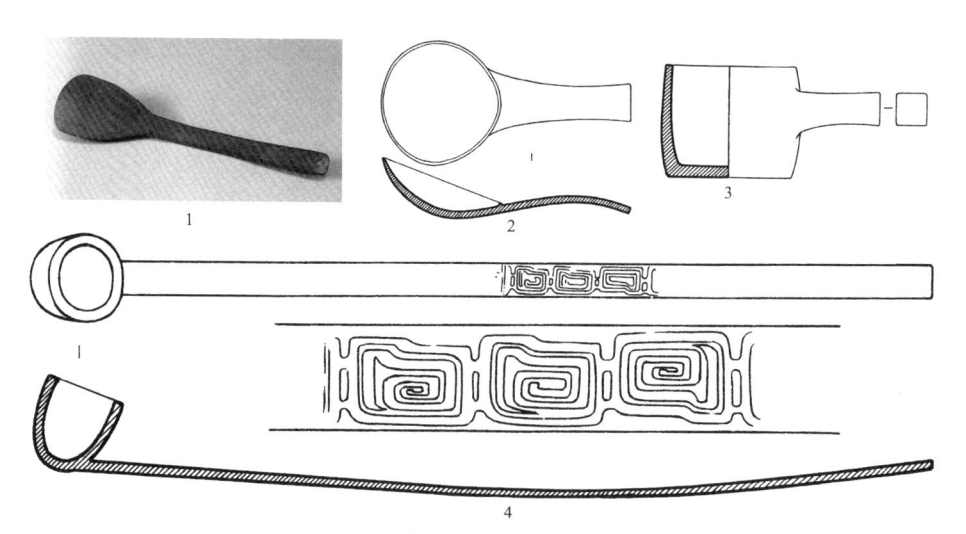

图 2-12　新石器时代漆、木勺和斗
1、2. A 型勺（河姆渡 T231③：25、陶寺 M2172：26）　3. 斗（陶寺 M2180：23）　4. B 型勺（陶寺 M3015：35）

平放在桶形器上。勺头平面呈椭圆形。柄宽3.5、通长约30厘米（图2-12-2）。

B型：长柄。1件（陶寺M3015：35）。勺身圜底，扁长柄微曲。出土时，勺身置于木盆M3015：32内，柄伸向盆沿外。通体施红彩，柄上局部残留白色回纹图案。口径9、高10、壁厚约1、柄长101、宽4、厚1.5厘米（图2-12-4）。

（十六）案

仅见于陶寺墓地，共9件。根据形制差异，可分为两型。

A型：无足。4件。造型简单，只是一块长方形或圆角长方形的厚木板。其中2件（M3073：1、M3016：17）有边棱。除M2180：27无彩外，其余案的表面均施红彩。M2172：1，大致呈长方形，一侧作圆角。长84、宽28、厚4.3厘米（图2-13-1）。案面上有红白相间的花纹残迹，似在红地上以白彩绘纹。案底及四周未见彩饰。

B型：有足。5件。足呈三边支架形。案面形状多样，可分为三亚型。

Ba型：案面一侧呈圆角并作亚腰形。3件。其中2件器形较矮。案面

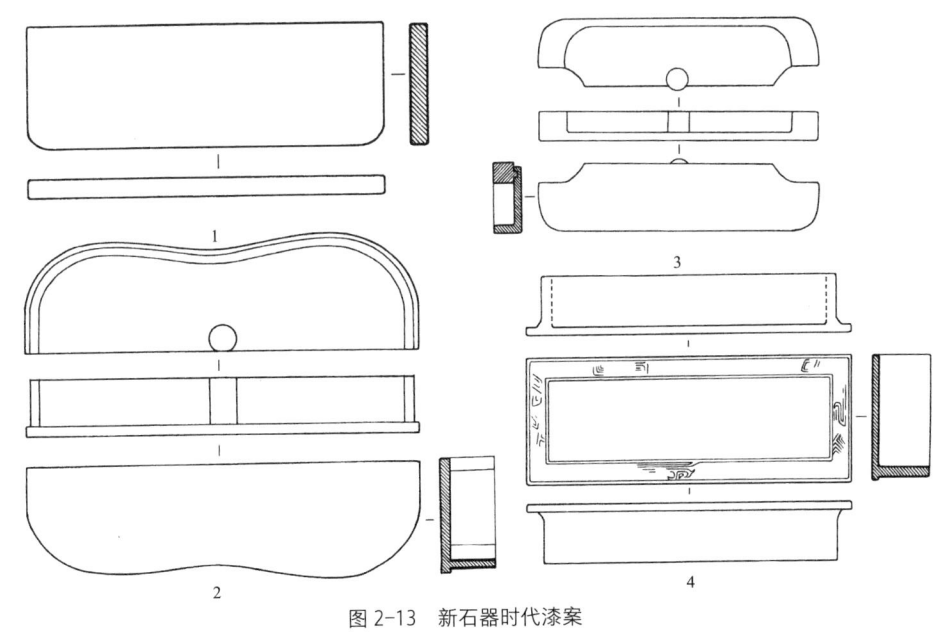

图2-13　新石器时代漆案

1. A型（陶寺M2172：1） 2. Ba型（陶寺M2103：1） 3. Bb型（陶寺M2168：1） 4. Bc型（陶寺M2001：7）

施红、绿彩。M2103∶1，是最大的案，器形较高，支架的部位从案板边缘内缩，故案板仰视呈三面出沿状，直边中部设一柱状支撑圆木。出土时，案板及支架外侧色彩鲜艳，大部分为绿色，少数地方呈红色。案面素胎上先涂一薄层白色细腻乳状物，厚不足0.5毫米，其上施黑色胶状物一层，厚1—2毫米（大约是生漆，氧化后呈黑色），再上施绿彩一层，厚1毫米左右，又以红彩沿两端及亚腰一侧绘出宽1.5厘米的边框，其内以红彩绘似对称的圆点勾连纹、弯月形纹、扇形纹一类，红、绿相映构成图案，惜已残损斑驳。通长120、案板两侧最宽处32.5—34.5、中腰宽30、厚3、支架外侧距案边沿1.5、支柱高14、通高17厘米（图2-13-2）。

Bb型：案一侧两端呈圆角，但中部不作亚腰，相对的另一侧两端作凹角。M2168∶1，凹角一侧中部设支撑圆柱。案面及支架外侧遍涂红彩，案面上还可见零星绿彩斑点。通长85.5、案板两侧凹角处宽4.5、中部宽20、厚2.6、支柱高6.2、通高8.8厘米（图2-13-3）。

Bc型：案板呈规整的长方形，长、宽大于支架形成的三边形，长边一侧宽出0.8，两端短边各宽出4—5厘米、两端案板与支架之间的夹角做成一抹坡。M2001∶7，案面及支架外侧遍涂赭红色，案面四周边沿及其内距四边各6厘米处，用宽近1厘米的白彩绘出内、外两重长方形构成边框，在边框内以白彩绘繁缛的几何勾连纹。通长99.5、案板宽38、厚2.5、支架高15、通高17.5厘米（图2-13-4）。

（十七）俎

仅见于陶寺墓地，共9件，其中8件保存较好。根据足部差异，可分为两型。

A型：无足。1件（M2180∶14）。造型简单，只是一块木板。平面略呈梯形，短边一侧的两端作圆角。素木，无彩。俎上立石刀1件。一侧长40、另一侧长48、宽24、厚2.4厘米（图2-14-1）。

B型：四足。7件。长方形板式台面，下设四条竖立的长方体木足，是俎的典型式样。台板与足采用榫接，闭合透榫，足上端作单肩榫、双肩榫或四肩榫三种形式。除M2001∶57上遍施红彩，M2014∶8的台面上见红彩斑

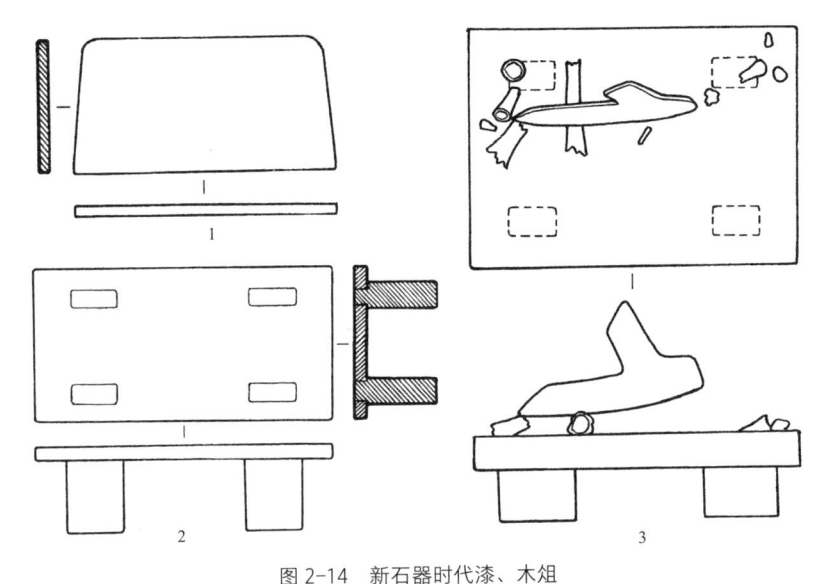

图 2-14　新石器时代漆、木俎
1. A 型（陶寺 M2180：14）　2、3. B 型（陶寺 M2001：57、M2168：12）

点外，余均素面、无彩。M2168：12，台面上有猪的肩胛骨，石刀斜插于肩胛骨上。台板长44.2、宽31.2、厚4.3、足高7.3、通高11.6厘米（图2-14-3）。M2001：57，俎上立置石刀1件。台板长63、宽32、厚3、足高14.5、通高17.5厘米（图2-14-2）。

（十八）盒

仅见1件（龙潭港M12：31）。玉片共100片，呈圆形、弧端长方形和窄体转角、宽体转角等形状（见图1-24-1）。出土时集中附着于一片近方形的红色漆皮上下，可能是一件红漆方盒的表面镶嵌物（见图1-24-2）。不同形状的玉片似有一定组合，构成某种图案。此外，陶寺2002ⅡM22似也出土漆盒，还出土1件彩漆大箱，内置3件漆觚，具体情况不明。

（十九）蝶形器

在河姆渡文化遗址发现3件。正面似牛的面部，背面有浅凹槽。河姆渡T17④：37，长23、宽13.5厘米（图2-15-1）。田螺山遗址出土2件，髹黑褐漆。DK3⑦：55，残宽17.4、高11.5厘米（图2-15-3、4）。DK3⑦：54，

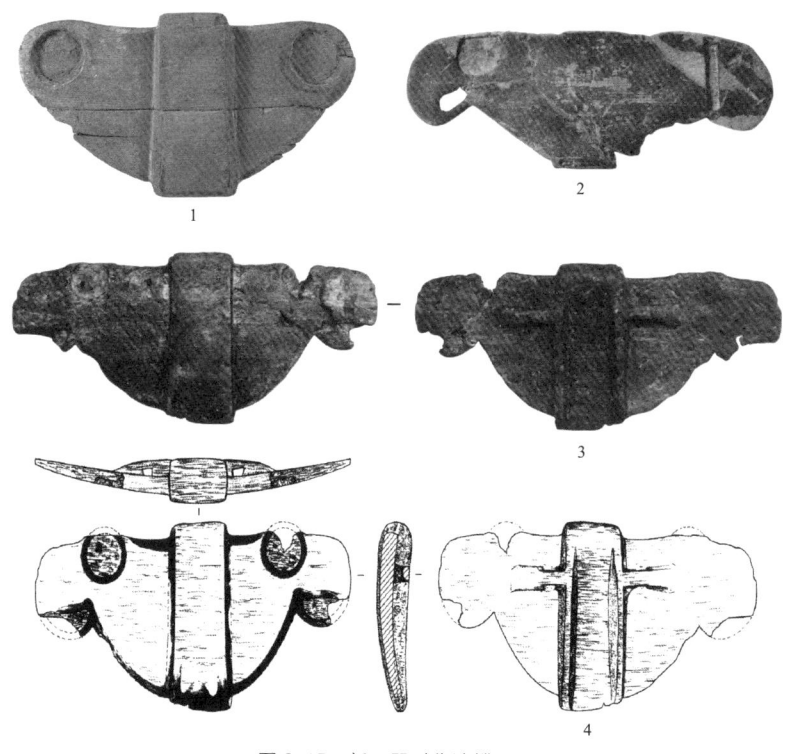

图 2-15　新石器时代漆蝶形器
1. 河姆渡 T17 ④：37　2—4. 田螺山 DK3 ⑦：54、DK3 ⑦：55、DK3 ⑦：55

宽 32、高 12.5 厘米（图 2-15-2）。

（二十）鸟形器

仅见 1 件（钟家港 T2622-2623 ⑨ B1：2）。一端雕出鸟头，另一端残断，当为半环形。整体髹朱漆。残长 9.5、宽 2.7 厘米（见图 1-18-3）。

二　乐　器

仅见鼍鼓，8 件，均出自陶寺墓地。鼓皮已朽，所见标本均为圆筒状、经彩绘的木质鼓腔。鼓腔多呈上细下粗状，直径一般 50 厘米左右，唯 M3073 的鼓腔最粗，直径达 90 厘米以上。各墓鼓腔的保存高度为 5—110 厘米（见图 1-39、40）。M3015 出土的两件鼍鼓保存较好。M3015：15，鼓腔周壁满涂红彩为地,近上口的一段和中下部的一段为淡红色,中部偏上的一段为赭红色。器表有彩绘图案两组。第一组位于中上部的赭红色地上,宽约45厘米,其上、下均以蓝、白二色细条纹绘出边框,靠内侧一条为蓝色,靠外侧一条为白色。边框内上下似分四层,以白色绘互相勾连的几何形纹、云纹、回形纹,个别处白彩笔道中又填以蓝色。第二组位于近底部淡红色地上,宽约9厘米,上、下均有白色条带构成的边框,上面的白色边框外侧又附加蓝色条带一周。其内以白色绘出同边框相连的类似卷云纹或蟠螭纹,在两白色花纹之间,又以黄色绘出几何形纹填充空地。图案均已斑驳不清。在鼓腔内外发现鳄鱼骨板11枚。复原口径43、底径56、存高110、腔壁厚2—3厘米(图2-11-5)。该鼓保存较好,可能接近原鼓形制大小。

此外,值得注意的是,陕西神木石峁遗址出土鳄鱼骨板(后阳湾2012F2∶1),呈方片状,边长约2厘米,是河套地区首次发现。[1]山西芮城清凉寺墓地出土15件鳄鱼骨板,如M54、M82、M146均有出土,[2]应与鼍鼓有关。

三　兵　器

本书所指的兵器,包含一些仪仗用器,也包含一些狩猎工具,目前尚不能将它们严格区分,遂一并以兵器统称。

(一)弓

3件。跨湖桥出土1件(T0512⑨A∶17),截面呈扁圆形。除了柎的位置,均见有漆皮。两端已残,弦未存。弓体出土时呈挺直状态。残长121厘米(图2-16-1)。

陶寺墓地出土2件。M2200∶2,斜立于墓圹左壁下,与成组带细木杆的

---

[1] 陕西省考古研究院、榆林市文物考古勘探工作队、神木县文体局:《陕西神木县石峁遗址后阳湾、呼家洼地点试掘简报》,《考古》2015年第5期。
[2] 山西省考古研究所、山西运城市文物局、芮城县文物旅游局:《山西芮城清凉寺史前墓地》,《考古学报》2011年第4期;山西省考古研究所、运城市文物工作站、芮城县旅游文物局:《清凉寺史前墓地》,文物出版社2016年版。

箭同出。上端略粗，下端略细，通体涂红彩，接近墓底处已残断。上端直径4、下端直径2、存长214厘米，复原长度225厘米（图2-16-2）。另一件（2002ⅡM22：43），与2件木弓、1件红色箭箙及其内的7组骨镞共出。器表被漆成黑绿相间的色段，并以粉红色带分隔。残长171.8厘米，复原长度为180厘米（图2-16-3）。

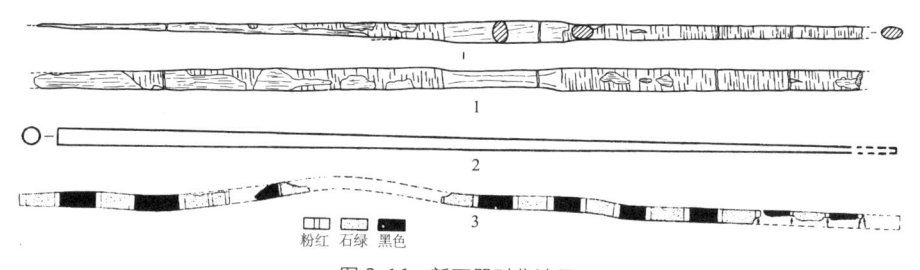

图2-16 新石器时代漆弓
1.跨湖桥T0512⑨A：17 2.陶寺M2200：2 3.陶寺2002ⅡM22：43

《荀子·大略》曰："天子雕弓，诸侯彤弓，大夫黑弓，礼也。"这是后世文献记载髹饰不同的漆弓标志不同身份等级：天子用装饰花纹的漆弓，诸侯用朱漆弓，大夫用黑漆弓。可以其为参考，初步推断陶寺2002ⅡM22：43彩绘花纹装饰的漆弓使用者的身份等级在当时当地应属最高级，即陶寺2002ⅡM22墓主身份等级非常高。从文献记载也可得知，弓的弧度不同，即弓力强度不同，亦体现等级差异。《周礼·夏官·司弓矢》："天子之弓合九而成规，诸侯合七而成规，大夫合五而成规，士合三而成规，句者谓之弊弓。"可见，天子、诸侯、大夫、士的弓力强度是由强至弱的。

（二）箭杆

江陵阴湘城出土竹质箭杆，外表髹朱漆。

（三）箙

小青龙M7出土1件（M7：5），胎朽。口大底小。3件石镞插入箙内。从发表的彩照看，箙为红色。口长6—8、底长10、高12厘米。陶寺2002ⅡM22中的1件漆弓、2件木弓和1件红色箭箙及其内的7组骨镞共出，发掘简报未介绍箭箙的具体情况。

（四）斧钺柄

出土数量较多。除了花厅出土1件石斧外，余均为玉石钺的漆木柄。根据柄部构件差异，可分为两型。

A型：有帽和镦。反山M14∶177、221，玉钺两端分别有玉帽和玉镦。钺出土时两面局部残留朱痕，并粘附玉粒，玉粒上也残留朱痕。钺柄部位有大量玉粒（图2-17-1）。瑶山M7∶32，玉钺柄部两端分别有玉帽和玉镦。两端附近各有1件小玉琮，可能是钺的挂饰。柄通长约80厘米（图2-17-2）。小兜里M14∶12，玉钺柄上有彩绘，并有象牙帽和镦（图2-17-4）。总长55厘米。象牙镦出土时保留鲜艳的朱痕。龙潭港M9∶17，石钺石质细腻，不亚于美玉。附象牙镦（M9∶24），底端长径5.4、高5.1厘米（图2-17-5）。阴湘城出土1件钺柄，在装入石钺的地方掏挖出很深的凹榫。其两侧的图案大致相仿。表面以褐漆为地，花纹为几何纹，刻于首端，花纹的凸出部分髹黑漆，手握处前后髹朱漆，"凹"字形朱漆图案的下凹处对穿一圆孔。帽和镦已不存。全长59.5厘米（图2-17-3）。

B型：无帽和镦。根据柄部装饰差异，可分为两亚型。

Ba型：柄部嵌玉石。根据玉石片的形态差异，可分为两式。

BaⅠ式：粒状平底。瑶山M9∶14，有5件长条形玉粒，可能为玉钺柄部嵌饰（图2-17-6、7）。柄部两端附近各有1件小玉琮，可能是钺的挂饰。小青龙M9∶5，玉钺上残留红彩，漆木柄上有玉嵌饰（M9∶4），椭圆形，纵截面呈馒头形。长径0.7、短径0.35、厚0.25厘米（图2-17-8）。原本数量应更多。花厅M50出土一组10件绿松石饰（M50∶29），正面略弧鼓，底面平整（图2-17-9）。其中圆形1件，直径1厘米；条状圆角形9件，两端呈圆弧状，两边近似直线，长1、宽0.5厘米。此为玉斧木柄端的嵌饰，木柄应髹朱漆。

BaⅡ式：片状曲底。好川墓地出土13件嵌玉片漆器，器形除不能判明者外，均应为玉石钺的漆木柄。每件漆木柄饰玉片2—30片，集中出土，立体组合形态都呈圆棍状。玉片绝大多数为曲面造型，圆形、椭圆形、方形、菱形、圆角长方形等几何形曲面玉片常见，特殊形态的玉片有

128 / 中华早期漆器研究

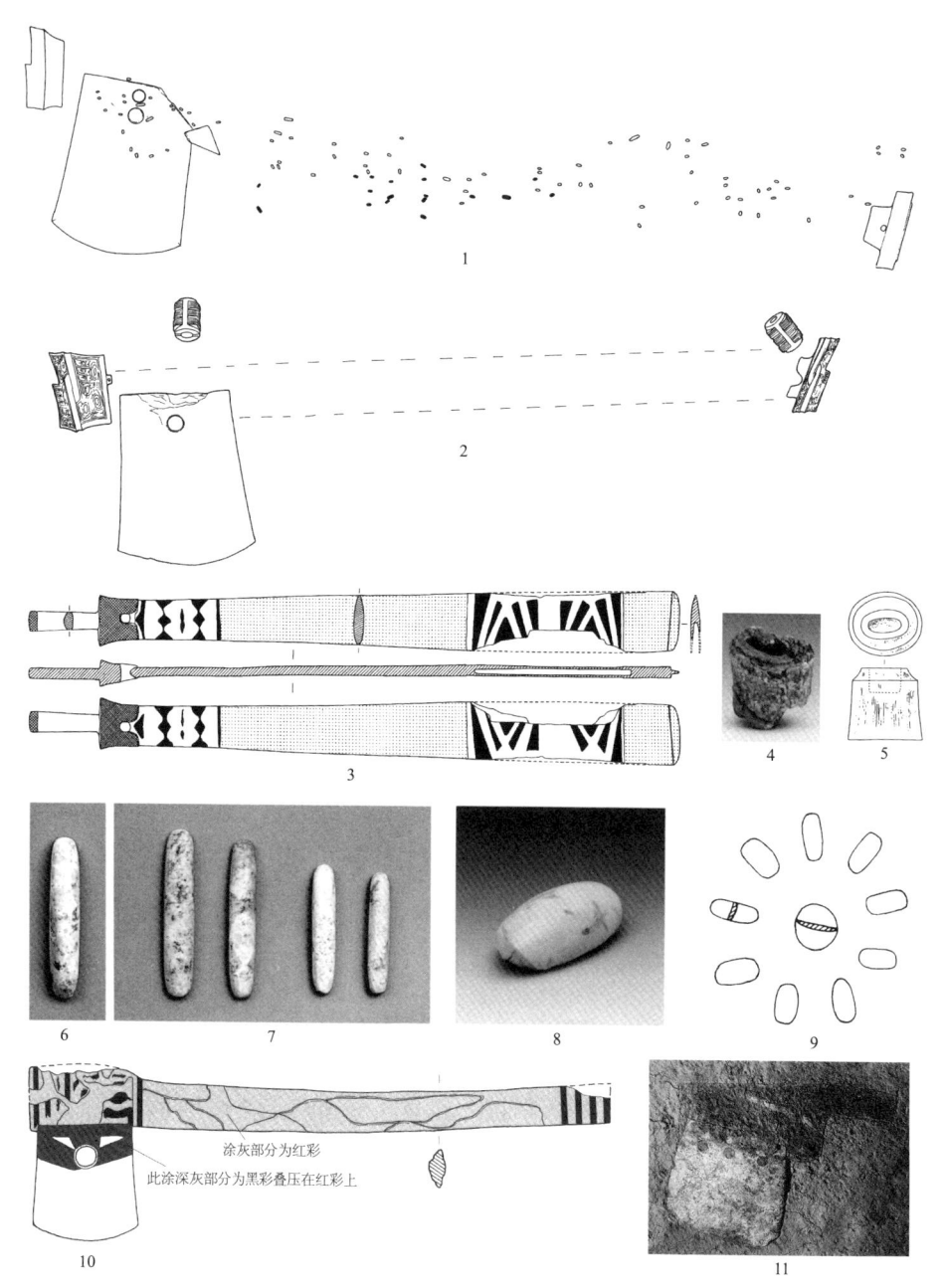

图 2-17 新石器时代斧钺漆木柄及其饰件
1—5. A型（反山 M14：177 与 221、瑶山 M7：32、阴湘城出土、小兜里 M14：12、龙潭港 M9：24）
6—9. BaⅠ式（瑶山 M9：32—34、瑶山 M9：32—34、小青龙 M9：4、花厅 M50：29）
10、11. Bb型（小青龙 M10：2、陶寺 M2103：24）

祭坛状、简体抽象鸟形、圆箍形等，玉片之间凹凸拼接。玉片大小不一，均粘附于圆棍状有机质主体上。M1∶1，见少量红色漆痕，11片不同几何形状的曲面玉片原应是镶嵌或粘附于圆棍状有机质物体上。两端玉片拼接构成玉箍，中间的3片玉片螺旋状包裹棍体表面。漆痕范围长12、直径3厘米（图2-18-1）。M62∶4，红色漆痕范围比较清晰明确，12件曲面玉片和1件玉箍呈圆棍状分布。其中4片祭坛状褐黄色滑石片合围成箍，玉箍直径3.1厘米（图2-18-2）。

此外，新地里遗址也出土了玉嵌片和绿松石嵌片，有的应为钺柄嵌饰。

Bb型：柄部未嵌玉石。小青龙M10∶2，玉钺上部保留有重叠的朱漆痕和黑彩。柄通体髹朱漆，首尾两端施黑彩图案，首端黑彩仅可辨横向条带纹，尾端黑彩也为条带纹。通长60.6厘米（图2-17-10）。小青龙M14∶10，柄上髹朱漆。柄残长29厘米。王家塝M155东室墓主右股骨附近有1件玉钺及红色漆木柄痕迹。M155∶1，柄痕长60厘米。陶寺墓地出土的3件玉石

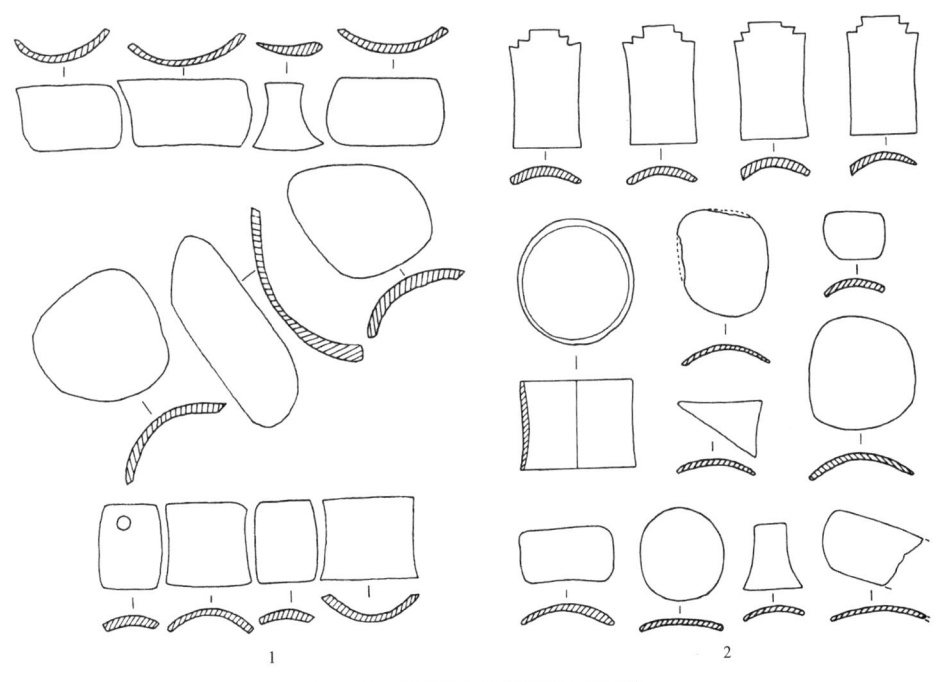

图2-18　新石器时代斧钺漆木柄玉饰
1、2. BaⅡ式（好川M1∶1、好川M62∶4）

钺可见木柄痕迹。柄部有长短之分，短者30厘米左右，长者80厘米左右。M2103：24，大理石磨制。木柄整体呈刀形，表面涂有暗红色颜料。通长33厘米（图2-17-11）。M2339：2，红彩木柄长31厘米。M1364：1，红彩木柄长80厘米。陶寺墓地还有近20件玉石钺，孔内、孔旁或近端有斑驳的红彩，当是涂彩木柄遗留的痕迹。

四　服　饰

从目前的考古发现看，服饰类漆器主要有腕饰和头饰，多以绿松石、蚌片为饰。

（一）腕饰

12件，均为陶寺文化遗存，为嵌绿松石和蚌片等的圆筒状漆木腕饰。陶寺墓地出土10件，其中2件嵌蚌片；临汾下靳墓地出土2件。根据主体嵌饰差异，可分为两型。

A型：嵌绿松石片。根据装饰差异，可将保存较好的6件腕饰分为两亚型。

Aa型：带边框。1件（陶寺M2023：4），在上下边缘各有长条形的牙片两列镶出边框，每列各见6片。下缘大部已残缺。宽8.8、高5厘米（图2-19-4）。

Ab型：不带边框。5件。陶寺M2001：3，宽10.8、高8.3厘米（图2-19-2）。陶寺M2010：4，宽10.5、高7.8厘米。陶寺M3168：6，较突出的牙饰有五组，牙饰之间及周围满布绿松石片。其下部为一件大理石璧。上端宽14、连同石璧高25厘米。下靳M76：1，宽环带状，在黑色胶状物上粘附绿松石碎片，其上等距镶嵌3个白色石贝。周长30、宽9厘米（图2-19-3）。下靳M136：3，在黑色地上粘附绿松石片。外径9.5厘米。此外，发掘简报介绍，下靳M76墓主左手腕上戴1件黑色手镯，没有说明材质等情况，笔者推断其应为黑漆木胎腕饰。

B型：嵌蚌片。均出自陶寺M2003，其形制及制法与嵌绿松石腕饰类同。表面满嵌细小的蚌片。蚌片层下是黑色胶状物，厚0.3—0.4厘米。左右腕部

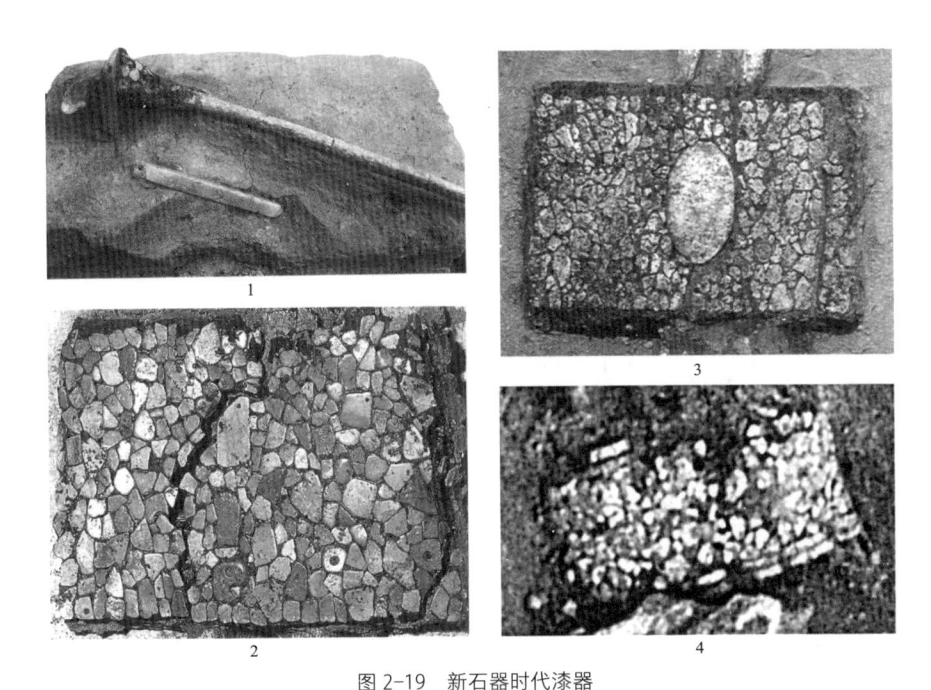

图 2-19 新石器时代漆器
1. 头饰（陶寺 M2023：1、2） 2、3. Ab 型腕饰（陶寺 M2001：3、下靳 M76：1） 4. Aa 型腕饰（陶寺 M2023：4）

各套一件，按出土时压扁的形状，宽 8、高 4 厘米（见图 1-62）。

（二）头饰

主要为笄。阴湘城大溪文化壕沟淤积层中出土 1 件木笄，残长 7 厘米，有一端镂一圆孔，外表以红漆为地，再用粗细两种黑漆直线和曲线画叶脉等形状的图案。

陶寺 M2010、M2001、M2028、M3018、M2023、M2003、M2011、M2024、M2081、M2255 各出土 1 件骨笄，嵌绿松石片，最少的嵌 10 余片，最多的嵌 60 余片。笄上部表面有黑色胶状物，笄与环交接部位用黑色胶状物固定，绿松石片底部也有黑色胶状物。发掘报告推测黑色胶状物是漆或某种树脂。墓主有男有女。其中最精美、保存最好的头饰为 M2023 出土者，包括骨笄、半圆形穿孔玉片、弧形穿孔玉片、玉坠饰各一件，以及绿松石嵌饰 60 余片（图 2-19-1）。

五　交通工具

仅见独木舟。1件（井头山T509⑱：1）。主体木块有宽凹槽，其上有一销钉，局部残留黑漆。似为独木舟之类的残器。残长47、最宽16.6、厚2.5厘米（见图1-1-1）。

六　葬　具

主要为棺。数量较多，浙江桐庐的小青龙、上海的福泉山、山西襄汾的陶寺均有出土，多为朱漆，个别为黄漆。小青龙M6中的长方形葬具上有朱漆痕迹，局部还有黑彩。福泉山吴家场M211中有明显的棺木痕迹，局部还可见棺板腐朽后红色漆痕及青泥底板痕。福泉山吴家场M207中的棺似为独木棺，在棺盖与棺底的位置发现红色髹漆痕迹。陶寺M2200中的独木舟式棺，棺内有散落的黄色彩皮，侧板和底板外壁也有黄色彩皮。陶寺M2001中的长方形木棺，外壁涂成红色（图2-20）。陶寺M2023中的长方形木棺，内外有散落的红色彩皮。

此外，陶寺M2082中的长方形木棺，内底板上残存成片的"红彩板"，与后世的笭床性质近似。

图2-20　陶寺M2001墓室全景

第二节
夏代漆器类型及其特征

考古发掘出土的夏代漆器数量有限，保存较差，基本不见完整器形，无法进行详细的类型学分析，只能大略地进行比较。夏代漆器主要有五大类，即日常生活用器、乐器、兵器、服饰、葬具。下面分述之。

一 日常生活用器

多为饮食用器，包括觚、豆、箪、碗、盒、勺、匕、箸，还有少量居室用器，如案等。

（一）觚

觚的出土数量最多，二里头文化遗存中有至少15件，加上驻马店杨庄遗址出土1件，大甸子墓地出土8件，至少有24件，是夏代漆器的主要器形。觚口呈喇叭状，细腰。二里头1981 Ⅴ M5：6，髹朱红漆，未见花纹。口径约12、高25.5厘米。1984 Ⅵ M9出土1件漆觚，高25厘米。二里头2001 Ⅴ M1出土1件漆觚，朱红色，残甚。二里头2002 Ⅴ M3：34，仅存朱红漆痕，平底。底部有一圆陶片，上有朱红漆痕，应为器底（见图1-67-1）。圆陶片，直径5.18—5.25、厚0.6厘米（见图1-68-3、4）。二里头2002 Ⅴ M5：20，高约19厘米。杨庄遗址T15第2层出土1件漆觚，残存一条白色和一条红色漆带，附着于一圆形泥柱表面。圆形泥柱一端较粗，直径约10厘米，另一端稍细，直径约7厘米。白、红色漆带各宽约1.5厘米。大甸子M726：7，木胎。下端残，不能判断是否有器底。器内外表面均有红色漆膜，内外漆膜之间的胎骨已朽，呈1毫米左右的空隙，漆膜里侧印有纤细的木质纹理（见图1-77-1）。

从尺寸上看，觚的大小差异较大，大甸子M726：7最高大，口径达16.5、存高30.5厘米；二里头2002 V M3：34最小，口径6.3、底径5.2、高16厘米。觚的底部形制多不清楚，只有二里头2002 V M3：34底部有一带红色漆痕的圆陶片，与觚底部尺寸相合，推断以此为底。大甸子M726：7，下端残，并未共出圆陶片，应是以木片为底。

需要说明的是，二里头文化漆觚使用了圆陶片封底，因此笔者在统计二里头出土漆器的墓葬时，在相关器物栏统计了圆陶片的数量，但暂未将其计入漆器数量（见表1-2）。关于二里头文化墓葬随葬圆陶片情况，有学者做过统计分析，结果如下。

二里头文化墓葬随葬圆陶片的情况不多，目前见诸发表的、可统计的墓葬共有32座，分别是：偃师二里头28座、郑州洛达庙1座[1]、洛阳吉利东杨村1座[2]、洛阳伊川南寨1座[3]、郑州荥阳西史村1座[4]。从数量上看，二里头文化墓葬中随葬圆陶片现象较少，仅32例，说明这种现象在当时尚未普及，并不是二里头文化墓葬的主流。从空间分布上看，该现象集中于二里头遗址及其邻近地区，分布地域相对有限。圆陶片主要特征为：圆饼状，剖面呈梯形，直径以4厘米左右者居多，厚度多在1厘米以内，泥质灰陶质地，系用陶质器物残片磨制而成，大部分留有纹饰和麻点。从随葬的圆陶片数量上看，多则6枚，少则1枚，无固定常量。随葬品丰富、规格高的墓葬，圆陶片的数量多，而只以陶器为随葬品的墓葬，圆陶片数量少。该葬俗不见于二里头文化一期，从二期开始出现，三期大量增加，数量最多，至第四期仍有较多发现。32例中，除1座（VKM8）不详外，Ⅰ级墓葬21座，占随葬圆陶片墓葬总数的66%；Ⅱ级墓葬10座，占总数的31%，墓葬等级整体相对

---

[1] 河南省文物研究所：《郑州洛达庙遗址发掘报告》，《华夏考古》1989年第4期。
[2] 洛阳市文物工作队：《河南洛阳吉利东杨村遗址》，《考古》1983年第2期。
[3] 河南省文物考古研究所：《河南伊川县南寨二里头文化墓葬发掘简报》，《考古》1996年第12期。
[4] 郑州市博物馆：《河南荥阳西史村试掘简报》，载文物编辑委员会《文物资料丛刊》第5辑，文物出版社1981年版。

较高[1]。

笔者根据漆痕统计二里头文化墓葬随葬漆觚共15件，如果二里头文化墓葬随葬的圆陶片都是漆觚底部的话，那么二里头文化漆觚数量估计在66件以上（数量不明者按1件计算）。这远超此前根据漆痕进行判断得出的统计数据，同时也说明，漆觚在夏代漆器中占绝对主导地位。

（二）豆

出土数量较少，仅2件。其中二里头1980 Ⅲ M2出土漆豆，形制不明。二里头2005 Ⅴ M5∶11，残高约12厘米。

（三）筸

仅1件（大甸子M867∶3）。似以竹篾编成，器口沿有一圈漆膜。直径12.5、高32厘米（见图1-77-2）。

（四）碗

出土数量较多，3件。二里头1981 Ⅴ M4出土2件，髹朱红漆。口径约20、高9厘米。1994 Ⅳ M1出土1件。

（五）盒[2]

出土数量较多，3件。二里头1980 Ⅲ M2出土漆盒，敛口，圆腹，平底。二里头1984 Ⅵ M11出土1件漆盒，呈扁圆球形，髹红漆。直径16—20厘米。二里头1985 Ⅵ M7出土漆盒。

（六）勺

仅1件（二里头2002 Ⅴ M3∶36）。仅存朱红色漆痕。敞口，平折沿，斜圆腹。口径12、沿宽2、底径5、柄长10、宽3厘米（见图1-67-2、3）。

（七）匕

仅1件。二里头1985 Ⅵ M7出土，具体情况不明。

---

[1] 李萌、赵宾：《二里头文化圆陶片葬俗探析》，《洛阳考古》2018年第4期。

[2] 盒的命名依据发掘简报，没有图、照，仅有文字描述，具体器形不明。发掘资料中无陶盒，因此也无相关材料可供参考。此处暂存疑。

（八）箸

仅1双。二里头2002ⅤM3出土，放置于漆案上，仅存朱红色漆痕。箸痕长16厘米（见图1-67-5）。

（九）案

仅1件（二里头2002ⅤM3∶16）。存朱红色漆痕。近方形。其上放置酒器陶盉和漆木箸。长、宽均40厘米（见图1-67-5）。

二 乐 器

仅见鼓1件。1981ⅤM4出土，呈束腰长筒状，髹朱红色漆。通长54厘米。

三 兵 器

仅有干，4件，残存龙形绿松石嵌饰和嵌绿松石铜牌，均为二里头遗址出土，即2002ⅤM3∶5、1981ⅤM4∶5、1984ⅥM11∶7、1987ⅥM57∶4。对于二里头遗址出土的龙形绿松石嵌饰和嵌绿松石铜牌，学者从各个角度进行了很多讨论，对于我们认识这种器物的名称和内涵等具有重要参考价值。

王贵生先生提出，在20世纪80年代屡次出土于二里头夏文化层的镶绿松石饕餮纹铜牌，以美丽的绿松石在铜质底板上镶嵌而成，图案呈狰狞饕餮形，以同期出土的玉质戚、戈等舞具为参，怀疑此牌即为用于祭神舞蹈的干类器物[1]。黄建秋先生认为铜牌是盾类器物的装饰品，与它们共存的铜铃、漆鼓是乐器，陶盉、铜爵和陶爵是酒器，通过将它们与同时期其他墓葬进行比较，并参考古代文献记载和有关民族志，推测墓主人是从事宗教礼仪活动的巫师[2]。

---

[1] 王贵生：《试论干戚之舞》，《西北师大学报》2003年第3期。
[2] 黄建秋：《二里头遗址三座出土铜牌饰墓葬分析》，载厦门大学人文学院历史系考古教研室等《东南考古研究》第3辑，厦门大学出版社2003年版。

发掘者许宏先生认为："这件龙形器应是斜放于墓主人右臂之上，呈拥揽状，一件铜铃置于龙身上，原应放在墓主人的手边或系于腕上。"[1]许宏先生还指出，4座墓都是铜铃与绿松石镶嵌器（嵌绿松石动物纹铜牌饰或大型绿松石龙形器）共出。偏早的绿松石龙形器与铜铃、偏晚的铜牌饰与铜铃的组合关系相对固定；绿松石龙形器和铜牌饰在墓葬中的位置相近，都置于墓主人的上半身。种种现象，表明绿松石龙形器和铜牌饰应大致属同类器，铜铃与动物母题绿松石镶嵌器应是二里头文化贵族墓随葬品中一个较固定的组合，而以这一组合随葬的墓主人或许有特定的身份。[2]

何驽先生指出，绿松石龙牌长约70厘米，贴嵌于木托板之上，也可以视为盾牌类；宗庙祭祀时，由2002 V M3墓主之类的伶官手持龙牌、系铜铃、戴羽冠跳舞，其可视为萬舞的道具；二里头文化二期偏晚至四期，绿松石铜牌饰取代绿松石龙牌继续作为"禹"的化身仪仗和萬舞的核心道具。[3]

再考察出土实物。龙形绿松石嵌饰2002 V M3：5总长70.2厘米。嵌绿松石铜牌1981 V M4：5、1984 Ⅵ M11：7、1987 Ⅵ M57：4分别长14.2、宽9.8厘米，长16.5、宽8—11厘米，长15.9、宽7.5—8.9、厚0.25厘米。根据龙形绿松石嵌饰和嵌绿松石铜牌的大小、厚度、形制、出土位置及共出器物等可进一步推断，它们均属同类器，不能单独使用，均为附着于漆木器——干上的嵌饰。从龙形绿松石嵌饰残存朱漆痕迹及相关文献对于干的记载[4]看，干应髹朱漆。嵌绿松石铜牌嵌入朱干的中心部位，边缘和钮均没入木胎中，钮起到加固作用，嵌入后呈现出来的只有绿松石图案部分。嵌绿松石铜牌相当于干上的钖，起到加固和装饰作用。钖，盾背上的金属饰物。《礼记·郊

---

[1] 许宏：《最早的中国》，科学出版社2009年版，第149—150页。
[2] 许宏：《二里头M3及随葬绿松石龙形器的考古背景分析》，载北京大学中国考古学研究中心等《古代文明》第10卷，上海古籍出版社2016年版。
[3] 何驽：《二里头绿松石龙牌、铜牌与夏禹、萬舞的关系》，《中原文化研究》2018年第4期。
[4] 《公羊传》庄公二十四年何休解引鲁昭公与子家驹对话，子家驹曰："设两观，乘大路，朱干、玉戚以舞《大夏》，八佾以舞《大武》，此皆天子之礼也。"《礼记·明堂位》："朱干玉戚，冕而舞《大武》。"

特牲》："诸侯之宫县，而祭以白牡，击玉磬，朱干设锡，冕而舞《大武》，乘大路，诸侯之僭礼也。"郑玄注："干，盾也；锡，傅其背如龟也。"

四 服 饰

服饰类漆器目前能够确认的只有一类，即斗笠形器，均为二里头2002 V M3 出土。共 3 件，两大一小，均为泥质磨光白陶，胎质细腻，上面光滑，下面可见泥条盘筑时的螺旋痕迹，顶端中心有圆孔贯通。1、2 号上面有红色漆痕。3 件尺寸分别为：直径 4.85、高 2.18、厚 0.3—0.8 厘米，直径 5.9—6.1、高 2.85、厚 0.4—0.95 厘米，直径 4.8、高 2.44、厚 0.4—0.76 厘米（见图 1-69-1、2）。

二里头 2002 V M3 还出土 5 件绿松石珠，其中 2 件出土于斗笠形器上，应是与斗笠形器配套使用的。V M3：31，长 1、宽 0.94、厚 0.55、孔径 0.18—0.3 厘米（见图 1-69-5）。V M3：33，长 1.2、宽 0.71、厚 0.62、孔径 0.22—0.27 厘米（见图 1-69-7、8）。还有 1 件（V M3：4），距另一件即最大的斗笠形器不远，体形也较大，与该斗笠形器也应是配套使用的。V M3：4，长 2.23、宽 2.01、厚 1.45、孔径 0.21—0.45 厘米（见图 1-69-3）。

何驽先生认为，第 1、2 号斗笠形器上有红色漆痕，表明这些斗笠形器原本是嵌在头顶冠饰、用于插羽毛的。[1]该推断有一定道理，但笔者认为斗笠形器也可能是漆木（骨）笄的帽，与绿松石珠组合，绿松石珠作为笄帽孔上的装饰，用绳或辅以胶漆将三者连结、固定。

五 葬 具

发现两类，一类是人的葬具棺，另一类是狗的葬具匣。

---

[1] 详见何驽《二里头绿松石龙牌、铜牌与夏禹、萬舞的关系》，《中原文化研究》2018 年第 4 期。

（一）棺

棺的出土数量仅次于觚，至少有9具。二里头"甲型大墓盗扰严重，有无葬具不明。从龙山文化大型墓葬和二里头文化中型墓的资料看，应该是有棺椁的，而且极可能有双重或多重葬具。中型墓葬因朱砂的腐蚀，尸骨皆朽尽，葬具亦多无存。但在一些墓中可以见到灰白色的板灰，应是木棺的痕迹；另外，墓底朱砂的范围往往不及墓壁，而是有一定间距，其平面形状规整，显然是木棺的范围——大约朱砂是铺在棺底的，故朱砂的范围就是木棺的平面形状。部分丙型墓葬中，有时也能见到灰白色木棺的板灰。最低等级的墓葬中就很难见到木棺的痕迹了，通常可见的葬具是席子痕迹"。[1]

（二）匣

仅1件。二里头二号宫殿M1墓口下2.7米深处有一完整的狗骨，放在一个朱漆木匣中。匣长约42厘米。漆匣应是作为狗的葬具使用的。如此礼遇，说明它应是墓主生前所爱。

---

[1] 中国社会科学院考古研究所编著《中国考古学·夏商卷》，第103页。

第三章

[THREE]

早期漆器类型与组合的演进

通过对新石器时代和夏代漆器的细致梳理和考古类型学分析,可以进一步究明其自身类型、组合演进的一般规律,为全面了解中华早期漆器情况奠定基础。

第一节
新石器时代漆器类型与组合的演进

就目前的考古发现而言，新石器时代自距今8000余年的井头山和跨湖桥遗址出土漆器，至距今7000年的河姆渡文化漆碗，其间存在1000年的缺环。这1000年的漆器发展情况不清楚，需要以后的考古发现和相关研究来填补这块空白。总体上看，从考古发现的距今8000余年的最早漆器开始，至新石器时代结束，历经4000余年的漫长发展期，漆器类型不断增多，器物组合也逐渐演进，大致可以公元前3500年为界，分为前后两期。区域文化方面，长江下游的河姆渡、良渚文化和黄河中游的陶寺文化是南方和北方漆器的典型代表，下面详述之。

一 日常生活用器类型与组合的演进

新石器时代漆器以日常生活用器为主。其中新石器时代前期主要有碗、豆、筒、罐、蝶形器等；新石器时代后期，不见蝶形器，其他器形继续存在，此外还增加了大量新器形，主要有觚、杯、囊形器、盘、高柄豆、盆、壶、带座桶形器、仓形器、斗、案、俎等，各类型及其组合也发生了相应变化。

新石器时代前期已出现碗，仅1件，为河姆渡遗址出土的A型圈足碗，年代上仅晚于井头山和跨湖桥遗址出土的漆器，属于河姆渡文化。这件碗的腹部为瓜棱状造型，口径10厘米左右，器形较小（见图2-1-1、2）。至新石器时代后期，出现了B型平底碗，为陶寺墓地出土，斜直壁，一大一小，口径分别为18厘米和12厘米（见图2-1-3、4），属于陶寺文化。漆碗作为食器，出现年代较早，且延续时间较长，为新石器时代人们主要的日用漆器之一。

新石器时代前期，河姆渡遗址出土 A 型短柄木勺（见图 2-12-1），未髹漆，该遗址也出土漆碗，二者可搭配使用。新石器时代后期，勺的类型增多，陶寺墓地不仅出土了 A 型短柄勺，还出土了 B 型长柄勺（见图 2-12-2、4）。其中 A 型短柄勺与大型木豆或带座桶形器共出，可搭配使用；B 型长柄勺与木盆共出，可搭配使用。

新石器时代前期已出现陶胎漆豆，木胎漆豆或已出现，仅有江苏常州圩墩遗址出土 1 件喇叭形器座，似为豆的圈足，属于马家浜文化。新石器时代后期，豆已发展出多种类型，出土地点和出土数量较多（见图 2-2）。其中 A 型大型豆仅见于陶寺墓地；B 型中型豆见于卞家山遗址和陶寺墓地，可分为两个亚型；C 型小型豆可分为两个亚型，其中 Cb 型无耳豆出土地点最多，见于浙江的海盐仙坛庙 M5、杭州卞家山 G1 和山西的襄汾陶寺墓地，出土数量也最多，仅陶寺墓地就出土 12 件，而且卞家山和陶寺出土者均与该遗址和墓地出土的同类陶豆器形近似，而仙坛庙出土者即为陶胎漆豆。在文化属性方面，分属崧泽文化、良渚文化和陶寺文化。从这些方面判断，Cb 型无耳豆应是主流漆豆。从中也可看出，豆在长江下游从新石器时代前期的马家浜文化，延续发展至新石器时代后期的崧泽文化、良渚文化；而在黄河中游仅见于新石器时代后期的陶寺文化，但其数量很多，可以分型的达 28 件，类型多样，反映出陶寺文化漆豆的发展水平和主流地位。

新石器时代前期即出现了筒，但限于 A 型长圆筒（见图 2-8-1、3），属河姆渡文化，其中田螺山遗址出土的筒内有一片木塞，用来封闭筒底。新石器时代后期，不见 A 型筒，出现了 B 型短椭圆筒（见图 2-8-2），见于卞家山良渚文化遗址。

新石器时代前期已出现罐，仅有圩墩遗址出土的 1 件漆罐残片（见图 1-32-3、4），属马家浜文化。新石器时代后期也见有罐，仅有梅堰遗址出土的 1 件陶胎漆罐（见图 2-10-1、2），属良渚文化。

新石器时代前期出现蝶形器（见图 2-15），分别出自河姆渡遗址和田螺山遗址，发掘者认为其可能是当时的一种祭祀用具。新石器时代后期不见蝶形器。该类蝶形器为河姆渡文化独特漆器，其内涵有待深入研究。

新石器时代后期出现囊形器（见图2-7），仅见于反山良渚文化墓地，造型独特，并附玉塞，是良渚文化独特漆器。从造型方面看，似葫芦；从胎骨方面看，利用葫芦为胎的可能性很大，后文详述。

新石器时代后期出现壶，见于仙坛庙M5，为朱绘黑皮陶（见图2-10-3），属崧泽文化晚期至良渚文化早期。

新石器时代后期出现盒，仅1件（龙潭港M12∶31），存100片玉嵌饰（见图1-24-1、2）。这种嵌玉漆盒显然是良渚文化高规格漆器。此外，陶寺2002ⅡM22似也出土漆盒，具体情况不明。

新石器时代后期出现觚（见图2-5），出土数量多，分布范围广，浙江、江苏和山西均有出土，属良渚文化和陶寺文化，A型粗体觚和B型细体觚并存，其中良渚文化A型粗体觚和B型细体觚均见有底部嵌入木塞以封底的现象，为良渚文化漆觚的特点。下家山遗址出土漆觚是良渚文化考古史上新确认的器类，虽然陶器中不见同类器，但漆觚的造型和制作技术已十分成熟。由于平民墓葬中也有此类器物随葬，它应该是当时较为常见的器类。[1]还有一类良渚文化漆觚，器身嵌玉石片，如好川墓地出土7件嵌石片漆器，因仅存嵌饰和漆痕，无法分型。其中好川M8∶2、M7∶9的一端均有较大的圆形石片，直径约2厘米，厚0.1—0.25厘米。有研究者认为这些圆形石片极可能是漆觚的底部。[2]可备一说。笔者认为，好川两件漆觚上的圆形石片与此前下家山良渚文化漆觚底部木塞（直径2.5、高1—3厘米）[3]，以及其后二里头文化漆觚底部圆陶片（直径以4厘米左右者居多，厚度多在1厘米以内）[4]相比，尺寸略小，较薄，不排除嵌在器身上的可能性。好川墓地这些墓葬的年代大体在良渚文化晚期，这类嵌玉石的

---

[1] 浙江省文物考古研究所：《卞家山》上册，第313—314页。
[2] 方向明：《好川和良渚文化的漆觚、棍状物及玉锥形器》，《华夏文明》2018年第3期。
[3] 赵晔：《良渚文化漆觚的发现和研究》，载中国考古学会《中国考古学会第十四次年会论文集》。
[4] 李萌、赵宾：《二里头文化圆陶片葬俗探析》，《洛阳考古》2018年第4期。

漆觚显然是良渚文化发展到一定阶段的产物，共出的玉石钺的漆木柄也嵌玉石片，二者构成良渚文化高规格的器物组合，应用于礼仪性活动中。陶寺文化漆觚无玉石嵌饰，也无木塞封底，显示出与良渚文化漆觚的不同特点。

新石器时代后期出现杯（见图2-6），出土数量较多，形制多样，分布范围广，浙江、江苏和山西均有出土。A型无耳杯见于王坟遗址和梅堰遗址，均为陶胎。其中年代较早的为王坟遗址出土者，属崧泽文化晚期至良渚文化时期。B型单耳杯仅见于反山良渚文化墓地，其胎骨雕琢成浅浮雕的图样，再髹漆、嵌玉，工艺极为复杂，是良渚文化的"高精尖"产品[1]。朱漆与白玉交相辉映，产生了一种前所未有的艺术效果。C型双耳杯仅见于陶寺墓地，与漆觚、斗共置于M2180头端木案上，应为饮器。此外，反山良渚文化墓地还出土了涂朱嵌玉镯形器底的漆杯（反山M22：42、43）。

新石器时代后期出现斗，为陶寺墓地出土，仅1件（M2180：23）。出土时，与觚、杯等一同置于墓葬头端的案上（见图2-12-3），可证明是舀酒器。

新石器时代后期出现盘（见图2-4），数量较多，类型丰富，以良渚文化遗存为代表，在浙江杭州的反山、瑶山、卞家山、庙前均有出土，也见于陶寺文化遗存。其中A型太阳盘仅见于反山和瑶山良渚文化墓地，这类嵌玉太阳盘是良渚文化的特色器物。B型圈足盘仅见于卞家山良渚文化遗址，其造型与该遗址出土的同类陶器非常接近。C型平底盘不仅见于庙前遗址，也见于陶寺墓地，是良渚文化和陶寺文化共有的漆器类型，为新石器时代漆盘的主流造型。此外，湖北沙洋县城河新石器时代遗址王家塝墓地M112随葬有暗红色板状器物，发掘者推测为漆盘，属屈家岭文化。

新石器时代后期出现高柄豆（见图2-3），仅见于陶寺墓地。其中A型柱状柄、单层台座，出土数量很少；B型束腰柱状柄、双层台座，出土数量多，还可分为两亚型，为高柄豆的主流造型。此类高柄豆造型奇特，发掘报

---

[1] 浙江省文物考古研究所：《反山》。

告认为，从形制、出土位置与组合情况推测，这是一种盛置肉食、菜肴的器具，其造型庄重，器表一般经过朱绘或有精美彩绘，器形很高但豆盘不大，同新沂花厅墓地出土的镂孔高柄浅盘豆性质类似，似乎其礼仪作用大于实用价值。

新石器时代后期出现盆（见图2-9），仅见于陶寺墓地，出土数量不多，均为折腹盆。其中A型大型盆的口径在60厘米左右，又可细分为Aa型平底内凹和Ab型圈足盆，盆中置木勺，可知其是一种盛置羹汤的器具。B型小型盆口径在30厘米左右。

新石器时代后期出现带座桶形器（见图2-11-4），仅见于陶寺墓地，出土数量很少，出土时有的桶上放木勺和骨匕，表明该类器也应为盛食器。

新石器时代后期出现仓形器（见图2-11-1—3），仅见于陶寺墓地，出土数量较多，在5座墓中发现13件，形制多样。A型四鬼的仅1件；B型三鬼的有6件，还可细分为两亚型，应为仓形器的主流造型。仓形器在墓葬中多成组出现，其上多置1件骨匕，发掘报告认为大约是某种食器模型。从器物大小来看，高度为17.5—40厘米，多高三四十厘米，器形不小，且与骨匕共出，笔者认为，其为实用器的可能性更大。

新石器时代后期出现案（见图2-13），仅见于陶寺墓地，出土数量较多，类型多样。其中A型无足案，比较原始，造型简单，只是一块长方形或圆角长方形的厚木板。B型有足案，足呈三边支架形。案面形状多样，可细分为三亚型。出土时，案上多放置觚，有的案（M2180∶27）上放置成组木斗、木杯和木觚（见图1-43-2）。从中可以看出，案上以陈设酒器为主。

新石器时代后期出现俎（见图2-14），仅见于陶寺墓地。其中A型无足俎，仅1件，比较原始，造型简单，只是一块略呈梯形的木板。B型四足俎，长方形板式台面，是俎的主流造型。出土时，俎上均放有石刀，一般为1件。有的俎上有猪的肩胛骨、头骨、肋骨、肢骨等，尤其M2168出土俎上的石刀立于猪肩胛骨上，M2172出土俎上的石刀斜插入猪肋骨。猪骨，入葬时应是带肉的，肉已朽。这种组合表明俎和石刀的用途。《史记·项羽本纪》载："如今人方为刀俎，我为鱼肉，何辞为！"由上可知，这种刀俎组合在新石器时代后期即已出现，并配之以猪肉。

总体上看，新石器时代前期，日常生活用器的食器组合为碗和勺，未见酒器。新石器时代后期，日常生活用器的食器组合碗、勺继续存在，豆、盘数量较多，类型丰富，占主流；出现刀俎组合，并配之以猪肉；酒器组合为觚、杯、斗及盛放它们的案。可见，新石器时代漆器日常用器的类型和组合日渐丰富，由以食器为主，发展到食器、酒器并重。

二　其他漆器类型与组合的演进

（一）兵器类型与组合的演进

新石器时代前期即出现漆弓（T0512⑨A：17），仅见于跨湖桥遗址，距今8000余年，属跨湖桥文化。此弓可与该遗址出土的石、骨、木质镞配合使用。从跨湖桥遗址出土的漆弓看，跨湖桥先民已知晓在漆中加入氧化铁来制作朱漆，在弓干的选材方面，也具有比较成熟的经验。这些认知和技术应是在长期实践中逐渐摸索出来的。

新石器时代后期，弓继续存在，均为陶寺墓地出土，箭的出土地点较多。其中1件漆弓（陶寺M2200：2），与成组带细木杆的箭共出；另有1件漆弓（陶寺2002ⅡM22：43）与2件木弓、1件红色箙及其内的7组骨镞共出。此外，阴湘城出土竹质箭杆，外表髹朱漆，属大溪文化。小青龙M7出土1件漆箙（M7：5），3件石镞插入箙内，属良渚文化。从陕西神木石峁遗址皇城台大台基[1]出土26号石雕（图3-1）可知，陕北黄土高原的石峁先民也使用弓箭，用于狩猎，狩猎对象之一是马。需要说明的是，弓在田野考古发掘中不易辨识，主要有两方面原因：一是保存状况不好，木质弓干多腐朽；二是出土时木质弓干呈直杆状，易被误认为杆或其他器物。其实际出土数量应更多，在田野考古工作中需格外关注此类遗物。

---

[1]　陕西省考古研究院、榆林市文物考古勘探工作队、神木市石峁遗址管理处：《陕西神木市石峁遗址皇城台大台基遗迹》，《考古》2020年第7期。

图 3-1　石峁遗址皇城台大台基出土 26 号石雕
上：正射影像　下：拓本

新石器时代后期，出现斧钺柄，数量很多，形制多样，多为长柄，也有短柄，构件和装饰有异。其中 A 型有帽和镦。帽和镦有玉制的，也有象牙制的。有的还在柄上嵌玉粒，或有小玉琮挂饰。均属长江下游良渚文化遗存。长江中游屈家岭文化也有此型钺柄，为阴湘城出土，惜帽和镦已不存。B 型无帽和镦，又可细分为两亚型。其中 Ba 型柄部嵌玉石，基本属良渚文化，个别属受良渚文化影响的大汶口文化（花厅 M50∶29），玉石片的加工技术从 Ba Ⅰ 式粒状平底，发展为 Ba Ⅱ 式片状曲底，以好川墓地出土者为代表，体现了钺柄在制作和装饰方面发展的最高水平。Bb 型柄部未嵌玉石，是钺柄中的普通类型，更具实用性，分布范围较广，见于长江下游的良渚文化（小青龙墓地）、长江中游的屈家岭文化（王家塝墓地）和黄河中游的陶寺文化（陶寺墓地）遗存。

兵器类型与组合方面，综合来看，弓箭最为重要，使用时间早，延续时间长，分布范围广。其中，陶寺 2002 Ⅱ M22 最具代表性，墓葬等级高，出土了一套完整兵器，包括 1 件漆弓、2 件木弓、1 件红色漆箙及其内的 7 组骨镞，还有 6 件附漆木柄的玉石钺。漆弓、箭、箙为抛射兵器组合，钺为短兵器。可见，至迟在新石器时代后期，陶寺先民已拥有抛射兵器和短兵器的组合，可用作兵器去战斗，也可用作工具去狩猎、劳作。有一部分制作精美、装饰华丽的玉石钺，即本书中的 A 型和 Ba 型，基本为良渚文化玉石钺，更具礼仪用器特点，是墓主身份地位的象征。

（二）乐器类型与组合的演进

新石器时代前期，漆器中未见乐器。新石器时代后期，出现鼍鼓，主要见于陶寺墓地。鼓皮已朽，经彩绘的木质鼓腔多呈上细下粗状，直径一般在 50 厘米左右，个别达 90 厘米，鼓高 110 厘米左右。此外，陕西神木石峁遗址出土鳄鱼骨板（后阳湾 2012F2∶1），山西芮城清凉寺墓地出土 15 件鳄鱼骨板，均应与鼍鼓有关。

根据笔者的研究可知，以鼍鼓特磬为主的礼仪乐器组合，在商至西周早期流行，其后逐渐退出历史舞台。[1]其中陶寺墓地出土的鼍鼓特磬等乐器组合，目前所知年代最早，证明中国古代礼乐制度在陶寺文化早期已初现端倪，[2]并对后世产生深远影响。

（三）服饰类型与组合的演进

新石器时代前期，漆器中未见服饰类型器物。新石器时代后期出现腕饰和头饰。

腕饰仅见于陶寺文化遗存，共 12 件，其中 10 件为嵌绿松石腕饰，表面均嵌一百数十枚绿松石片。Aa 型带边框的腕饰仅 1 件（陶寺 M2023∶4），在上下边缘各有长条形的牙片两列镶出边框，制作精制。Ab 型不带边框的腕饰出土数量较多，见于陶寺墓地，也见于下靳墓地，为主流腕饰。另有 2 件嵌蚌片的腕饰，发掘报告中无腕饰线图和单独的照片，仅有一张墓葬照片，可以看到墓主左右手腕处各套一件腕饰，蚌片应是嵌在黑漆木腕饰上的，这是目前考古发现最早的嵌蚌片漆器。此外，下靳 M76 出土 1 件黑色手镯，应为黑漆木胎腕饰。纵观先秦两汉嵌绿松石漆器可知，此类腕饰不见于他处，属陶寺文化独特器物。[3]

---

[1] 洪石：《鼍鼓逢逢：滕州前掌大墓地出土"嵌蚌漆牌饰"辨析》，《考古》2014 年第 10 期。
[2] 张蕾：《陶寺遗址鼓磬组合及相关问题研究》，《中原文物》2019 年第 3 期。
[3] 洪石：《先秦两汉嵌绿松石漆器研究》，《考古与文物》2019 年第 3 期。

就头饰来看，新石器时代后期出现了漆笄，有木胎和骨胎两种。阴湘城大溪文化壕沟淤积层出土的1件木笄，一端镂一圆孔，外表以朱漆为地，黑漆绘叶脉等形状的图案，属大溪文化第五期。其一端镂一圆孔，表明应附有坠饰。陶寺墓地出土较多骨笄，嵌绿松石饰，最少的10余片，最多的60余片。其中最精美、保存最好的头饰为M2023出土者，包括骨笄、半圆形穿孔玉片、弧形穿孔玉片、玉坠饰各一件，以及绿松石嵌饰60余片。纵观先秦两汉嵌绿松石漆器可知，此类头饰不见于他处，属陶寺文化独特器物。[1]

（四）交通工具类型与组合的演进

新石器时代前期，髹漆之舟已有发现，仅一见，是目前发现年代最早的漆器，为井头山遗址出土（T509⑱：1），存残件，其上有一销钉，局部残留黑漆（见图1-1-1）。新石器时代后期，未有相关发现。

（五）葬具类型与组合的演进

新石器时代前期，尚未出现漆棺等丧葬用器。新石器时代后期，出现漆棺，数量较多，出土范围较广，浙江的桐庐小青龙、上海的福泉山、山西的襄汾陶寺均有出土，考古学文化上属良渚文化和陶寺文化，地域上属长江下游和黄河中游。这些漆棺仅存痕迹，可以辨识出有独木棺和长方形棺，多髹朱漆，个别为黄漆，有的局部还有黑彩。此外，陶寺M2082长方形木棺内底板上残存成片的"红彩板"，与后世的等床性质近似。

---

[1] 洪石：《先秦两汉嵌绿松石漆器研究》，《考古与文物》2019年第3期。

第二节
夏代漆器类型与组合的演进

考古发掘出土的夏代漆器数量有限，但种类相对齐全，可以据此对其类型和组合的演进情况略做探讨。

一　日常生活用器类型与组合的演进

新石器时代后期即已出现的漆觚，是夏代日用漆器中最主要的器形。新石器时代，粗体漆觚和细体漆觚并存。至夏代，漆觚的尺寸不一，向多样形制发展。

新石器时代前期即已出现的漆碗，夏代继续存在，出土数量较多，是夏代日用漆器中比较重要的器形。新石器时代前期的碗为圈足碗，器形较小，口径10厘米左右；新石器时代后期，出现了平底碗，大者口径18厘米，小者口径12厘米；夏代，碗变得更大，口径约20厘米。

新石器时代前期即已出现的漆豆，夏代继续存在，出土数量虽不多，但从夏代之前漆豆和夏代陶豆出土均较多的情况看，它也应是夏代日用漆器中比较重要的器形。新石器时代前期即有陶胎漆豆，木胎漆豆或已出现；新石器时代后期，漆豆已发展出多种类型，出土地点和出土数量较多，多与共出的陶豆器形近似。夏代漆豆保存状况不好，形制不明，无法进行具体的比较分析。

新石器时代漆器中未见漆箄。夏代漆箄属考古新发现的器形，出土仅1件（大甸子M867∶3），似以竹篾编成，器口沿有一圈漆膜。

新石器时代后期出现漆盒，比较明确的仅1件（龙潭港M12∶31），存100片玉嵌饰。此外，陶寺2002ⅡM22似也出土漆盒。夏代漆盒的具体形制不明，暂不做比较和讨论。

新石器时代前期，河姆渡遗址出土短柄木勺，未经髹漆；新石器时代后期，漆勺的类型增多，不仅有短柄勺，还有长柄勺；夏代漆勺出土数量很少，仅存朱红色漆痕，属短柄勺。

新石器时代考古暂未发现漆匕。夏代漆匕属考古新发现的器形，出土数量很少，具体形制不明，暂不做讨论。

新石器时代考古暂未发现漆箸。夏代漆箸是考古新发现的器形，仅存朱红色漆痕。箸痕长16厘米。

新石器时代后期已出现漆案，出土数量较多，类型多样，主要分为无足案和有足案两大类，有足案还可细分为三亚型；夏代漆案继续存在，但出土数量很少，仅存朱红色漆痕。从形制上看，夏代漆案属方形无足案。新石器时代漆案上以陈设酒器为主，多放置觚，有的案上放置成组木斗、木杯和木觚（见图1-43-2）。夏代漆案为二里头2002ⅤM3出土，也以陈设酒器为主，其上放置酒器漆觚1件（根据漆案上出土1件圆陶片推断）、陶盉1件，还有漆箸1双，或还有别的漆器（已朽），共同组成一套饮食用具。该墓还出土漆勺，以及与漆觚配套使用的玉柄形器，漆器组合比较齐全，具有代表性。这种玉柄形器下接漆木棒为瓒的器形，在湖北随州叶家山西周早期曾国墓地也有发现，但材质不同，一为与漆觚配套使用的漆木质，一为与铜觚配套使用的铜质，与铜爵、尊、提梁卣等酒器集中放置在一长方形漆案之上（图3-2）。

在日常生活用器类型方面，与新石器时代漆器相比，夏代漆器类型较少，很多新石器时代较常见的器形如盘、杯、盆、俎等均未见；很多新石器时代不太常见的器形如囊形器、高柄豆、仓形器、蝶形器、罐、壶等也不见；互见的是觚、碗、豆、勺、案；盒虽然也互见，但器形不一致，暂存疑。夏代漆器新出现或者说考古新发现的器形是竿、箸、匕，目前在新石器时代考古中尚未发现。

综合来看，夏代日常生活用漆器基本延续新石器时代漆器类型和组合，在器形方面尚无较大的创新和发展，在组合方面也延续新石器时代漆案上置漆觚等酒器的组合传统。值得注意的是，与漆觚配套使用的玉柄形器，在新

图 3-2　叶家山 M28 出土酒器组合

石器时代也有功能相同的玉锥形器，以陶片封闭觚底也继承了新石器时代以木塞封闭觚底的做法。因此可以说，夏代日常生活用漆器基本延续了新石器时代的漆器传统。

二　其他漆器类型与组合的演进

夏代漆器中的乐器仅见鼓 1 件，为二里头 1981 Ⅴ M4 出土，呈束腰长筒状，髹朱红色漆。通长 54 厘米。该墓还出土 1 件铜铃。"在举行祭祀或其他礼仪活动时，往往使用乐器。目前发现的二里头文化乐器有陶鼓模型、漆鼓、陶铃、铜铃、陶埙和石磬等。"[1] 目前所知年代最早的新石器时代陶寺文化鼍鼓、特磬等乐器组合，证明中国古代礼乐制度在陶寺文化早期已初现端倪。二里头文化漆鼓和石磬等乐器的出土，表明夏代这一礼制得到延续。

新石器时代已出现的漆兵器，如漆弓和斧钺漆柄等，在目前考古发现的夏代遗存中暂未见报道。夏代应存在此类漆器及构件，需要在今后的田野考

---

[1] 中国社会科学院考古研究所编著《中国考古学·夏商卷》，第 130 页。

古发掘中加以重视和甄别。夏代的最重要漆兵器——朱干，不见于此前的新石器时代。发掘者许宏先生指出，偏早的绿松石龙形器与铜铃、偏晚的铜牌饰与铜铃的组合关系相对固定，[1]可见龙形绿松石嵌饰与嵌绿松石铜牌存在早晚发展关系。大约在二里头文化二期时，朱干上直接嵌龙形绿松石饰；二里头文化三、四期时，朱干上以嵌绿松石铜牌为钖。这是朱干在构造和装饰方面的演化，同时也是青铜铸造业兴起的必然结果。此种盾上设钖的造型设计和制作技术也为后世继承并发展。

服饰类漆器目前能够确认的只有一类，即二里头 2002 V M3 出土的 3 件髹朱漆的白陶斗笠形器。笔者认为它们是头饰——漆木（骨）笄的帽，以绿松石珠为顶饰加以连接和固定。新石器时代后期漆器中出现腕饰和头饰，多嵌绿松石饰，以陶寺文化遗存为代表，头饰漆笄有木胎也有骨胎，骨笄嵌绿松石饰。可见，夏代漆笄在木胎和以绿松石为饰等方面延续了新石器时代传统用材，而在笄帽的选材及加工方面独创了白陶斗笠形。

葬具方面，新石器时代后期，已出现漆棺，数量较多，可以辨识出有独木棺和长方形棺，而陶寺 M2082 长方形木棺内底板上残存成片的"红彩板"，与后世的笭床性质近似。至夏代，漆棺更常见。二里头文化大型墓葬和中型墓葬，应该是有棺椁的，而且极可能有双重或多重葬具。一些中型墓葬中可以见到木棺朽后的灰白色板灰痕迹。此外需要注意的是，还有 1 例狗的葬具——匣，体现了狗在时人生活中的重要作用和墓主对其的礼遇。

---

[1] 许宏：《二里头 M3 及随葬绿松石龙形器的考古背景分析》，载北京大学中国考古学研究中心等《古代文明》第 10 卷。

第四章

[FOUR]

早期漆器的生产工艺

根据考古发掘出土的漆器，可大致探究中华早期漆器的生产工艺。从时间上，可分为两大阶段，即新石器时代和夏代，其中新石器时代又可细分为前、后两期。

第一节
新石器时代漆器的生产工艺

新石器时代漆器的生产工艺可分为胎骨与制法、髹漆与纹饰、玉石蚌构件与饰件几方面，下面分述之。

一 胎骨与制法

新石器时代漆器胎骨有木胎、陶胎、竹胎、骨胎，或有皮革胎、葫芦胎，以木胎为主，其次为陶胎。

（一）木胎

1. 新石器时代前期

从选材方面看，此时人们已经能够选择合适的木材来制作漆器。具有代表性的，也是对材质要求比较高的，是漆弓。跨湖桥遗址出土漆弓（T0512⑨A：17），充分显示出时人在选材方面的水平。该弓为桑木材，髹朱漆，两端虽残，但弓柎保存完整。《周礼·冬官考工记·弓人》载："弓人为弓，取六材必以其时。六材既聚，巧者和之。干也者，以为远也；角也者，以为疾也；筋也者，以为深也；胶也者，以为和也；丝也者，以为固也；漆也者，以为受霜露也。凡取干之道七：柘为上，檍次之，檿桑次之，橘次之，木瓜次之，荆次之，竹为下。"文献中说得很清楚，制作漆弓要取六材——干、角、筋、胶、丝、漆，可用作弓干的有七种木材，檿桑位列第三，而髹漆的目的是使弓能经受得住霜露侵蚀。《国语·郑语》中也记载桑木弓，有周宣王时童谣曰："檿弧箕服，实亡周国。"跨湖桥遗址出土的木弓，与文献记载相合，充分说明跨湖桥先民在制弓方面从选材、制漆到髹漆，都颇具经验。

新石器时代前期，漆器木胎厚重，基本用整段木材加工而成，制作工艺是挖制和斫制相结合，以河姆渡文化遗存最具代表性。如河姆渡遗址出土的朱漆碗，木胎较厚，器表的瓜棱形和圈足是以斫制为主，其内则采用挖制而成。该遗址出土的缠藤篾朱漆木筒，即本书中的 A 型筒，是将整段圆木挖制成长达 32.6 厘米木筒，器壁厚薄均匀，内外壁错磨光洁，足见木胎制作水平之高。

值得注意的是漆筒的封闭方法。田螺山遗址出土的 A 型漆筒（T203 ⑦：9），也是用整木掏挖而成，筒内还有一片木塞封底（见图 1-3-2）。此外，河姆渡遗址出土的 6 件木筒，有的内壁凿一周浅槽，塞以圆木饼来封底（见图 1-2-7）。在该遗址还发现木饼 7 件，直径 6—7 厘米，都应是塞在木筒内封底用的。相似的木筒，鲻山遗址出土 2 件，均由挖空的两半木头黏合而成，其中 T3 ⑨：6，内壁有固定木塞的凸脊和浅槽，内有圆饼形木塞（见图 1-2-9）。T10 ⑨：21，一端有固定木塞的凸脊（见图 1-2-8）。由此可知，A 型漆筒和同形制的木筒封底方式一致，均用圆饼形木塞封底。有的木筒并不是由整段木材加工而成，而是由两半木头黏合而成的，体现了它们在木胎制作方面的差异。而其黏合剂为何物，是否为漆，也有待进一步研究。河姆渡文化这种以圆饼形木塞封底的做法为良渚文化所继承，运用到漆觚上。从这种制法并结合器形看，此类漆筒与漆觚关系密切，或是其前身。

新石器时代前期漆器虽未见榫卯结构，但河姆渡遗址出土的大批木器，多采用分别制作构件再以榫卯方式结合的制作方法，反映了当时人们已熟练掌握榫卯技术，木器制作已达到一定水平。

此时漆器上已使用销钉。井头山遗址出土的疑似木舟（T509 ⑱：1）残片，主体木块有宽凹槽，其上有一销钉与户型小木块，销钉与孔的缝隙间填胶状物，加工较精细。

2. 新石器时代后期

漆器木胎的制作技艺有了很大发展。卞家山遗址出土漆器木胎保存较好，器类较多，从中可以清楚地看到漆器木胎的制作工艺。与新石器时代前期一样，绝大部分漆木器都以整块木材削凿而成。有些木器的表面能看到石锛加工的痕迹。漆觚的器身也是整木成形，但底部有一个掏腔用的圆孔，器身内壁修整光洁后再用一个木塞将圆孔堵住，最终使它成为容器。这种封闭方式与新石器时代前期漆筒的封闭方式一致，体现了木胎制作工艺的传承。漆器木胎的制作水平要求较高，表面需要打磨光滑，然后才能髹漆。卞家山遗址出土漆觚是良渚文化考古史上新确认的器类，虽然陶器中不见同类器，但漆觚的造型和制作技术已十分成熟。由于平民墓葬中也有此类器物随葬，它应该是当时较为常见的器类。[1]漆豆和漆盘的造型与同类陶器非常接近。筒形器的腹部微鼓，唇尖底厚，木胎制作得轻巧而规整，实属不易。这些都反映了良渚文化时期漆木器制作技术已达到较高水平。

漆器木胎上见有榫卯工艺，但限于结构较复杂的器物，以陶寺墓地出土漆器最具代表性，案、俎、豆、杯等器形均见榫卯结构。其中的B型俎，长方形板式台面，下设四条竖立的长方体木足，台板与足采用榫接，闭合透榫，足上端作单肩榫、双肩榫或四肩榫三种形式（见图2-14-2、3）。A型豆，豆盘系用四块木板拼成，拼缝明显，盘与柄以闭口透榫结合（见图2-2-4）。C型杯的双耳与器身的结合方式，经解剖可知，为先在杯壁钻或挖凿出对称的透孔，孔径内壁大于外壁，然后将方锥形木耳细而薄的一端自内向外穿出，令粗厚的一端卡在孔部，并在耳与孔壁之间用黑色胶状物（生漆）粘接、固定（见图2-6-4）。Ba型案M2103∶1，三边弧形支架及直边下的支柱可能是另外做成后安装在案板下面，并非由一块木料斫成，但支架、支柱同案板的榫接结构不详（见图2-13-2）。

关于这一时期漆器木胎的制作工具，在同遗址同时期一些木器上发现的痕迹可提供线索。如浙江庙前良渚文化遗址G3第1层出土了1件木料（G3①∶500），其上带有石锛加工痕迹（图4-1-1）；J1木构的细部也有石锛加工痕迹（图4-1-2），而石锛是该遗址出土遗物中比较常见的工具。可见，当时砍斫加工木器所用的工具之一是石锛，此外应该还有其他一些配套的加工工具，如凿、刀及打磨工具等，仅靠石锛是无法完成木胎的全部加工工作的。

---

[1] 浙江省文物考古研究所：《卞家山》上册，第313—314页。

图 4-1　带石锛加工痕迹的木料
1. 木料（庙前 G3①: 500）　2. 庙前 J1 木构细部

（二）陶胎

新石器时代前期，出现陶胎漆器，但数量较少，且为陶片，如河姆渡遗址出土漆绘陶片 T17④: 9 等（见图 1-2-10），田螺山遗址出土漆绘陶片 T203③: 13（见图 1-3-7），均属河姆渡文化。

新石器时代后期，陶胎漆器继续存在，完整器较多，出土地点较多，浙江、江苏和湖北均有出土，分属崧泽文化、良渚文化和大溪文化。器形多样，有杯、豆、壶、罐、簋。王坟遗址、梅堰遗址、吴江团结村各出土 1 件杯（见图 1-4-3，图 1-33-3），仙坛庙遗址出土豆和壶各 1 件（见图 1-4-1、2），梅堰遗址出土 1 件罐（见图 1-33-1、2），阴湘城大溪文化壕沟淤积层中出土 1 件黑陶小簋的口沿残片。

（三）竹胎

考古发掘资料中，尚未见新石器时代前期的竹胎漆器。新石器时代后期，竹胎漆器已出现，但数量极少，仅有江陵阴湘城大溪文化壕沟淤积层中出土的箭杆。

（四）皮革胎

新石器时代前期，未见皮革胎漆器。新石器时代后期，或有皮革胎漆器，为小青龙遗址出土带形漆器 M14：14，边缘有两条平行的细浅槽，槽内有连续均匀分布的针孔，推断其为皮革缝制而成（见图 1-21-5）。

（五）葫芦胎

考古发掘资料中，尚未见新石器时代前期的葫芦胎漆器。

新石器时代后期，似存在葫芦胎漆器。反山墓地出土 2 件加玉塞的囊形器 M22：41、M23：202（见图 2-7-1、2）。这类囊形器似为葫芦髹漆，再配一玉塞，成为一精美容器。瓠瓜的驯化历史可能和狗的驯养历史相近，是最早被驯化的植物之一，大约已有 1 万年以上的历史。我国各地新石器时代遗址中，有多处被报道出土了瓠瓜种子。早期主要是利用其成熟果实来制作器物，如盛水器、浮水具、种子储藏器等，但也不能排除以其幼嫩果实作为食物的可能性。河姆渡遗址第 4 层出土果籽中有小葫芦，是与瓠皮一起出土的。小葫芦可作菜用，瓠壳又是盛水工具。[1] 卞家山遗址灰沟 G2 内出土瓠瓜及其种子 31 颗（图 4-2-1），属于葫芦科葫芦属的瓠瓜。从瓠瓜皮的厚度来看，应属于栽培瓠瓜。[2] 蒋庄遗址[3] 良渚文化灰坑中也出土了葫芦（图 4-2-2）。考古工作者曾发现汉代葫芦胎漆器，为甘肃武威市景寨东汉墓出土，以天然葫芦为胎，通体髹深棕色漆，表面以朱、白漆绘弦纹和竖线水波纹等纹样。通高 8、腹径 6 厘米（图 4-2-3）。[4]

（六）骨胎

1. 动物骨骼

考古发掘资料中，尚未见新石器时代前期的骨胎漆器。

新石器时代后期，存在骨胎漆器，但种类极少，仅有竽。陶寺 M2010、M2001、M2028、M3018、M2023、M2003、M2011、M2024、M2081、

---

[1] 浙江省博物馆自然组：《河姆渡遗址动植物遗存的鉴定研究》，《考古学报》1978 年第 1 期。
[2] 浙江省文物考古研究所：《卞家山》上册，第 421、423 页。
[3] 南京博物院：《江苏兴化、东台市蒋庄遗址良渚文化遗存》，《考古》2016 年第 7 期。
[4] 陈振裕、蒋迎春、胡德生主编《中国美术全集·漆器家具》，时代出版传媒股份有限公司、黄山书社 2010 年版，第 205 页。书中为"景寨"，疑误。笔者查阅资料，知武威市有王景寨汉墓群。

图4-2 新石器时代遗址出土葫芦和东汉墓出土葫芦胎漆器
1. 卞家山G2出土葫芦　2. 蒋庄遗址良渚文化灰坑出土葫芦　3. 东汉墓出土葫芦胎漆器

M2255出土骨笄，上部表面有黑色胶状物。笄与环交接部位用黑色胶状物胶着固定，绿松石片底部也有黑色胶状物。发掘报告推断黑色胶状物是漆或某种树脂。

2. 人头盖骨

文献记载中还有一种胎骨比较特别的漆器，即以人头盖骨为容器。《战国策·赵策一》载："及三晋分知氏，赵襄子最怨知伯，而将其头以为饮器。"《韩非子·喻老》载："智伯兼范、中行而攻赵不已，韩、魏反之，军败晋阳，身死高梁之东，遂卒被分，漆其首以为溲器。"《史记·刺客列传》载："赵襄子与韩、魏合谋灭智伯，灭智伯之后而三分其地。赵襄子最怨智伯，漆其头以为饮器。"《淮南子·道应训》载："知伯围襄子于晋阳，襄子疏队而击之，大败知伯，破其首以为饮器。"饮器一般指饮酒的器具；溲器，即便器。智伯的头骨究竟是被制成饮器还是溲器，文献记载颇有不同。后世文献中也见有以人头骨为便器的记载。《晋书·徐嵩传》记，姚方成捉住徐嵩后，因怒其不服，遂"三斩嵩，漆其首为便器"。《魏书·司马睿传》记载，骠骑长史王平之死未葬，孙恩剖其棺，焚其尸，"以其头为秽器"。笔者认为智伯的头骨被制为便器的可能性更大，以示辱之。

考古发掘资料中也有一些人头盖骨容器。江苏吴江梅堰遗址[1]出土人头

---

[1] 江苏省文物工作队：《江苏吴江梅堰新石器时代遗址》，《考古》1963年第6期。

盖骨锯光四边似皿状容器，四边钻有四小孔（单面钻），以作系绳之用。直径12.4厘米（图4-3-1）。发掘简报说共出土大小两件，但没有介绍另外一件。从发掘简报上下文推断，头盖骨容器可能出自探坑T8下层，为早于良渚文化的青莲岗文化遗存。

浙江下家山良渚文化遗址[1]出土了用成年人头盖骨制作的容器（G1②：223），口部两侧各有一对穿孔，但没有髹漆（图4-4）。G1的使用时间应该在公元前2900—前2500年。上海福泉山遗址吴家场墓地[2]良渚文化晚期墓葬出土人头盖骨容器1件（M207：89），由成年男性头盖骨制成。长轴方向两端口沿下方各有三个并列小孔，为实心单面钻成，可能为穿绳提梁用。器物内、外均研磨并涂敷有朱砂及部分黑色颜料。长径16.5、短径13.8、高6.2

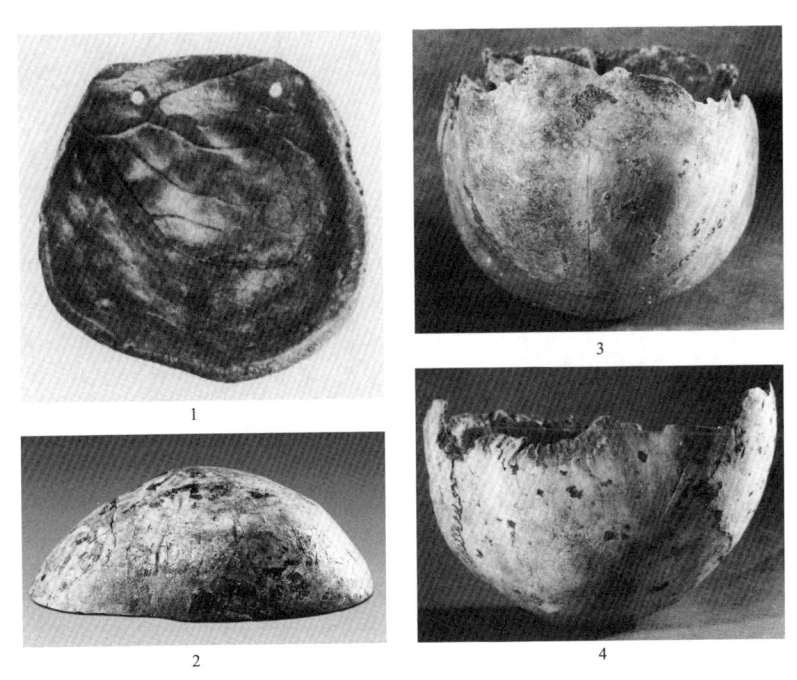

图4-3 人头盖骨容器
1.梅堰遗址出土 2.吴家场M207：89 3、4.涧沟T39⑥B：2、H13：7

[1] 浙江省文物考古研究所：《下家山》上册，第312页。
[2] 上海博物馆：《上海福泉山遗址吴家场墓地2010年发掘简报》，《考古》2015年第10期。

厘米（图4-3-2）。

　　河北邯郸涧沟遗址龙山文化灰坑中也出土人头盖骨容器。[1]严文明先生在《涧沟的头盖杯和剥头皮风俗》一文中，详细介绍了1957年在涧沟龙山文化灰坑中发现的6例留有斧子砍砸和刀子割切痕迹的头盖骨（图4-3-3、4），并将它们与古代历史上流行的头盖杯和剥头皮风俗联系起来。[2]

图4-4　人头盖骨容器（卞家山 G1 ②: 223）

---

[1] 北京大学、河北省文化局邯郸考古发掘队:《1957年邯郸发掘简报》,《考古》1959年第10期。
[2] 严文明:《涧沟的头盖杯和剥头皮风俗》,《考古与文物》1982年第2期。

在郑州商城遗址一条商代壕沟内发掘出土人头骨近百个，不少头骨上遗留有明显的锯痕，一般是从眉部和耳部上端横截锯开。这些人头骨主要是人的头盖骨，兼有少量的头骨下部，而没有一个完整的人头骨。发掘简报认为："在商代奴隶制社会中，只有奴隶们死后才会有这样的遭遇。这些带有锯痕的人头骨，无疑是被杀害的奴隶，看来很可能是商代奴隶主阶级，用被杀害了的奴隶头骨锯开制作器具使用的遗迹的残留。"[1]笔者认同用头骨制作器具使用的这一推论，但对于头骨来源，一种可能是奴隶，还有一种可能性更大，即战俘。此外，商城以北一处制骨作坊的一个窖穴中出土骨镞、骨笄及其半成品和骨料等，总数有1000多件，大多用人的肢骨或肋骨制成。[2]可见，除了头骨外，也存在用人的其他骨骼制成器物的现象。

以头盖骨为容器是中国古代的一种风俗，应为本土传统。严文明先生即指出："涧沟所在的位置属于历史上中原地区的范围，历来是华夏民族的重要历史舞台，由于这批头盖杯的发现，可知古代的华夏民族也有此种风俗习惯。不但如此，在龙山时代后的商周时代，仍然不时有做头盖杯的事例，因而对于华夏民族来说，涧沟的发现并不是一个孤立的事件，而是一种风俗传统的开始。"[3]陈星灿先生也指出："欧亚大陆历史上流行头盖杯和剥头皮风俗的主要是北方草原的游牧民族。涧沟的材料问世之后，头盖杯的遗迹在郑州商城东北部商代壕沟中有更集中、更大量的发现，说明此风也在古代华夏文化区的腹地有悠久的传统。事实上，一直到战国甚至更晚的历史时期，将敌人首级砍下作为饮器或溺器的故事不绝于书，其实质则一，似乎也不是北方草原游牧民族风俗的影响所致。"[4]

涧沟头盖骨所属的时期大体相当于龙山文化的较早时期，距今约有4300年。从上述江苏梅堰遗址出土的头盖骨容器看，这种风俗传统早在青莲岗文化时期即已存在，在稍后的浙江卞家山良渚文化遗址和上海福泉山吴家场良

---

[1] 河南省博物馆：《郑州商城遗址内发现商代夯土台基和奴隶头骨》，《文物》1974年第9期。
[2] 河南省文化局文物工作队第一队：《郑州商代遗址的发掘》，《考古学报》1957年第1期。
[3] 严文明：《涧沟的头盖杯和剥头皮风俗》，《考古与文物》1982年第2期。
[4] 陈星灿：《中国古代的剥头皮风俗及其他》，《文物》2000年第1期。

渚文化墓葬中也有体现。这些头盖骨上都有钻孔，特别是吴家场墓地出土者，内外均研磨并涂敷有朱砂及部分黑色颜料，说明非常有可能对其进行了髹丹装饰。如此，则与文献记载中的漆头风俗相合。

二 髹漆与纹饰

（一）漆灰

漆灰指灰和漆的调和物，一般涂在漆器素胎上，起到平整表面、加固等作用。漆灰与我们现在建筑用的腻子功能相同。据《髹饰录》记载，漆灰有很多种，"土厚，即灰。有角、骨、蛤、石、砖及坏屑、磁屑、炭末之等"。[1]

新石器时代前期，制作漆器时是否在木胎表面先涂漆灰再髹漆，已发表的发掘资料中尚无相关说明及分析检测报告，但在陶胎漆器上已使用了漆灰。如河姆渡遗址出土三片彩陶，胎质为夹炭黑陶，胎壁外拍印绳纹，其外有一层较厚的灰白色土，土质较细腻。器表打磨光滑，绘有咖啡色及黑褐色变体的动植物花纹，色彩浓厚，有光泽[2]（见图 1-2-10）。灰白色土即为漆灰。

新石器时代后期，有考古证据表明，漆器木胎制作过程中已使用了漆灰。虽然没有相关分析检测报告，但有田野考古工作的相关材料。据考古发掘报告可知，陶寺墓地出土的很多漆器木胎上都有使用漆灰的迹象。如前文所述，Ba 型案陶寺 M2103∶1，出土时，经局部剔剥，知案面素胎上先涂一薄层白色细腻乳状物，其上施黑色胶状物一层，再上施绿彩一层，复以红彩沿两端及亚腰一侧绘出边框，其内以红彩绘成似对称的圆点勾连纹、弯月形纹、扇形纹一类，红、绿相映构成图案（见图 1-42-2）。大型豆陶寺 M2103∶3，经解剖，知其施彩方法是先在打磨平整的素木胎面上抹一层白

---

[1] 王世襄：《髹饰录解说》，第 44 页。
[2] 后来发表的资料介绍其为漆绘陶片。参见李安军主编《田螺山遗址——河姆渡文化新视窗》，第 16 页。

色乳状物，再加一层黑色胶状物，其上遍施朱红彩为地，继而绘绿色纹样，红、绿相映组成图案。Cb 型豆陶寺 M3073：5，盘内、外壁涂红彩。从盘底断茬观察，此器先抹有一层白色物质，再涂红彩（见图 1-49-3）。这种在打磨好的素木胎上涂的白色乳状物就是漆灰。这是漆器制作工艺的重要一环，显示了陶寺先民漆器制作经验之丰富，制作水平之高超。

值得注意的是，有的漆器木胎没有涂漆灰的迹象。如陶寺 M3015 出土高柄豆，据局部解剖可知，在木胎上先涂一层黑色胶状物，其上遍施赭红彩，再以黄、白两色绘出图案，现仅存斑驳痕迹（见图 1-52-3）。由此可知，新石器时代后期，一些漆器木胎已涂有漆灰，为进一步髹漆、彩绘打好基础，反映出漆器制作工艺日渐精进。但同时也存在不涂漆灰、直接髹漆的木胎漆器，反映出工艺流程方面的差异，或与器物的功能有关，不强调实用性。发掘报告认为，陶寺 M3015 出土的高柄豆，从形制、出土位置与组合情况推测，是一种盛置肉食、菜肴的器具，其造型庄重，器表一般经过朱绘或有精美彩绘，器形很高但豆盘不大，似乎其礼仪作用大于实用价值。

（二）彩绘颜料

经检测分析，新石器时代漆器彩绘颜料均来自矿物。新石器时代前期漆器上的彩绘颜料，经过鉴定的包括跨湖桥遗址出土的弓和河姆渡遗址出土的碗。跨湖桥遗址出土的漆弓，通过实验室分析，可分为暗红色变质的漆表膜、漆层、单色漆下层、木胎四部分。红外线光谱分析表明，其主要吸收峰与现代生漆完全一致。红色颜料的荧光 X 射线定性分析为氧化铁。河姆渡遗址出土的碗，器壁外髹一层薄薄的朱红色涂料，微显光泽。经鉴定，其光谱图与湖南长沙马王堆汉墓出土漆皮的裂介光谱图相似，确定为漆。经检测，红彩成分为朱砂。可见，新石器时代前期，漆器红色颜料有氧化铁和朱砂两种。

新石器时代后期陶寺墓地出土漆器上的颜料也经过分析检测。经选取木器上的红、黄、绿、白四种颜色计 23 件样品进行发射光谱定性分析[1]可

---

[1] 中国社会科学院考古研究所实验室：《陶寺遗址陶器和木器上彩绘颜料鉴定》，《考古》1994 年第 9 期。

知，木器上的红颜料有两种：一种为朱砂，多数木器上的红彩均属此；另一种含铁，主矿物为黄磷铁矿。黄磷铁矿有的显红色，有的显黄色，其原因是黄磷铁矿中主要元素或微量元素含量不同，导致颜色的变化。木器上的绿色颜料主矿物为孔雀石，白色颜料主矿物为方解石，少量赭色颜料则可能是赤铁矿粉末所制。其中绿色颜料在中国古代漆器用色中较为罕见。陶寺遗址东去数公里的崇山（今称塔儿山）蕴藏较丰富的铁矿（以磁铁矿为主），主峰一带表层并有孔雀石，其西南支脉分布有零散的赤铁矿。据此推断陶寺遗址出土的陶器和木器上所用的矿物颜料有一部分应是就地取材。

新石器时代绿彩漆器均见于陶寺墓地，包括3件案和1件弓。案（M2168∶1），案面及支架外侧遍涂红彩，案面上可见零星绿彩斑点（见图1-42-1）。案（M2115∶4），案面上残留斑驳的红、绿彩，并见到黑色斑点（见图1-42-7）。案（M2103∶1），案板及支架外侧色彩鲜艳，大部分为绿色，少数地方呈红色，经局部剔剥，知案面素胎上先涂一薄层白色细腻乳状物，其上施黑色胶状物一层，再上施绿彩一层，复以红彩沿两端及亚腰一侧绘出边框，其内以红彩绘成图案（见图1-42-2）。弓（2002ⅡM22∶43），表面漆有黑绿相间色段，加以粉红色带分隔（见图1-60-2）。陶寺墓地出土陶器上有绿彩，经鉴定，颜料为孔雀石。其他陶寺文化遗址出土陶器上也有绿彩。如山西芮城清凉寺墓地[1]M146出土3件陶瓶，泥质红陶，器表经抛光并着黑色陶衣，陶衣外绘有红、绿、白彩，口外为一圈红色，其下依次为白色、绿色和红色，其中白色与绿色之间有间断红线隔开，腹部饰红色三角、圆点和绿色圆点、白色弧形。

值得注意的是，绿色并不属于中国传统色彩体系中的五色。《周礼·冬官考工记·画缋》载："画缋之事。杂五色。东方谓之青，南方谓之赤，西方谓之白，北方谓之黑，天谓之玄，地谓之黄。青与白相次也，赤与黑相次

---

[1] 山西省考古研究所、山西运城市文物局、芮城县文物旅游局：《山西芮城清凉寺史前墓地》，《考古学报》2011年第4期；山西省考古研究所、运城市文物工作站、芮城县旅游文物局：《清凉寺史前墓地》。

也，玄与黄相次也。青与赤谓之文，赤与白谓之章，白与黑谓之黼，黑与青谓之黻，五采备谓之绣。土以黄，其象方，天时变，火以圆，山以章，水以龙、鸟、兽、蛇。杂四时五色之位以章之，谓之巧。凡画缋之事，后素功。"可见，五彩或五色包括青、赤、白、黑、黄。古人对于五色的认识和使用已形成独具特色的中国传统色彩体系和理论。"在中国的传统文化中，颜色不仅作为一种自然色彩用于各种器物和艺术品的装饰，而且更重要的是，古人将其与空间、时间、星象、五行、阴阳等观念相互配伍，形成了一种独具特色的方色理论。具体地说，古人不仅以青、赤、白、黑、黄五种颜色分别表现东、南、西、北、中五个方位，而且可以通过空间与时间、天文、哲学等不同观念的联系，完成以颜色表现相关事物与观念的传统。这种方色理论通过颜色与时空体系所建立的固有联系而形成，成为中国传统文化中极富特色的内容……中国方色理论的出现年代至少是在公元前第三千纪中叶的新石器时代，由于这一时期人们对于方色的理解已远远超越了颜色本身，而已与天文观与哲学观建立起了有机的联系，这意味着真正朴素的对于方色的原始认知，其观念的形成一定比这个时代更早。"[1]可见，绿彩的使用，表现出陶寺文化漆器在用色方面的丰富多彩，而且与红彩搭配，红绿相映，独具特色。这种红绿配色在陶寺文化陶器上也有使用，表现出当时人们的色彩观。

矿物颜料需要经过研磨才能使用。这一时期的研磨器，也有相关遗物出土。如在出土陶胎漆器的王坟遗址[2]，就出土数件研磨器，分夹砂红陶与灰陶两种。修复完整器1件（TⅡ-402⑦：01），胎壁较厚重，近圆形敛口，一端带向外突出微上翘的流，弧肩，斜弧腹，圜底，上部有数周弦纹，下部为篮纹。内壁底有两条直线深凹槽把内部平分成四部分，以直线深凹槽的交叉点为中心，内部满刻自上而下的直线深凹槽。最大口径29.8、最小口径27.6厘米（图4-5）。

---

[1] 冯时：《自然之色与哲学之色——中国传统方色理论起源研究》，《考古学报》2016年第4期。
[2] 浙江省文物考古研究所、海盐县博物馆：《海盐王坟遗址发掘简报》，载嘉兴市文化局《崧泽·良渚文化在嘉兴》。

图 4-5　研磨器（王坟 TⅡ-402 ⑦：01）

（三）油画工艺

新石器时代前期，漆器上的颜色只有黑（包括黑褐）、红两色，未见白色等浅色。

新石器时代后期，漆器用色丰富，使用白色等浅色颜料。前文已述，部分白色颜料经检测，主矿物为方解石，但仅见于陶寺墓地出土漆器。其他地点出土漆器绝大多数髹朱漆，少量髹黑漆。漆器上浅色花纹的描绘须用油画工艺。油画是用朱砂或石绿等颜料调油，可能是桐油[1]，绘画于已经髹漆的器物上。《髹饰录》杨明注："然黑唯宜漆色，而白唯非油则无应矣……如天蓝、雪白、桃红则漆所不相应也。"[2] 漆器上出现白色等浅色，表明已使用了油画工艺。如陶寺 M2001 出土几何勾连纹案，案面及支架外侧遍涂赭红色，沿案面四周内、外涂两重白色条带构成边框，边框内绘白色几何勾连纹（见图 1-43-1）。M3015 出土彩绘盆，通体器表施红彩，沿面上隐约可见白色图案残迹（见图 1-55-3、5）。M2001 出土彩绘高柄豆，通体器表涂赭红色，其上隐约可见斑驳不清的白色图案

---

[1]（明）黄成《髹饰录》记载："油饰，即桐油调色也。"见王世襄《髹饰录解说》，第 76 页。
[2] 王世襄：《髹饰录解说》，第 76、93 页。

（见图1-52-1、2）。

关于"油画"，中国古代文献中即有相关记载。《后汉书·舆服志上》载："大贵人、贵人、公主、王妃、封君油画辎车。"其中的"油画"应与此处所论油画的内涵大致相同。根据笔者对马王堆汉墓出土油画漆器的研究[1]，汉代的油画漆器数量比较多，其中以马王堆汉墓出土者为典型代表，器类主要有梳妆用具、家具和葬具，胎骨有纻胎和木胎两种，纹饰主要为云气纹，基本施于器物外表，色彩丰富，多为黑地，以红、绿、灰、褐、白、黄等色彩绘，纹饰风格粗犷豪放，其使用者身份地位很高。油画漆器中包含部分五彩画漆器，器类主要有奁、笥和屏风等。从目前的考古发现看，漆器油画工艺的起源可追溯至新石器时代后期的陶寺文化时期，其后有所发展，大约至隋唐时期衰落。

（四）纹饰

新石器时代前期，漆器上一般髹单色漆，以红色和黑色为主，个别漆器上同时见红、黑两色，分段髹饰。如圩墩遗址出土喇叭形器座，器表上部髹黑漆，下部髹暗红色漆（见图1-32-1）[2]。这一时期，木胎漆器上基本无纹饰，仅见一例刻纹，即田螺山遗址出土漆筒T203⑦:9，器身表面分三段，两端细刻多圈平行线纹，整体髹光亮黑漆。陶胎漆器上有纹饰，如河姆渡遗址出土陶片上有咖啡色及黑褐色变体的动植物花纹，色彩浓厚，有光泽（见图1-2-10）。田螺山遗址出土陶片上满饰红色线条组成的几何图案。可见，这一时期漆器上的纹饰简单，颜色单调，未见髹地漆迹象，而是用色漆直接绘制花纹。种种迹象表明，这一时期漆器制作水平尚处于起步阶段。

新石器时代后期，漆器表面多髹朱漆，从保存较好的漆器看，有的器内髹黑漆，如下家山遗址出土的漆觚，内髹黑漆，外髹朱漆。还有内、外均

---

[1] 洪石：《马王堆汉墓出土油画漆器研究》，《江汉考古》2017年第1期。
[2] 我们现在从照片上看到的均为黑色。需要说明的是，根据发掘简报介绍及相关线图，似应有另一件喇叭形器，器表上端涂成黑色，下端涂成暗红色，残高18厘米。无论如何，该遗址出土有喇叭形器，髹黑色和暗红色漆，是明确的。

髹朱漆的，如陶寺墓地出土的觚。这与战国秦汉时期内红外黑的髹饰风格正好相反。需要说明的是，发掘报告介绍，下家山遗址出土漆觚 G2 ② B：70，内壁粗糙呈黑色，是涂抹黑漆还是自然炭化所致尚无法确定。笔者仔细观察发掘报告中发表的彩照（见图1-13-1—4），判断其应是涂了黑漆，如果是炭化的话，不应仅是内壁变黑，而其他部位不发生变化，而且从木塞看，其贴着内壁的一面呈黑色，应是沾染了内壁颜料，说明内壁是先髹黑漆，然后再加木塞。从彩照观察，下家山遗址出土漆觚 G1 ②：124 内壁也髹黑漆（见图1-12-1、2）。从下家山遗址出土漆觚底部和木塞结合情况看，有的底部未髹漆，如 G1 ②：207，底部内凹，未髹漆（见图1-12-10）；有的底部连同木塞一起髹朱漆，如 G1 ②：131，底部内凹，嵌入木塞后髹朱漆（见图1-12-8）；有的底部髹朱漆，木塞髹黑漆，如 G1 ②：248，底部髹朱漆，嵌入木塞后，木塞露出部分髹黑漆（见图1-12-6）。可见当时漆觚的制作标准并不统一，或者由于是手工制品，彼此之间自然存在一定的差异。

这一时期一些漆器上已髹地漆，其上再髹漆或绘纹。如漆觚（下家山 G1 ②：12），外表以黑漆为地，再髹朱漆（见图1-13-5）；漆觚（下家山 G1 ②：248），器表涂满朱漆，凸棱处显露黑色地漆（见图1-12-5）；器盖（下家山 G2 ② B：10），盖面暗红色漆地，朱绘纹饰，纹饰内填黑漆（见图1-17-5）；漆盘（庙前 H2：55），内外先髹朱漆作地，再在外腹部用黑漆绘纹（见图1-25）；陶寺墓地出土的部分漆器，如案、豆、高柄豆、盆、勺、鼍鼓等，外壁施彩绘，多以红彩为地。可见，地漆的颜色有黑、红两种，以朱地居多。下家山遗址出土漆觚能够确认者均为黑漆地上再髹朱漆，而它们最终呈现的颜色则均以红色为主。

纹饰方面，主要有两大类：一是彩绘花纹，二是雕刻纹饰。以彩绘花纹为主。纹饰题材主要为简单的几何纹、勾连"S"纹、绚纹、云雷纹、条带纹、变形鸟纹等。木胎漆器上的彩绘花纹比较多见，见于杯、豆、觚、盘、勺、器盖、钺柄、鼍鼓等器表，分红黑彩绘和多色彩绘，多色彩绘主要见于陶寺墓地出土漆器。庙前遗址出土的漆盘（H2：55），先在内外髹朱漆作地，再在外腹部用黑漆勾绘出几何图案（图4-6-5；彩图31-5）。下家山遗址出土漆觚 G1②：237，全身涂朱漆，再在两组凸棱区域覆盖黑漆，然后在凸棱间的黑地上用朱漆描绘纹饰。纹样有边线，内部为云雷纹填直线纹（图4-6-10；彩图31-10）。器盖（下家山 G2②B：10），盖面髹暗红色漆地，再以鲜艳的朱漆描绘变形鸟纹，纹饰内填黑漆（图4-6-4；彩图31-4）。

山西襄汾陶寺墓地出土的部分漆器，如案、豆、高柄豆、盆、勺、鼍鼓等，外壁施彩绘，多以红彩为地，用白、黄、黑、蓝、绿等色绘出条带纹、云纹、回纹和几何纹等。如 Ca 型豆（M2001：24），施红、黄、白三色彩绘：盘沿一周作十二等分，红色、白色各三段与土黄色六段相间分布，在黄色区段又绘出相间分布的红色和白色放射状线条各四条；在盘内壁上段凹曲部位涂红彩一周，宽约3厘米；盘心涂土黄色；"凸"字形耳表面涂红彩，耳端有一长方形图案，以土黄色为地，上绘顺向白色矩形，两端各绘红色线条两道，白色线条一道；耳下表面及盘壁外表涂土黄色，柄部表面涂红色（图4-6-3；彩图31-3）。B 型勺（M3015：35），通体施红彩，柄上局部残留着由白彩绘成的回纹图案（图4-6-7；彩图31-7）。鼍鼓（M3015：15），鼓腔周壁满涂红彩为地，近上口的一段和中下部的一段为淡红色，中部偏上的一段为赭红色。器表有彩绘图案两组，图案均已斑驳不清（图4-6-8、9；彩图31-8、9）。陶胎漆器上也有纹饰，如仙坛庙遗址出土陶壶，朱绘纹饰以勾连的"S"为主要题材（见图1-4-2）。梅堰遗址出土罐，颈部用金黄、棕红两色漆绘出两道弦纹，上下腹各绘绚纹，线条流畅，有立体感（图4-6-1；彩图31-1）。

雕刻纹饰，又可细分为凸棱、浮雕和圆雕三种。凸棱纹饰见于下家山和小青龙遗址出土的漆觚上，凸棱上一般髹黑漆，如下家山 G2②B：70、G1②：131 等；也有器表涂满朱漆，凸棱处显露黑色地漆的，如下家山 G1②：248；还有凸棱上不髹漆者，如下家山 G1②：207（图4-6-12；彩图31-12）。浮雕纹饰仅见两例。一件为 B 型杯（反山 M12：1），胎骨雕琢成浅浮雕的图样，图案以大玉粒为中心，主要结构有重圈、螺旋纹等，再上漆、嵌玉，工艺极为复杂（图4-6-2；彩图31-2）。另一件为江陵阴湘城大溪文化壕沟淤积层中出土钺柄，表面以褐漆为地，花纹为几何纹，刻于首端，花纹的凸出部分髹黑漆，手握处前后髹红漆，"凹"字形红漆图案的下凹处对穿一圆孔。这件钺柄制作讲究，表面髹三色漆，并有刻纹（图4-6-6；彩图31-6）。圆雕纹饰仅1件鸟形器（钟家港 T2622-2623⑨B1∶2）。一端雕出鸟头，另一端残断。整体髹朱漆（图4-6-11；彩图31-11）。

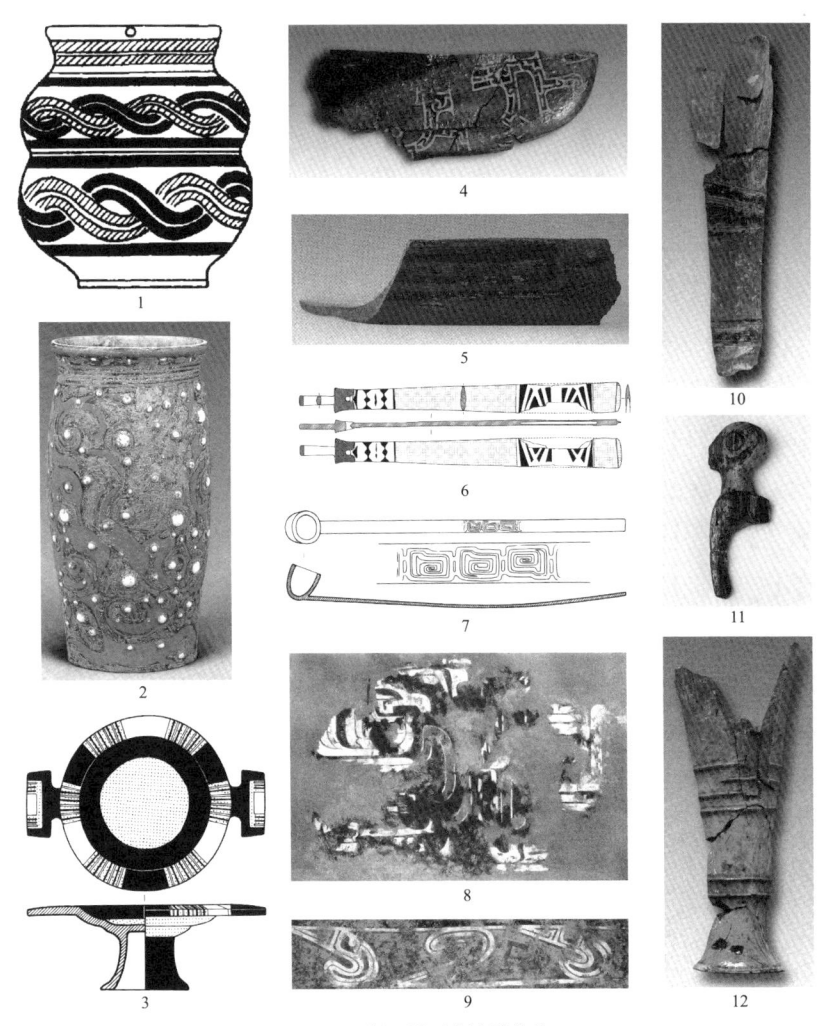

图4-6 新石器时代漆器纹饰

1.罐（梅堰遗址出土） 2. B型杯（反山 M12∶1）仿真A面 3.Ca型豆（陶寺 M2001∶24） 4.器盖（下家山 G2②B∶10） 5.C型盘（庙前 H2∶55） 6.江陵阴湘城出土钺柄 7. B型勺（陶寺 M3015∶35） 8、9.鼍鼓（陶寺 M3015∶15 外壁中部、下部彩绘图案摹本） 10. A型漆觚（下家山 G1②∶237） 11.鸟形器（钟家港 T2622-2623⑨B1∶2） 12. A型觚（下家山 G1②∶207）

三 玉石蚌构件与饰件

新石器时代前期，漆器上不见玉石构件与饰件。

新石器时代后期，玉石构件与饰件较多见，又可细分为玉构件、玉饰、绿松石饰和其他石饰。

（一）玉构件

漆器上的玉构件主要包括器底和器塞，均见于反山墓地，分别为漆杯的底和囊形器的塞。杯1件（反山M22：42、43），嵌玉镯形器底。玉镯形器为南瓜黄色，局部受沁，管钻孔（见图1-7-1）。囊形器2件。反山M22：41，玉塞呈南瓜黄色，长2.4、榫长1.5厘米，端部横截面略呈椭圆形，直径1.05—1.2厘米（见图1-7-3）。反山M23：202，玉塞呈南瓜黄色，长1.8、上端面直径2厘米（见图1-7-4）。文化属性均为良渚文化。

（二）玉饰

漆器上的玉饰均为片饰，未见珠饰。根据背面形态差异，可分为平面和曲面两类。玉饰与漆绘组成图案，或多件玉饰组合。文化属性均为良渚文化。

1. 平面玉饰

较多见。正面弧凸，背面平整，平面一般呈圆形或椭圆形，组成一定图案，见于盘、杯、觚、钺柄等漆器上。如A型盘（反山M12：12—58、68），中间为圆形镶嵌玉片，玉片为南瓜黄色，直径8.7—8.8、厚0.2—0.9厘米。圆形玉片外镶嵌一周由1件和2件玉粒相间组成的"光芒"状图案，其外为3件长条形玉粒和6件梅花形玉粒组成的图案（见图1-6-6—8）。另两件A型盘（反山M22：2和瑶山M7：155），与之类似。B型杯（反山M12：1），除了口沿外壁、底部以及把部的小玉粒外（长约0.2、宽约0.1厘米），其余镶嵌的玉粒大致呈圆形，有大、小两种。大者直径约0.7厘米，小者直径0.2—0.4厘米。图案以大玉粒为中心，主要结构有重圈、螺旋纹等（见图1-6-1-5）。觚（瑶山M9：78），在觚体与圈足的接合处及圈足近底部的外壁上，分别镶嵌一周玉粒（见图1-10-2）。玉钺柄（反山M14：

177、221），玉钺两端分别有玉帽和玉镦，钺出土时两面局部残留朱痕，并粘附玉粒。钺柄部位尚留有大量的镶嵌玉粒（见图1-8）。新地里M83出土玉嵌片，可能为钺柄上的嵌饰。福泉山吴家场墓地[1]出土玉片42件，应为漆器嵌饰。

2. 曲面玉饰

曲面造型，形状多样，有一定组合和结构，见于钺柄、方盒等漆器上。方盒仅1件（龙潭港M12：31），玉嵌片共100小片，大致有四种形状：圆形、弧端长方形和窄体转角、宽体转角。其中部分为曲面玉饰，部分为平面玉饰，形成一定组合（见图1-24-2）。好川墓地出土嵌玉片漆器13件，每件漆器饰玉片2—30片，集中出土，并有一定的立体组合形态。绝大多数为曲面造型，圆形、椭圆形、方形、菱形、圆角长方形等几何形曲面玉片较常见，玉片之间凹凸拼接，特殊形态有祭坛状、筒体抽象鸟形、圆箍形等。玉片大小不一。圆形玉片直径0.8—4.5厘米，三角形小玉片长仅0.8厘米，M60出土的祭坛状玉片高达8.5厘米，曲面玉片最薄处仅0.1厘米。玉片制作精致，线切开材工艺水平极高。玉片正面均经抛光处理，部分曲面玉片背面残留密集的弧形线切割痕，保留粗糙的面，便于粘贴或镶嵌。玉片均粘附于圆棍状有机质主体上。如M1：1、M60：2、M10：2、M62：4、M29：30、M37：1、M12：4、M53：3、M14：10等（见图1-29—31，表1-1）。器形除了不能判明者外，均应为玉石钺的漆木柄。

好川墓地出土玉饰中的10件经过玉质鉴定，分别为锥形器M2：16、M26：3，钺M2：20、M29：32、M49：1、M57：11，祭坛形饰片M60：2-12、M60：2-13、M62：12[2]，饰片M19：4。总体上看，其矿物成分以透闪石为主，也有个别阳起石、滑石及成分存疑者。这些软玉质量明显优于一般良渚文化的玉璧及高琮，尤以M60所出祭坛形饰片的软玉质量为佳，[3]

---

[1] 上海博物馆:《上海福泉山遗址吴家场墓地2010年发掘简报》,《考古》2015年第10期。
[2] 此为出土时编号，整理时调整为漆器M62：4玉饰片。
[3] 浙江省文物考古研究所、遂昌县文物管理委员会:《好川墓地》,附录《遂昌好川玉器地质考古学研究》。

表现出祭坛形玉片与众不同，具有特别的象征意义。从表1-1可知，好川墓地出土的这种祭坛形玉片，除了M60出土2片外（图4-7-2—4），还见于其他三座墓葬，其中M10出土3片（见图1-31-1），M37出土3片（见图1-31-3），M62出土4片（见图1-31-2）。这种祭坛形玉片与良渚文化玉器上所刻的"阳鸟祭坛图"密切相关，很多学者做过相关研究。[1]杜金鹏先生认为，良渚文化出土玉器上所刻的所谓"阳鸟祭坛图"是一种复杂的图像（图4-8），一般由三大部分组成：第一，上部有三层对称台阶的高坛；第二，坛体边框线内的"阳鸟负日"或"太阳神徽"；第三，坛顶中央树立一柱，柱上部呈杵状，下部由3—5个圆圈组成，柱顶站立一鸟。除了完整

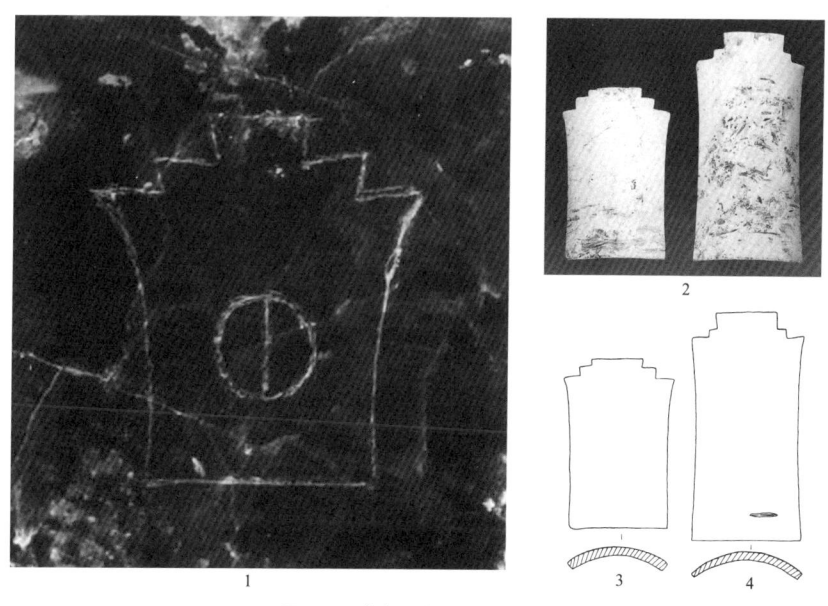

图4-7 祭坛图与祭坛形玉片
1. 蒋庄M36出土玉璧上的祭坛图 2—4. 好川M60出土祭坛形玉片

---

[1]〔日〕林巳奈夫：《关于良渚文化玉器的若干问题》，《史前研究》1987年第1期；杜金鹏：《关于大汶口文化与良渚文化的几个问题》，《考古》1992年第10期；李学勤：《走出疑古时代》，长春出版社2007年版；〔美〕江伊莉、古方：《玉器时代——美国博物馆藏中国早期玉器》，科学出版社2009年版；徐峰：《图像与空间：良渚玉璧"鸟立阶梯状边框"图像新考》，《艺术考古》2018年第4期。

图像以外,"阳鸟祭坛图"还被拆成多种零碎符号刻在有关玉器上。良渚文化祭坛的功用之一,是祭祀太阳神。[1]笔者赞同杜金鹏先生的观点。好川墓地出土的这种祭坛形玉片,与良渚文化玉器上所刻的"阳鸟祭坛图"的组成部分——祭坛的形制一致,应是祭坛的象征,装饰有这种玉片的器物应有同样的寓意。根据前文的论述,这种器物多用以饰玉石钺,这类玉石钺,应是祭祀太阳神用的礼器之一。需要说明的是,好川墓地出土玉石钺漆木柄上的玉嵌饰中也有简体抽象鸟形玉片,或也与"阳鸟祭坛图"有关,代表其中的阳鸟。

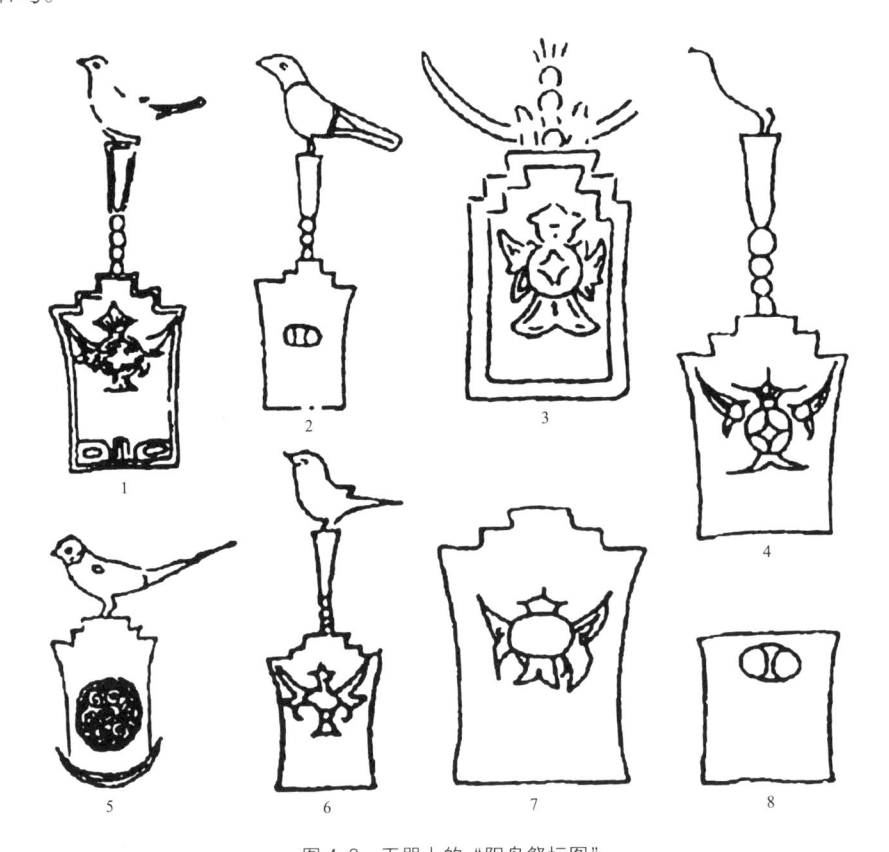

图 4-8 玉器上的"阳鸟祭坛图"

1、2、5、8.弗利尔美术馆藏品 3.首都博物馆藏品 4.台北故宫藏品 6.吉美博物馆藏品
7.安溪出土

---

[1] 杜金鹏:《良渚神祇与祭坛》,《考古》1997 年第 2 期。

值得一提的是，蒋庄遗址 M36 随葬一件玉璧，一面刻画有祭坛形符号，直径 24 厘米（图 4-7-1）。根据前文可知，蒋庄遗址的一些墓葬中也出土了漆觚。蒋庄墓地是在长江以北首次发现的随葬琮、璧等玉礼器且文化面貌单纯、等级较高的良渚文化墓地。[1] 这一发现突破了以往学术界认为良渚文化分布范围北不过长江的传统观点。从目前漆器的考古发现情况看，这一带也是良渚文化漆器分布的北界。

（三）绿松石饰

1. 平面片饰

平面片饰呈圆形、椭圆形和不规则形，以不规则形居多，一般为两面磨平，个别为正面弧凸、背面平整，见于钺柄、头饰和腕饰等漆器上。其中钺柄上的绿松石嵌饰多为圆形和椭圆形，正面弧凸、背面平整。头饰和腕饰上的绿松石嵌饰为不规则形。新地里 M140 出土绿松石片，可能是钺柄上的嵌饰。花厅 M50 出土一组 10 件绿松石片（M50:29），其中圆形 1 件，直径 1 厘米；椭圆形 9 件，长 1、宽 0.5 厘米（见图 1-34）。此为玉斧漆木柄端的嵌饰。花厅 M4 和 M18 均出土绿松石片，应为漆器上的嵌饰。陶寺墓地 M2010、M2001、M2028、M3018、M2023、M2003、M2011、M2024、M2081、M2255 出土玉骨组合头饰，形制相似，嵌绿松石片，最少的 10 余片，最多的 60 余片。笄上部表面有黑色胶状物，笄与环交接部位用黑色胶状物胶着固定，绿松石片底部也有黑色胶状物。发掘报告推测黑色胶状物是漆或某种树脂。墓主有男有女。其中最精美、保存最好的头饰为 M2023 出土者，包括骨笄、半圆形穿孔玉片、弧形穿孔玉片、玉坠饰各一件，以及绿松石嵌饰 60 余片（见图 1-61-1）。陶寺墓地出土腕饰 8 件，分别出自 M2001、M2013、M2023、M3168、M2010、M2028、M3003、M3085（见图 1-61）。镶嵌所用的绿松石片均呈不规则形，大小不一，最大的长 2.3、宽处达 1.3 厘米，最小的长仅 0.2、宽仅 0.1、厚 0.03—0.15 厘米。绿松石片表面一般都磨光。这些绿松石片应是嵌在漆木腕饰上的嵌饰。保存较好的 4 件中有 3 件形

---

[1] 南京博物院：《江苏兴化、东台市蒋庄遗址良渚文化遗存》，《考古》2016 年第 7 期。

制大致相同，呈圆筒状，出土时已被压扁，每件暴露部分表面嵌绿松石片均为一百数十枚，每片大小相近，长、宽多为0.3—0.5厘米。临汾下靳陶寺文化墓地出土2件（M76∶1、M136∶3）类似腕饰。对此笔者已有专论，此不赘述。[1] 从文化属性看，新地里遗址属良渚文化，花厅墓地属大汶口文化，陶寺墓地属陶寺文化。

2. 珠饰

仅见1例。好川M52∶2，残留长35、宽20厘米的朱红色漆痕，一端发现7颗珠饰（5颗绿松石、2颗滑石）成排分布，可能是容器口沿部位镶嵌或用漆类物质粘附的装饰物。珠均为鼓形，中有对钻小孔。长1厘米左右。文化属性上，属良渚文化。

（四）其他石饰

石材有泥岩和叶腊石，均为片饰。新地里M126出土叶腊石片，推测为漆觚上的嵌饰（见图1-23-1、4）。好川墓地嵌石片漆器7件（见图1-28），每件漆器饰石片6—24片不等，多呈条状集中出土，也有的比较分散。石片的质地多为灰色泥岩和青绿色叶蜡石，直径小的仅0.5、大的约2厘米，长方形石片长2、宽1厘米左右，石片厚0.1—0.25厘米。石片正面弧凸，大部分抛光良好，背面平而粗糙，小部分石片稍弧曲，便于粘牢。如好川M8∶2（见图1-27-1、2）、M39∶2（见图1-27-3）、M7∶9、M7∶4、M19∶4、M6∶2等。器形除了不能判明者外，均应为漆觚，详见表1-1。文化属性上，属良渚文化。

由此可见，新石器时代后期，漆器上多见玉石构件与饰件。其中良渚文化漆器上多见玉构件与饰件，也有绿松石和其他石饰，器类以觚和钺柄为主。玉饰、绿松石饰与其他石饰均单独使用，不共见于同一件漆器上。大汶口文化漆器仅见绿松石饰，多施于钺柄。从年代上看，以绿松石嵌饰装饰漆器不比其装饰其他质地器物晚，或者可以说，从目前的考古发现看，大约是最早的。陶寺文化漆器上仅见绿松石饰，器类为头饰和腕饰。对不同器类的

---

[1] 洪石：《先秦两汉嵌绿松石漆器研究》，《考古与文物》2019年第3期。

装饰体现出区域和文化的差异。良渚文化和大汶口文化漆器上的绿松石饰加工得比较工整，而陶寺文化漆器上的绿松石饰加工得比较粗糙。陶寺墓地出土较多嵌绿松石腕饰和头饰，反映了中原地区陶寺文化与海岱地区大汶口文化的密切关系。

好川墓地出土漆器上的玉石嵌饰较多，玉石均有，形制多样，组合立体，具有代表性。从表1-1中可以看出，好川一、二期墓葬中，漆器上的嵌片均为石片，平面式；三、四期墓葬中，漆器上的嵌片均为玉片，以曲面为主。可见，从早到晚，好川漆器上嵌饰的质地从石发展到玉，嵌片加工从平面式发展到曲面式，反映了从选材到加工方面的演进。当然，曲面的造型也可能与玉料有关，石料可能不易制成曲面。好川墓地出土的曲面玉片最薄处仅0.1厘米。玉片制作精致，线切开材工艺水平极高，正面均经抛光处理，背面保留粗糙的面，便于粘贴或镶嵌，集中体现了当时高超的玉作工艺技术水平。

良渚文化漆器上的玉石构件与饰件应与该文化发达的玉器制作工艺密切相关，代表了当时中国漆器装饰技艺的最高水平，是目前中国考古发现使用镶嵌工艺漆器的最早例证。

（五）蚌饰

"螺钿"是一种嵌蚌饰工艺，螺钿漆器是嵌蚌饰漆器的通称。"螺钿"之名出现时代较晚。成书于唐大历十四年（公元779年）的《唐大和上东征传》中记有"螺钿经函"。[1]北宋方勺在《泊宅编》中称之为"螺填"。[2]《资治通鉴》卷一六七记载陈武帝"私宴用瓦器、蚌盘"，胡三省注："蚌盘者，髹器以蚌为饰，今谓之螺钿。"由此可知，宋末元初也称漆器嵌蚌饰工艺为"螺钿"。元末明初陶宗仪《南村辍耕录》中也有"螺钿"之名。[3]明代漆工黄成《髹饰录》记载："螺钿，一名甸嵌，一名陷蚌，一名坎螺，即螺填也。

---

[1] 梁明院校注《唐大和上东征传校注》，广陵书社2010年版，第26页。
[2] （宋）方勺：《泊宅编》卷三，中华书局1983年版。
[3] （元）陶宗仪：《南村辍耕录》卷二三"书画褾轴"条，齐鲁书社2007年版。

百般文图，点、抹、勾、条，总以精细密致如画为妙。"[1]可见，至迟从唐代开始，有"螺钿"之名，后来也有"螺填"等称谓。陶寺墓地 M2003 出土嵌蚌片腕饰 2 件（见图 1-62），说明至迟在新石器时代后期漆器上已镶嵌蚌饰。这是漆器装饰的新材料及新工艺，为此后不断发展变化的漆器螺钿工艺之滥觞。[2]

---

[1] 王世襄：《髹饰录解说》，第 101 页。
[2] 洪石：《商周螺钿漆器研究》，《中原文物》2018 年第 2 期。

第二节
夏代漆器的生产工艺

夏代漆器的生产工艺可分为胎骨与制法、髹漆与纹饰、玉石蚌金属构件与饰件几方面，下面分述之。

一　胎骨与制法

就目前的考古发现情况看，与新石器时代一样，夏代漆器胎骨也主要为木胎。不同于新石器时代漆器的是，夏代漆器陶胎不多，器类很少，主要有漆木䇯的白陶斗笠形帽和漆觚底部的涂朱圆陶片，也有竹胎，不见骨胎等，胎骨种类较少。

夏代漆器木胎基本已朽，难以得知具体的制作方法。根据二里头1980Ⅲ M2出土雕花残漆器判断，木胎的制作方法有斫制（见图1-63）。其他加工木器的方法以及加工木器的工具也应具备。其制作工艺应是继承了新石器时代的方法，挖制和斫制相结合。

至迟在新石器时代后期，漆器胎骨已有竹胎，但数量极少。夏代竹胎漆器仅见1件箄（大甸子M867：3），似以竹篾编成，上口5.5厘米宽的一圈用细篾条编织，近底部有7.5厘米宽的一圈也用细篾条编织，细篾条宽2毫米。中腰是用8毫米宽的篾条编织而成的。器口沿有一圈漆膜（见图1-77-2）。此外，在大甸子M682、M853、M931、M1031、M1103等墓葬中也有红色或黑红两色编织器痕迹，或也为竹胎漆器。

新石器时代前期，漆器虽未见榫卯结构，但河姆渡遗址出土的大批木器，多采用分别制作构件再以榫卯方式结合的制作方法。新石器时代后期，漆器木胎上见有榫卯工艺，结构较复杂的器物如案、俎、豆、杯等均见榫卯结构，反映了当时人们已掌握榫卯技术，木胎制作达到一定水平。夏代漆器仅见漆痕，无法得知木胎是否使用了榫卯技术。

二里头 2002 V M3 共 3 件泥质磨光白陶斗笠形漆木笄帽，胎质细腻，上部光滑，下部可见泥条盘筑时的螺旋痕迹，顶端中心有圆孔贯通，以绿松石珠为顶饰。1、2 号斗笠形帽上部有红色漆痕（见图 1-69-1、2）。同墓出土漆觚（V M3∶34），底部有一圆陶片（V M3∶21），上有朱红漆痕，可知其为觚底（见图 1-67-1）。类似的圆陶片在二里头文化遗址和墓葬中出土数量较多，证明当时漆觚是非常重要而常见的器类，使用较为普遍。这类以陶片封闭觚底的方式，与新石器时代良渚文化漆觚以木塞封底具有异曲同工之妙，显示出在漆器制作技术方面既有传承，也有创新与发展。

二 髹漆与纹饰

新石器时代漆器已使用漆灰，但夏代漆器是否使用漆灰，暂未见到相关报道。

彩绘颜料方面，夏代漆器基本髹朱漆，一般报道红色颜料为朱砂，是否经过相关检测鉴定，不明。这与新石器时代漆器上的红色颜料多为朱砂的情况相同，不过，新石器时代漆器上红色颜料还有氧化铁和黄磷铁矿。除了朱漆外，夏代漆器上的色彩还有黑、白、赭色，但非常少见，目前大约只有 4 例，而且均与朱漆相配使用。如二里头Ⅸ区一座建筑基址上，发现一个直径约 11 厘米的带漆的类似"柱洞"的遗迹，"柱洞"内周圈有朱、黑两色漆，黑漆厚约 1 毫米，在外；朱漆薄，在内。二里头 2002 V M3∶15，为圆形圜底漆器，红漆黑彩（见图 1-67-6）。驻马店杨庄遗址 T15 第 2 层出土 1 件漆觚，残存一条白色和一条红色漆带，各宽约 1.5 厘米。"1987 年，在Ⅵ区 M58 中发现多件漆器，其中一件漆觚，口径约 20 厘米，高约 30 厘米，其上的饕餮纹保存相当完好，朱红地赭色花纹，线条圆润流畅，图案繁复美丽。"[1]

---

[1] 中国社会科学院考古研究所编著《中国考古学·夏商卷》，第 107 页。

大甸子出土漆器上的彩绘颜料未经检测，但有几件彩绘陶器上的颜料经过鉴定，可资参考。这批陶器上的彩绘都是以黑灰色的陶器表面为底色，绘以白、红两色花纹，经鉴定，都是陶器上脱落下来的碎屑，白色为 $CaCO_3$；红色为 HgS。因未逐件鉴定颜料，且 M453 随葬石皿中有一团红色颜料，经鉴定是赤铁矿粉。故陶器的彩绘颜料是否一致，尚不能判定。少量颜色在陶器上显橙黄，经鉴定是红白颜料相混合所致。研磨颜料的工具在墓中有所发现，为石皿和石质研磨杵。M453 和 M1031 各出土 1 件石皿。M1031 出土的石皿外径 3.6、高 2.9 厘米，器内染有红色。M453 出土的石皿（M453：17），器内底面上有很细的研磨痕器，内盛有一团红色颜料——赤铁矿粉，颜料表面有纺织物包扎痕迹。口外径 5.9、高 4.4 厘米（图 4-9）。与石质研磨杵同在壁龛内一侧。关于彩绘陶器，发掘报告指出，根据陶器上彩绘笔道粗细和颜色浓淡的变化判断，只有以毛笔作画才能出现这样的效果。[1]据此也可推测，当时漆器也应是使用毛笔类工具进行髹饰。

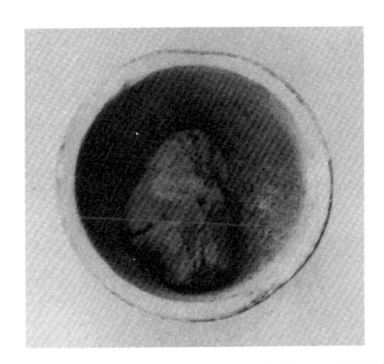

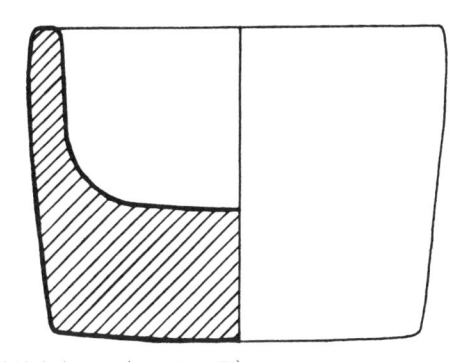

图 4-9　大甸子墓地出土石皿（M453：17）

从二里头 2002 Ⅴ M3：15 圆形圈底漆器上饰红地黑彩还可以判断，夏代漆器上也使用了地漆，但非常少见。除此之外，二里头遗址还出土一例，即二里头 1987 Ⅵ M58 出土漆觚，饰朱红地赭色花纹。其实早在新石器时代后

---

[1] 中国社会科学院考古研究所：《大甸子——夏家店下层文化遗址与墓地发掘报告》，第 102 页。

期，一些漆器上已髹地漆，其上再髹漆或绘纹。地漆的颜色有黑、红两色，以朱地居多。夏代漆器继承了新石器时代用色的传统，也以红彩为主，使用朱色地漆，但其色彩比较简单，个别兼有黑、白或赭色，不如新石器时代漆器色彩丰富。夏代漆器上白彩的使用，说明夏代也延续了新石器时代漆器髹饰的油画工艺。

夏代漆器纹饰非常少见，比较明确的有四例。其中两例彩绘，二里头2002 Ⅴ M3：15圆形圈底漆器上饰红地黑彩，纹样不清（见图1-67-6）；二里头1987 Ⅵ M58出土漆觚，饰朱红地赭色饕餮纹。还有两例刻纹，二里头2002 Ⅴ M5：22，漆器上饰三道弦纹，详情不明（见图1-75）；二里头1980 Ⅲ M2出土1件残漆器，漆器痕呈平面，阴刻兽面纹，通体髹朱漆（见图1-63）。从漆器纹饰的发展情况看，新石器时代前期，木胎漆器上基本无纹，陶胎漆器上有变体的动植物花纹和几何图案；新石器时代后期，漆器纹饰主要有彩绘和雕刻两大类，以彩绘为主。彩绘纹饰题材主要为简单的几何纹、勾连"S"纹、绚纹、云雷纹、条带纹、变形鸟纹等。雕刻纹饰有凸棱和浮雕两种，浮雕纹饰有重圈、螺旋纹等几何纹。可见，夏代漆器延续了新石器时代漆器的彩绘和雕刻纹饰工艺，但纹饰内容相对比较单一，只有弦纹和兽面纹。从雕刻纹饰技法看，新石器时代多为浮雕工艺，而夏代多为阴刻工艺。值得一提的是，夏代漆器上新出现的兽面纹，也称饕餮纹，独具特色，也是商周漆器和青铜器上的重要纹饰。

三　玉石蚌金属构件与饰件

漆器上的玉石构件与饰件，不见于新石器时代前期，新石器时代后期多见，又可细分为玉构件、玉饰、绿松石饰和其他石饰。其中良渚文化漆器上多见玉构件与饰件，也有绿松石和其他石饰，器类以觚和钺柄为主。玉饰、绿松石饰与其他石饰均单独使用，不共见于同一件漆器上。大汶口文化漆器仅见绿松石饰，多施于钺柄。陶寺文化漆器上见绿松石饰和蚌饰，器类为头饰和腕饰。

夏代漆器上继续使用玉石构件与饰件，以绿松石饰为主，新出现了金属构件。

（一）玉构件

夏代漆器玉构件目前仅见与漆觚配套使用的玉柄形器，对此有学者指出："良渚文化的玉锥形器与夏商周时期的玉柄形器形态上存在递变关系，在功能上存在同一性（良渚文化中玉锥形器还被用作冠饰，这是其独特的一个功能），使用方式上都是榫接于木棒上置于觚中以裸酒。这种玉柄形器是为瓒，与觚组合在裸礼中使用。"[1]笔者认为，此说大致可从，还可细化：从墓葬中的朱漆痕迹推断，玉柄形器下面榫接的木棒应髹朱漆，而髹漆的器物具有不易腐朽变形、可以长期使用的优点，坚牢于质，光彩于文，实用与美观兼备，并与朱漆觚相配。

（二）玉饰

夏代漆器上的玉饰目前仅见于二里头2002ⅤM3∶5龙形绿松石嵌饰，包括组成额面中脊和鼻梁的三节实心半圆形的青、白玉柱，以及作为眼睛的两件顶面弧凸的圆饼形白玉（见图1-70）。

（三）绿松石饰及金属构件

新石器时代漆器上不见金属构件，随着青铜铸造业的兴起，夏代漆器上出现了青铜构件，目前能够确认的只有一种——嵌绿松石铜牌，铜牌与绿松石饰合为一体，再共同嵌入朱干中。

前文已述，二里头遗址出土4件嵌绿松石饰的朱干，其中3件是先嵌在铜牌上，再共同嵌入朱干中（见图1-64、70）。对于其嵌法，陈国梁先生进行仔细观察后分析指出：绿松石粘嵌方式有三种，即平面式、凹槽式和孔洞式。根据对二里头遗址绿松石作坊内出土的绿松石片和绿松石器上嵌片的观察可知，粘嵌所用的各种形状的绿松石片选自细脉状薄层产出的围岩。剥离此类绿松石片时主要使用打制工艺，然后根据所需形状（以长方形片状为主），对绿松石片的表面及边缘进行磨制，而背面则极少加工，只有少数嵌

---

[1] 严志斌：《漆觚、圆陶片与柄形器》，《中国国家博物馆馆刊》2020年第1期。

片采用锯片切割工艺来加工。而表现眼睛所用的圆形嵌片，一般较厚，多选用块粒状产出的绿松石矿石，打制和打磨后，使之呈半球形，粘嵌入眼眶中。[1]

  对于二里头遗址出土龙形绿松石嵌饰与嵌绿松石铜牌的纹饰内涵，研究者很多，存在不同认识。二里头2002ⅤM3∶5为绿松石龙，学界基本达成共识，但对于3件嵌绿松石铜牌的纹样内涵，学界尚有多种不同意见。按照发表时间先后，主要有如下几种。李学勤先生认为，兽面纹牌饰是龙山时期神面纹和商周时期饕餮纹的过渡。[2]叶万松、李德方两位先生认为，二里头遗址出土的兽纹铜牌，其纹饰内涵是二里头晚期阶段的虎龙和虬龙，是作为当时社会头领身上的佩饰来使用的，悬挂于胸前，借此显示统治者的威严与地位。这种兽纹铜牌是夏人的神徽并具有标识功能，是夏代统治者亦即巫师的巫具，用以达到某种宗教目的和政治目的。[3]王青先生认为，牌饰是东夷人和夏人表现各自神祖的神徽，而夏人对东夷人的神徽明显有所吸收和改造，这实际上就是夏人对夷人文化传统的某种继承和发展。[4]朱乃诚先生认为，二里头绿松石龙的流变存在着两种演变途径：一种是作为器物形制的演变，即由绿松石龙形器演变为绿松石铜牌饰；另一种是龙图案形态的演变，演变至商周时期青铜器、玉器、骨器上的头部带角、身躯上有菱形纹的龙纹饰。二里头绿松石龙的渊源是石峁皇城台大台基石雕龙，中介是新砦龙纹饰。[5]笔者同意二里头遗址出土的2002ⅤM3∶5表现的是龙的形象，而铜牌饰上表现的则是虎的形象。

  除了上述朱干上的绿松石嵌饰外，二里头1987ⅥM57墓底中部大量的小绿松石片也应为漆器嵌饰。

---

[1] 陈国梁：《二里头文化嵌绿松石牌饰的来源》，载中国社会科学院考古研究所夏商周考古研究室《三代考古》（七），科学出版社2017年版。
[2] 李学勤：《论二里头文化的饕餮纹铜牌饰》，《中国文物报》1991年10月20日。
[3] 叶万松、李德方：《偃师二里头遗址兽纹铜牌考识》，《考古与文物》2001年第5期。
[4] 王青：《镶嵌铜牌饰的初步研究》，《文物》2004年第5期。
[5] 朱乃诚：《二里头绿松石龙的源流——兼论石峁遗址皇城台大台基石护墙的年代》，《中原文物》2021年第2期。

（四）蚌饰

大甸子墓地有 30 多座墓葬都出土了漆器，不仅发现了经过加工的绿松石片，而且有蚌片、螺片。类似发现也见于二里头二号宫殿 M1 中，该墓盗洞中有少量朱砂、漆皮及蚌饰片，这些考古发现说明夏代螺钿漆器继续存在。

第五章

[FIVE]

早期漆器的流布与器用

对中华早期漆器流布的分析，有助于我们掌握其分布规律，并在此基础上探讨其产地、资源、历史传统，以及各考古学文化之间的交流互鉴、融合发展，乃至政治权力更迭等方面的问题。对于中华早期漆器的器用分析，有助于我们理清当时漆器使用方面的等级和性别差异，从而进一步了解当时社会的复杂化进程。

第一节
新石器时代漆器的流布与器用

对于新石器时代漆器的流布与器用的分析，可以分为新石器时代前期和后期两大阶段进行，显示出从长江下游一个中心，向长江下游和黄河中游两个中心分布的规律，从以食器为主到酒器、食器并重，身份等级和性别差异显著，也可从中看出礼乐文明的发展。

一 新石器时代漆器的流布

新石器时代前期（公元前10000—前3500年），是漆器的发生期。漆器出土地点很少，主要有浙江余姚井头山、河姆渡、田螺山和杭州萧山区跨湖桥，以及江苏常州圩墩。地理位置均在长江以南，其中浙江四处均在杭州湾，江苏一处在太湖之滨，相距较近，处于同一地理单元长江三角洲地区，文化上属于跨湖桥文化、河姆渡文化和马家浜文化等。

新石器时代后期（公元前3500—前2000年），是漆器的缓慢发展期。漆器出土地点增多，流布范围较新石器时代前期广，北达黄河中游，中部为长江中游，东南至长江下游。浙江和江苏仍是漆器主要出土地，如浙江余杭反山、瑶山、卞家山和遂昌好川等，江苏吴江梅堰、新沂花厅、兴化蒋庄等；上海、湖北也有零星出土，如上海福泉山吴家场、湖北江陵阴湘城；山西的襄汾陶寺墓地出土漆器也极具代表性。从所处地理位置看，以长江下游为主，黄河中游次之，长江中游仅有零星漆器发现。文化属性上，长江下游以良渚文化为主，黄河中游为陶寺文化，长江中游为大溪文化和屈家岭文化。从良渚文化漆器分布四至看，北达江苏新沂花厅墓地，南、西至浙江遂昌好川墓地，东至上海福泉山吴家场墓地。

值得注意的是江苏新沂花厅出土漆器。花厅是文化交汇地带。宋建先生指出："良渚文化进入大汶口文化的分布区最有典型意义的是江苏北部的花厅，花厅墓地出土器物数量虽然以属大汶口文化者占优，但是良渚文化因素亦占一定比例，特征明显，玉琮、锥形器、钺、有段锛、冠形器、镯等，器形和神像纹都属良渚文化传统，一部分陶器也与环太湖地区出土的良渚文化陶器风格近似，但在整体感觉上又有一些细微的差别……良渚文化进入大汶口文化分布区的路线，应该是自南京附近地区越过长江……大汶口文化因素也通过这条路线来到太湖地区。"[1]花厅出土漆器特点是嵌绿松石饰，而良渚文化仅有新地里M140一例嵌绿松石漆器，说明以绿松石饰漆器并非良渚文化特色，而是受到海岱地区影响，体现出地区、资源、文化、审美等方面的差异。海岱地区先民偏爱绿松石嵌饰。"海岱地区的镶嵌物质全部为绿松石，反映出该区史前时期先民对这种玉料的一种偏好。就目前所见，其最早出现镶嵌工艺的时代为大汶口文化中期，此后大汶口文化晚期至龙山时期一直盛行。其镶嵌方法包括浅窝镶嵌法、孔洞镶嵌法。此外，据花厅遗址镶嵌绿松石的彩绘木器的痕迹来分析，很可能使用了胶粘剂的平面镶嵌法。"[2]陶寺墓地出土较多嵌绿松石腕饰和头饰，没有嵌玉漆器出土，反映了海岱地区大汶口文化、龙山文化与中原地区陶寺文化的密切关系。而在与大汶口文化大致同时期的邻近地区的良渚文化时期，人们则偏爱玉饰，用以装饰漆器，偶见嵌绿松石漆器，体现出各自文化特色及相互间的交流和影响。

要言之，从漆器的流布方面看，新石器时代前期，漆器分布地域单一，集中在长江三角洲地区，反映了这一地区在漆器制作方面的领先地位，也代表了文明发展的较高水平。新石器时代后期，漆器出土数量大增，种类丰富，流布地域变广，其中长江下游仍然是漆器的集中分布区，属良渚文化，漆器的制作水平仍处于领先地位。这一时期，漆器流布至黄河中游，该地区属陶寺文化，漆器制作水平有显著提高，形成了鲜明的地域和文化特色，成为此时漆器制作的另一中心。这一时期，长江中游也有零星漆器分布，但数

---

[1] 宋建：《论良渚文明的兴衰过程》，载浙江省文物考古研究所《良渚文化研究——纪念良渚文化发现六十周年国际学术讨论会文集》，科学出版社1999年版。
[2] 王强：《试论史前玉石器镶嵌工艺》，《南方文物》2008年第3期。

量很少，器类不多，在漆器制作方面居于一般地位。

需要说明的是，长江下游地区，新石器时代漆器的发展与文化的发展是一致的，均为连续的动态演进。《跨湖桥文化研究》将长江下游史前文化脉络理解为动态演进的四个连续体：第一阶段是"钱塘江期"，以上山文化、跨湖桥文化为代表，钱塘江本土势力"一枝独秀"；第二阶段是"杭州湾期"，相当于河姆渡、罗家角遗址早期，钱塘江两岸文化相峙牵引；第三阶段是"太湖期"，相当于马家浜文化晚期至良渚文化时期，随着钱塘江南北渐趋统一，良渚文化迈入"古国"时代；第四阶段是"回归期"，即钱山漾文化和马桥文化时期，环太湖地区文化中心地位削弱，钱塘江以南地区重新恢复活力。[1]长江下游地区新石器时代漆器的发展亦可为其例证。

二 新石器时代漆器的器用

对于新石器时代漆器的器用分析，可从其应用范围和器用制度两方面进行阐释。

（一）新石器时代漆器的应用范围

根据前文论述可知，新石器时代漆器应用范围很广，主要涉及日常生活用器、乐器、兵器、服饰、交通工具和葬具六大类，以日常生活用漆器为主。其中未见竹简，可知《髹饰录》杨明序"漆之为用也，始于书竹简"[2]所言不确。笔者对新石器时代漆器进行了粗略的分类统计（表5-1，表5-2），以下据此论述。

日常生活用器方面，新石器时代前期漆器主要有碗、豆、筒、罐、蝶形器等，从表5-1中可以看出，占比高达84.6%。新石器时代后期，不见蝶形器，其他器形继续存在，此外还增加了大量新器形，主要有觚、杯、囊形器、盘、高柄豆、盆、壶、带座桶形器、仓形器、斗、勺、案、俎、盒等，从表5-2中可以看出，占比近70%。

---

[1] 蒋乐平：《跨湖桥文化研究》，第78页。
[2] 王世襄：《髹饰录解说》，第19页。

乐器方面，新石器时代前期没有相关遗物。新石器时代后期，出现鼍鼓，主要见于陶寺墓地。从表 5-2 中可以看出，占比达 3.4%。此外，陕西神木石峁遗址出土鳄鱼骨板（后阳湾 2012F2∶1），山西芮城清凉寺墓地出土 15 件鳄鱼骨板，均应与鼍鼓有关。表中暂未统计。

兵器方面，新石器时代前期出现弓，仅见于跨湖桥遗址。新石器时代后期，兵器种类增多，数量也增多。从表 5-2 中可以看出，占比达 14%。弓继续存在，均为陶寺墓地出土。此外，阴湘城出土竹质箭杆。小青龙 M7 出土 1 件漆箙（M7∶5），3 件石镞插入箙内。新石器时代后期还出现斧钺柄，数量很多，形制多样，多为长柄，也有短柄，构件和装饰有异。其中有些嵌玉石饰者，多属良渚文化，个别为受良渚文化影响的大汶口文化（花厅 M50∶29），礼仪性较强。未嵌玉石的钺柄更具实用性，分布范围较广，见于长江下游的良渚文化（小青龙墓地）、长江中游的屈家岭文化（王家塝墓地）和黄河中游的陶寺文化（陶寺墓地）遗存。综合来看，兵器方面具有代表性的遗迹应为陶寺 2002 Ⅱ M22，墓葬等级高，出土了一套完整兵器，包括 1 件漆弓、2 件木弓、1 件红色箙及其内的 7 组骨镞，还有 6 件附漆木柄的玉石钺。可见，新石器时代后期的陶寺先民已使用抛射兵器和短兵器的组合，可用作兵器去战斗，也可用作工具去狩猎、劳作，有些还可用于礼仪活动中。

服饰方面，新石器时代前期，没有相关遗物。新石器时代后期出现腕饰和头饰。从表 5-2 可以看出，占比较高，为 10.2%。腕饰仅见于陶寺文化遗存，共 12 件，其中 10 件表面均嵌一百数十枚绿松石片，另有 2 件满嵌蚌片。下靳 M76 还出土 1 件黑漆木胎腕饰。头饰方面，新石器时代后期出现了漆笄，有木胎和骨胎两种。阴湘城大溪文化壕沟淤积层中出土 1 件木笄；陶寺墓地出土多件骨笄，嵌绿松石饰，最少的 10 余片，最多的 60 余片。

交通工具方面，新石器时代前期，出现独木舟，仅 1 例，出自浙江余姚井头山遗址，主体木块有宽凹槽，其上有一销钉与户型小木块，销钉与孔的缝隙间填胶状物，似为独木舟之类的残器。局部残留黑漆。加工较精细。

葬具方面，新石器时代前期，没有相关遗物。新石器时代后期，出现漆棺，数量较多，出土范围较广，浙江的小青龙、上海的福泉山、山西的陶寺均有出土，考古学文化上属良渚文化和陶寺文化，地域上属长江下游和黄河中游。此外，陶寺 M2082 木棺内底板上残存与后世等床性质近似的"红彩板"。从表 5-2 中可以看出，新石器时代后期漆器中葬具占比近 3%。

总之，新石器时代漆器的应用以日常生活用器为主，前期和后期的日常生活用器类占比均超过 69%；兵器类次之，新石器时代前期和后期的占比分别为 7.7% 和 14%；乐器、服饰、葬具类在新石器时代后期才出现，其中服饰类占比稍高，为 10.2%，其他两类占比均在 3% 左右。

表 5-1　新石器时代前期漆器统计

器类	数量	百分比
日常生活用器	11	84.6%
乐器	0	0
兵器	1	7.7%
服饰	0	0
交通工具	1	7.7%
葬具	0	0
合计	13	100%

表 5-2　新石器时代后期漆器统计

器类	数量	百分比
日常生活用器	164	69.8%
乐器	8	3.4%
兵器	33	14%
服饰	24	10.2%
葬具	6	2.6%
合计	235	100%

(二)新石器时代漆器的器用制度

新石器时代前期,漆器数量很少,且均出自遗址中,难以确定使用者身份等级。新石器时代后期,反山和陶寺墓地出土漆器较多,可分别代表长江下游良渚文化漆器和黄河中游陶寺文化漆器,而且出土漆器的这些墓葬保存状况较好,可以通过考察这些墓葬的规格,来确定使用者的身份等级。好川墓地位于浙西南,与良渚文化核心区距离较远,是良渚文化漆器的南界和西界,出土的大量嵌玉石漆器,表现出在漆器制作和使用方面的独特之处,如曲面玉嵌饰的制作和使用、祭坛形玉片的使用等。

1. 良渚文化漆器的器用制度

反山墓地9座墓中有4座(M12、M22、M14、M23)出土漆器,其中M12和M22出土漆器数量较多。发掘报告认为,M22和M23应属女性贵族墓,其中M22似为M12墓主的配偶,M23似为M14墓主的配偶。"从墓葬布列和位置以及随葬品的数量、种类和精美程度等分析,M12处在中心,随葬品的数量最多,种类齐全,'权杖'、大玉琮、大玉钺、玉柱形器等雕琢完整的神人兽面纹,玉琮达6件,显示了至高无上的'王'者地位";"反山墓地的主人达9位,他们生前有密切的宗亲关系,又并非出同一宗族,他们来自多个强盛的宗族,共同构成了以M12墓主人为中心的'反山贵族集团'";"贵族阶层是有等级之分的,反山所代表的贵族阶层正是良渚文化中期的最高层"。[1]可见,反山墓地出土漆器墓葬等级很高,均为高级贵族墓,其中M12为王者之墓。男性和女性墓葬在漆器的使用方面没有明显的等级差别,漆器数量相当,体现出他们的社会地位大致相当。但男性和女性墓葬出土漆器种类略有差别,嚢形器仅出自女性墓葬,钺出自男性墓葬,显示出性别上的差异。

需要特别关注的是觚。觚为酒器,学界基本无异议。具体到使用方式,有学者认为,玉锥形器很可能是漆觚配套的器件之一,起到棒状器的作用。[2]在此基础上,有学者提出,漆觚在良渚文化时期、夏商周时期墓葬的器物组合

---

[1] 浙江省文物考古研究所:《反山》上册,第370页。
[2] 方向明:《好川和良渚文化的漆觚、棍状物及玉锥形器》,《华夏文明》2018年第3期。

特别是酒器组合中，占有重要地位；玉锥形器与玉柄形器形态上存在递变关系，功能上存在同一性，使用方式上都是榫接于木棒上置于觚中以裸酒；这种玉柄形器是为瓒，与觚组合在裸礼中使用。[1]需要注意的是，新地里遗址[2]M54∶8-1、M86∶10与M114∶9三件玉锥形器都带有套管（图5-1），M54∶8-1出土时与套管间距15厘米，M86∶10与套管间距4厘米，M114∶9套管出土时在此玉锥形器的尖端。这些套管的发现，对于研究玉锥形器的组合和功能具有重要意义，有必要对相关考古资料做详细梳理与分析，从而确定其是否为尖端的帽、尾端的镦，抑或二者兼备。而镦与锥体之间可能并非直接相接，而是加了一段漆木杆或其他质地的连接杆。这些发现为我们研究觚和锥形器的使用提供了新线索。卞家山发掘报告指出，卞家山遗址出土的"漆觚是良渚文化考古史上新确认的器种，虽然陶器中不见同类器，但漆觚的造型和制作技术已十分成熟。由于平民墓葬中也有此类器物随葬，它应该是当时较为常见的器种"。[3]由此可见，至少在良渚文化中晚期的卞家山，漆觚并非象征身份等级的标志物。

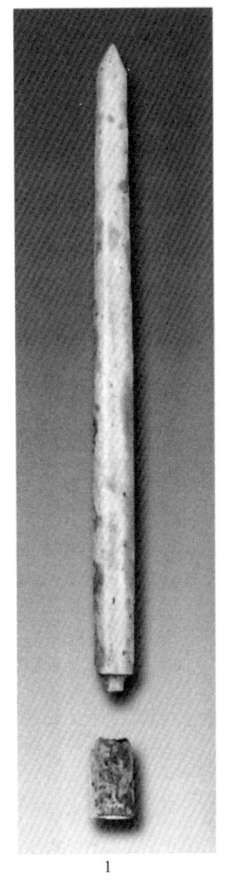

图5-1　新地里遗址出土玉锥形器及套管
1. M86∶10、9　2. M114∶9

关于好川墓地出土漆器与墓主身份等级的关系，学者认为，在M7、M8

---

〔1〕　严志斌：《漆觚、圆陶片与柄形器》，《中国国家博物馆刊》2020年第1期。
〔2〕　浙江省文物考古研究所、桐乡市文物管理委员会：《新地里》。
〔3〕　浙江省文物考古研究所：《卞家山》上册，第313—314页。

列，M10、M12 列和 M4 列时期，好川墓地所代表的社会主要通过权力象征物（漆器）、"礼仪化"器物（同型陶器）和"礼仪化"形式（墓坑面积及墓葬在墓地中的墓位）等来标识墓葬所处的等级地位，这些标识手段在墓地发展过程中被不断强化。通过控制使用范围和优化饰片材质、增加饰片数量等方法，漆器的质地更加优良、装饰更加华丽，其权力象征物的功能得到强化。具体而论在 M7、M8 列时期，漆器上镶嵌石饰片而且数量较少，在家庭成员的墓葬中随葬比例也较高；在 M10、M12 列时期，漆器上镶嵌的饰片变为玉质且数量增加，漆器使用范围受到严格控制，只有大墓才有资格随葬漆器，普通家庭成员墓葬中不见随葬漆器；到 M4 列时期，漆器上镶嵌的玉饰片数量更多，只有大墓以及家庭中核心人物的墓葬或部分等级较高的墓葬才可以随葬漆器。此外还会通过增加同型陶器器物数量和扩大墓坑面积的手段来加强其礼仪象征功能。在这三个时期内，家庭以及家庭内部成员并没有凭借较高的社会地位赢取更大的经济利益。而到 M60 列时期，除上述墓葬等级地位的标识手段被继续强化外，在 M60 列各家庭以及北面第 1 组家庭内部成员之间已经开始出现凭借较高的社会地位为家庭和自己赢得更高经济利益的情况，从而造成了该墓列中家庭之间以及第 1 组核心家庭内部成员间经济和社会地位不对等的结果。但这种社会变化并不普遍，在其他三个家庭内部成员间并没有出现由社会地位不同导致的经济地位不平等现象。在好川墓地所代表的社会中，男性的地位要高于女性。可知好川墓地所代表的社会属于父系社会。[1]

根据对好川墓地出土漆器墓葬的统计，除 M4 和 M60 两座合葬墓外，漆器不与陶纺轮共存，只有男性单人墓中才随葬漆器，且上述两座大墓中的漆器也是随葬给男性墓主的。[2]

从上面的分析可以看出，至迟在以反山墓地为代表的良渚文化中期，漆器的使用已有明确的身份等级象征，限于高级贵族，但没有性别方面的明显差异。而随着时间的推移，在以好川墓地为代表的新石器时代晚期的良渚文

---

[1] 翟杨：《好川墓地社会结构分析》，载上海博物馆《上海博物馆集刊》第 11 期。
[2] 翟杨：《好川墓地社会结构分析》，载上海博物馆《上海博物馆集刊》第 11 期。

化中,漆器不仅不断被强化其作为身份标志物的功能,而且似乎成为男性专有的"奢侈品",显示出在漆器使用方面存在明显的性别差异,反映了父系社会男女身份等级方面的不平等地位。

关于良渚文明的性质,赵辉先生指出:"从大量考古发现得知,良渚生产了大量精美绝伦的玉器,以及漆器、丝绸、象牙器等,还有大量精致陶器,以及高超的木作建筑,不仅意味着农业和手工制造业之间存在确凿的分工,制造业内部如制玉业内部还有细密分工,即良渚的社会分工十分发达。又从众多墓葬、墓地的资料看,良渚社会分层十分明显。反山、瑶山等贵族专属墓地积累的大量财富与普通墓地的情况反差如此巨大,据此可以认为良渚是个阶级社会……就目前考古资料反映的情况看,整个良渚社会中确实存在一张以良渚古城为中心的'中央'联系着各个'地方'中心的网络结构。单就这一点而言,良渚是有那么一点接近于地域国家的样子的。"[1]

"峰值期的良渚社会是一个宗教色彩极其浓厚的社会,整个社会生活的运作被笼罩在厚重而偏激的宗教气氛里,为此社会投入了大量非生产性劳动,而这些付出对社会的长期发展显然不会有任何正面效应。"[2]大量精美漆器,尤其是嵌玉石漆器的生产想必也耗费了大量劳动力,或也是导致良渚文明衰落的原因之一。

2. 陶寺文化漆器的器用制度

陶寺墓地发掘报告将墓地中的墓葬分为六类,其中一类墓是大型墓,二、三、四类墓为中型墓,五、六类墓为小型墓。一类甲型墓 5 座,墓主是具有王者身份的方国首领人物;一类乙型墓仅 1 座,与一类甲型墓颇为接近,死者应属王室成员;二、三类墓的墓主应是掌握了部分权力的不同等级贵族;四类墓的墓主可能是贵族中身份低下者或平民中的富有者,其社会地位介乎贵族和平民之间;五、六类墓墓主则是没有特权的平民。根据笔者统计(表 5-3),陶寺墓地有 27 座墓葬出土漆木器,墓葬规格多为一、二类墓,等级很高,特别

---

[1] 赵辉:《良渚的国家形态》,《中国文化遗产》2017 年第 3 期。
[2] 赵辉:《良渚文化的若干特殊性——论一处中国史前文明的衰落原因》,载浙江省文物考古研究所《良渚文化研究——纪念良渚文化发现六十周年国际学术讨论会文集》。

表 5-3　陶寺墓地（1978—1985 年）出土漆器统计

漆器	数量	墓号	墓葬规格	墓主性别
鼍鼓	8	3002、3015、3016、3072、3073	均为一甲	男、男、不详、不详、不详
案	9	2001、2092、2103、2115、2168、2172、2180、3016、3073	一乙、二甲、二甲、二乙、二甲、二甲、二甲、一甲、一甲	不详、女、男、男、男、男、男、不详、不详
俎	9	2001、2014、2092、2095、2168、2172、2180、3015、3072	一乙、二甲、二甲、二甲、二甲、二甲、二甲、一甲、一甲	不详、不详、女、不详、男、男、男、男、不详
豆	34	1111、2001、2014、2035、2092、2103、2180、3002、3015、3072、3073	二甲、一乙、二甲、二甲、二甲、二甲、二甲、一甲、一甲、一甲、一甲	不详、不详、不详、男、女、男、男、男、男、不详、不详
高柄豆	14	2001、2172、2180、2202、3015	一乙、二甲、二甲、二乙、一甲	不详、男、男、男、男
觚	14	2043、2063、2092、2103、2168、2172、2180、2202、3016	二甲、二乙、二甲、二甲、二甲、二甲、二甲、二乙、一甲	不详、男、女、男、男、男、男、男、不详
杯	2	2180	二甲	男
盘	2	2168	二甲	男
碗	2	2156、2172	五、二甲	女、男
盆	3	2001、3015	一乙、一甲	不详、男
斗	1	2180	二甲、一甲	男、男
勺	3	2014、2172、3015	二甲、二甲	不详、男
仓形器	13	2001、2103、2202、3002、3015	一乙、二甲、二乙、一甲、一甲	不详、男、男、男、男
桶形器	2	2168、2172	二甲、二甲	男、男
钺柄	3	1364、2103、2339	三甲、二甲、三甲	男、男、男
弓	1	2200	二乙	男
头饰	10	2001、2003、2010、2011、2023、2024、2028、2081、2255、3018	一乙、二丁、三乙、三甲、二丁、三乙、三、二、五、五、二	不详、女、女、男、女、女、男、女、女、女
腕饰	10	2001、2010、2013、2023、2028、3003、3085、3168、2003	一乙、三乙、二丁、二丁、三乙、三乙、二、三甲、二丁	不详、女、不详、女、男、不详、不详、男、女

说明：器形不明者未统计在内。

是容器类漆器，几乎全为一、二类墓所出，只有1件碗出自五类墓，可见其具有身份等级的象征性。各墓出土漆器数量不等，其中8座墓各出土1件，而M2001出土数量多达29件（未计头饰和腕饰），M3015出土数量达26件，二者均为一类墓。

值得注意的是，鼍鼓均出自一类甲型墓。鼍鼓尤其具有身份象征意义，笔者曾做过专门讨论。[1]陶寺墓地出土了鼍鼓和与之配套使用的石磬，两者均出自具有王者身份的方国首领的大墓中。[2]"陶寺大型墓葬的主人就是掌握着王权和军事权力的高级贵族。鼍鼓、土鼓、巨磬都是乐器，这些乐器主要是祭祀使用的礼仪乐器，特别是巨磬和鼍鼓，其主人恐怕非王莫属了。使用这些器具随葬，不仅仅是为了显示权贵和富有，还暗示着墓主人同时具有巫师集团首长的特殊身份。"[3]鼓的应用范围广泛，涉及祀与戎。《周礼·地官·鼓人》载："鼓人掌教六鼓、四金之音声。以节声乐，以和军旅，以正田役，教为鼓而辨其声用。以雷鼓鼓神祀，以灵鼓鼓社祭，以路鼓鼓鬼享，以鼖鼓鼓军事，以鼛鼓鼓役事，以晋鼓鼓金奏。以金錞和鼓，以金镯节鼓，以金铙止鼓，以金铎通鼓。凡祭祀百物之神，鼓兵舞、帗舞者。凡军旅，夜鼓鼜，军动则鼓其众。田役亦如之。救日月，则诏王鼓。大丧，则诏大仆鼓。"郑玄注："铎，大铃也，振之以通鼓。"墓中出土的这些鼍鼓是否可依照文献记载的六鼓而对号入座，尚待考证。笔者赞同前文所引陶寺大型墓葬出土的鼍鼓、巨磬主要是祭祀使用的礼仪乐器这一观点。

腕饰出自一、二、三类墓，弓和钺柄出自二、三类墓，同样具有身份等级意义。头饰多出自一、二、三类墓中，五类墓中也有出土，显示出头饰虽有一定的身份等级意义，但其使用不是很严格。陶寺墓地出土漆器墓葬规格基本为大中型墓，墓主身份等级较高，多为王者、王室成员及贵族。漆器数量与墓葬规格和墓主身份等级成正比，体现出明显的等级差异。

需要说明的是，陶寺2002ⅡM22未统计在表5-3内，该墓出土25件漆器，

---

[1] 洪石:《鼍鼓逢逢：滕州前掌大墓地出土"嵌蚌漆牌饰"辨析》,《考古》2014年第10期。
[2] 中国社会科学院考古研究所山西工作队等:《陶寺遗址出土的龙山时代乐器》,载解希恭主编《襄汾陶寺遗址研究》,科学出版社2007年版。
[3] 侯毅:《从陶寺城址的考古新发现看我国古代文明的形成》,《中原文物》2004年第5期。

还有6件玉石钺的漆木柄，具体情况不详。据发掘简报可知，墓主身份为大贵族。这与陶寺墓地其他出土漆器墓葬的规格与墓主的身份等级间呈正相关的规律是一致的。

根据表5-3可知，陶寺墓地出土漆器墓葬的墓主性别以男性为主。如果不计出土头饰和腕饰的墓葬，陶寺墓地出土漆器的墓葬仅有2座是女性墓，一座是二类甲型墓M2092，另一座就是出土了1件碗的五类墓M2156。可见，这些漆器资源几乎全被男性控制，说明相对于女性，陶寺男性具有较高的社会地位，在人数上占绝对优势。至于头饰和腕饰，男性墓和女性墓差异不明显，显示出在此类资源占有方面二者大致平等。出土鼍鼓墓葬的墓主性别能够确定的均为男性，出土钺柄墓葬的墓主性别均为男性，显示出这两类器物均具有性别方面的指示意义。

陶寺墓地发掘报告[1]指出，从各类墓在墓葬总数中所占比例和晚期三至六类墓的数量比例关系来看，各类墓的数量与其规格是呈反比的，即规格越高、数量越少，规格越低、数量越多。族内平民，即位居社会底层的直接生产者的五、六类墓占到80%左右。大、中、小型墓在内涵与数量上的强烈对比和反差，展现出最高统治者与各级贵族之间、统治阶层与同族广大民众之间多层次的等级差别，成为龙山时代金字塔式社会分层结构的真实写照。墓中的随葬品和牲体已成为墓主生前社会地位和等级权力的象征，同时也是区分贵族等级的标志物，且具有"唯器与名不可以假人"（《左传》成公二年）的意义，从而十分清楚地揭示出有关随葬品的礼器性质。陶寺文化早期由玉石器、漆木器和特殊陶器构成的非铜礼器群，其社会属性、社会功能与单带青铜礼器是一致的。当时礼器种类已相当齐全，社会上、中层已普遍使用礼器，并且确实存在着约定俗成的、按贵族等级身份依次有序遵守的一套使用礼器的规则或曰制度。

根据上文分析可以得出，陶寺墓地出土漆器不仅在身份等级方面，而且在性别方面体现出显著的差异。陶寺墓地出土漆器（不包括头饰和腕饰）属

---

[1] 中国社会科学院考古研究所、山西省临汾市文物局：《襄汾陶寺：1978—1985年考古发掘报告》第3册，第1131页。

身份等级标志物,具有礼器性质,且男性基本独占漆器使用权,显示出男性居于社会主导地位。

何驽先生曾指出陶寺遗址的"邦国"性质:"从上述陶寺遗址考古不难看出,中国最初的早期国家应当是邦国,与王国相比从政治体制到行政管理结构和模式都带有更多稚嫩的原始性,但是国家社会所应具备的基本要素如王权、都城、阶级、地缘政治、官营手工业、贡赋制度、国家意识形态等等都已齐备,缺乏的是中央集权的王权。"[1]需要注意的是,陶寺文化晚期已属夏代的纪年范围。山西襄汾陶寺遗址 H3403 出土陶扁壶上的朱书文字(图 5-2),有学者释为"文邑",意即夏邑。"文邑"的名称得于禹名,似更早于"夏邑"之名。邑作为世袭王权的中心都邑所在,形制不同于城郭,为不具城垣的围邑,其制相传为夏启所创,从而形成三代礼制的固有传统。禹都阳城,启兴夏邑,而陶寺早晚期文化的面貌正清晰地展现了这一划时代的历史变革,它标志着由启所开创的中国历史上第一个家天下的奴隶制国家约在陶寺文化晚期正式诞生,其时适值公元前 21 世纪,与传统认为的夏纪年吻合。[2]但目前尚未见陶寺文化晚期漆器。

图 5-2　陶扁壶(陶寺 H3403∶13)上的朱书文字

---

[1] 何驽:《从陶寺遗址看中国早期国家的特征》,《团结报》2012 年 11 月 1 日,第 7 版。
[2] 冯时:《文邑考》,《考古学报》2008 年第 3 期。

第二节
夏代漆器的流布与器用

夏代漆器的流布，显示出以二里头遗址为主的二里头文化的核心地位，及其对周边考古学文化的影响。器用方面，以酒礼器为主，礼乐文明大步发展，身份等级和性别差异显著。

一 夏代漆器的流布

从目前考古发现资料看，新石器时代前期，漆器分布地域单一，集中在长江三角洲地区；新石器时代后期，漆器数量大增，种类丰富，流布地域变广。其中长江下游仍然是漆器的集中分布区，属良渚文化，漆器制作水平处于领先地位。这一时期，漆器还流布至黄河中游，该地区属陶寺文化，漆器制作水平较高，具有鲜明的地域特色，成为新石器时代后期漆器制作的另一中心。同时期，长江中游也有零星漆器分布，在漆器制作方面居于一般地位。

考古发现的夏代漆器比较少，仅在中国北方有所发现，而且非常集中，主要出土于河南偃师二里头遗址，河南驻马店杨庄遗址和内蒙古赤峰大甸子墓地也有少量发现，文化上主要属于二里头文化以及夏家店下层文化。与新石器时代漆器流布进行比较可知，属于夏代漆器分布区的河南和内蒙古，不见新石器时代漆器，是夏代新出现的漆器流布区。河南偃师二里头则是夏代漆器的核心分布区。

至于二里头文化漆器的来源，当地暂未发现新石器时代的漆器，而周边距离最近的新石器时代漆器主产区是陶寺。陶寺遗址和二里头遗址是中国早期国家形成中的关键遗址。二者地域相邻，年代相接，存在较多的文化交流与互动。前文已述，二里头文化漆器的器类基本见于陶寺文化漆器，胎骨、髹漆、纹饰、玉石构件与饰件等也多延续陶寺文化漆器做法。当然也有创新，如龙形绿松石嵌饰、装饰有嵌绿松石铜牌（钖）的朱干，以及用陶片封堵漆觚底部的做法等。考察二里头周边考古学文化，从文化发展脉络和文化交流看，新石器时代，晋南的陶寺是漆器生产中心，二里头文化漆器有来自陶寺文化的影响，如以绿松石饰漆器等，当然更早的来源可能是海岱地区。新石器时代，海岱地区绿松石嵌饰传统向南已影响到大汶口文化和良渚文化的交汇地江苏新沂花厅遗址，该遗址出有嵌绿松石漆器；再向南传播到良渚文化区，浙江桐乡新地里 M140 也出土嵌绿松石漆器。稍后，龙山时代，海岱地区绿松石嵌饰传统向西传播到了陶寺，继而影响到了二里头文化；也有可能海岱地区绿松石嵌饰传统同时影响了二里头文化。这种漆器流布方面的表现，可以理解为新石器时代陶寺的核心地位至夏代为二里头所取代。这一漆器流布核心地位的取代，也暗合地域控制权力的取代，与相关文献记载相合，即可印证夏对于晋南地区的控制。有证据表明，晋西南以及相邻地区尧舜时代居住的族群是以舜为代表的有虞氏，陶寺文化中期发生大的变异的主要原因应与有虞氏舜的强势进入有直接关系。有虞氏舜最终取得了对陶寺地带原"尧都"的控制权。虽说陶寺文化晚期不是夏文化，夏文化也非起源于晋南地区，但禹、启时期的夏族确曾控制今晋南地区。陶寺文化晚期发生变异的原因当与夏后氏禹对有虞氏的政治颠覆活动直接相关。[1]

关于二里头遗址出土漆器的产地，杨远先生通过对文献资料的梳理和对周边资源环境状况的分析，初步推测其当在距离二里头遗址不远的焦作沁阳境内，认为此处应该是"禹作祭器"及其后夏代生产制作漆器的主要地点。而这一带也发现了诸多二里头文化聚落遗址，帮助夏王朝达到控制周边环境资源的重要目的，为西周到汉代"野王纻器"的兴盛奠定了坚实基础。[2]当然这只是一种推测。因为漆器制造原料一般是木胎和漆，不易留下生产遗迹和作坊遗址，所以目前尚未发现明确的中国古代漆器作坊遗址。考虑到在二里头遗址发现了陶窑、铸铜作坊、制骨作坊和绿松石作坊等手工业作坊遗

---

[1] 张国硕：《陶寺文化性质与族属探索》，《考古》2010 年第 6 期。
[2] 杨远：《二里头遗址出土漆器及其制作产地蠡测》，《文博》2018 年第 4 期。

址，[1]而漆器生产也涉及多种生产部门的分工协作（如嵌绿松石铜牌朱干的生产需要铸铜作坊、绿松石作坊与漆器作坊共同完成，再如漆觚底部的圆陶片也需要对陶器进行生产加工，等等），加之当地也是重要的生漆资源所在地，这些漆器应是二里头当地生产的。且二里头遗址作为都城遗址，完全拥有配置漆器作坊的能力，也确有必要，由此还可实现资源控制、生产垄断和分配垄断，如朱干和漆觚特供高级贵族享用。

内蒙古出土的夏代漆器，主要以觚为主，还有箄，器类很少。内蒙古并无漆树资源，新石器时代也无漆器分布，从自然资源、生产技术和历史文化背景等方面看，不具备生产漆器的优越条件。其出土漆器的主要器类觚，也是二里头文化漆器的主要器类。关于二里头遗址和二里头文化的重要性和影响力，许宏先生做过精辟论述。他指出，从时空分布与文化特征来看，二里头遗址与二里头文化是探索夏商文化及其分界的关键对象，但其重要性远不止于此。经过60多年的田野工作，在二里头遗址发现了中国最早的城市主干道网，最早的布局严整的宫殿区与宫城，最早的多进院落大型宫殿建筑，最早的中轴线布局的宫殿建筑群，最早的国家级祭祀区和祭祀遗存，最早的封闭式官营手工业作坊区，最早的青铜礼乐器群、兵器群以及青铜礼器铸造作坊和最早的绿松石器作坊，等等。这里是中国乃至东亚地区最早的具有明确城市规划的大型都邑，这样的规模和内涵在当时的东亚大陆都是独一无二的。可以说，这些"中国之最"开中国古代都城规制、宫室制度、礼乐制度和王朝文明的先河。就其文化影响而言，二里头文化的分布范围突破了地理单元的制约，几乎遍布整个黄河中游地区，二里头文化因素向四围辐射的范围更大。二里头文化当是东亚大陆最早的核心文化，二里头都邑则是中国最早的广域王权国家的权力中心，中国历史自此进入开创新纪元的"二里头时代"。[2]因此，综合考虑，内蒙古出土的夏代漆器应是二里头文化传播的结果。但是也需要注意到，大甸子漆觚未用圆陶片封底，而有竹篾编织的箄，

---

[1] 除发掘报告外，有学者对此类遗存进行了专门探讨，详见赵海涛、张飞《二里头都邑的手工业考古》，《南方文物》2021年第2期。

[2] 许宏：《二里头考古与中国早期文明》，《历史研究》2020年第5期。

螺钿漆器可能同时嵌绿松石饰，这些都不同于二里头文化漆器，加之大甸子M453出土石皿中有一团红色颜料——赤铁矿粉，还出土一件石质研磨杵，推断墓主生前承担彩绘陶器或彩绘漆器的制作。可见，大甸子漆器具有鲜明特色，在二里头文化的影响下，大甸子当地应当也能加工甚至生产漆器，并且在器形、工艺等方面有了创新发展，但漆料应来自外地。

二里头文化对于大甸子夏家店下层文化的影响，不仅表现在漆器上，在陶器和玉器上也有所体现。杜金鹏先生指出，大甸子墓地出土的陶爵、鬶是当地制造的产品，它们与二里头文化二期偏晚至三期偏早的同类器物的形制特征大体相同，显示出二里头文化因素传播到了辽河流域。[1]邓聪先生认为，二里头文化玉器的一些因素在辽河流域中也有所表现，但其影响有限。[2]正如刘国祥先生对大甸子文化玉器深入研究后所指出的："从新石器时代中期至青铜时代早期长达四千余年的历史进程中，玉器的雕琢与使用形成了自身的传统，体现出较强的承继发展关系。"[3]

需要指出的是，长江下游是中国最早漆器的发现地，或是漆器的起源地，也是新石器时代漆器流布集中区，或也是主要产区，但在考古发现中，此地未见明确的夏代漆器，不合情理。究其原因，一方面与良渚文化的突然消失有关，另一方面也与考古发现的局限有关。值得注意的是，好川墓地出土的漆器，有些年代可能到夏代，甚至商初。好川墓地发掘报告将该墓地中的墓葬分为五期，认为一期墓葬年代约相当于良渚文化晚期后段，五期墓葬年代约当夏末商初，从而推断好川墓地年代大体在良渚文化晚期至夏末商初，但没有具体推定二至四期墓葬的年代。绝对年代初步确定为距今4300—3700年，前后长达600年。表1-1收录的好川墓地出土漆器墓葬中，一期的有6座，二期的有1座，三期的有8座，四期的有6座。根据发掘报告的分期断代，其中有相当一部分墓葬的年代晚于良渚文化时期。目前好川墓地的年代存在争议，其是否可晚到夏末商初，仍面临质疑。现提出此线索，目的

---

[1] 杜金鹏：《试论夏家店下层文化中的二里头文化因素》，《华夏考古》1995年第3期。
[2] 邓聪：《夏家店下层文化中的二里头文化玉器因素举例》，载中国社会科学院考古研究所夏商周考古研究室《三代考古》（三），科学出版社2009年版。
[3] 刘国祥：《大甸子玉器试探》，《考古》1999年第11期。

在于追踪良渚文化漆器的源流，如果说好川文化是良渚文化的后续发展，那么好川文化漆器也应是良渚文化漆器的后续发展。

二 夏代漆器的器用

对于夏代漆器的器用分析，也可从其应用范围和器用制度两方面进行阐释。

（一）夏代漆器的应用范围

根据前文论述可知，夏代漆器出土数量虽然不多，分布地域虽然不广，但应用范围很广，见于新石器时代的五大类漆器均有，包括日常生活用器、乐器、兵器、服饰和葬具。笔者对夏代漆器进行了粗略的分类统计（表5-4），器形不明者未统计在内。

表 5-4　夏代漆器统计

器类		数量	百分比	
日常生活用器	觚	24	42.9%	68.1%
	碗	3	5.4%	
	盒	3	5.4%	
	豆	2	3.6%	
	箅	1	1.8%	
	勺	2	3.6%	
	匕	1	1.8%	
	箸	1	1.8%	
	案	1	1.8%	
乐器	鼓	1	1.8%	1.8%
兵器	干	4	7.1%	7.1%
服饰	笄	3	5.4%	5.4%
葬具	棺	9	16.1%	17.9%
	匣	1	1.8%	
合计		56	100%	

说明：二里头 1980 Ⅲ M2、1985 Ⅵ M7、1987 Ⅵ M58 出土各类漆器数量不明，均按 1 件计。

日常生活用器方面，夏代漆器主要有觚、碗、盒、豆、勺、匕、箸、案等。与新石器时代漆器相比，夏代继续存在的器形有觚、碗、盒、豆、勺、案，新出现的器形有匕、箸，未见杯、囊形器、盘、高柄豆、盆、壶、带座桶形器、仓形器、斗、俎等器形。总体上看，夏代各类漆器基本见于新石器时代，但新石器时代的很多漆器器形不见于夏代。夏代漆器也以日常生活用漆器为主，从表5-4中可以看出，占比高达68.1%，与新石器时代后期日常生活用器类69.8%的占比基本持平。

乐器方面，新石器时代后期出现鼍鼓，主要见于陶寺墓地，陕西神木石峁遗址和山西芮城清凉寺墓地也出土鳄鱼骨板，均应与鼍鼓有关。目前，夏代漆器中，暂未见鼍鼓，但出土了鼓，仅1件，为二里头1981 V M4出土。从表5-2、表5-4中可以看出，夏代乐器类占比比新石器时代后期乐器占比有所下降。

兵器方面，新石器时代已具备漆弓、箭镞、箙等抛射兵器组合，以及带漆木柄的短兵器——钺，抛射兵器和短兵器组合，可用于战争、狩猎和礼仪活动等。这些漆木兵器，目前在夏代遗存中尚未发现，但可以确定，它们应是存在的。夏代新出现的漆器兵器是朱干，均出自二里头遗址，或嵌绿松石饰，或装饰嵌绿松石铜牌（钖），应是来源于实用兵器而主要用于礼仪活动。从表5-4中可以看出，夏代兵器类漆器占比7.1%，与新石器时代前期7.7%的占比相近，但与新石器时代后期14%的占比相差较大。

服饰方面，目前能够确认的只有一类，即二里头2002 V M3出土的3件髹朱漆的白陶斗笠形器，应为头饰——漆木（骨）笄的帽。不见新石器时代后期出现的腕饰。从表5-4中可以看出，夏代服饰类漆器占比5.4%，相比新石器时代后期服饰类10.2%的占比下降较多。

葬具方面，新石器时代后期出现漆棺，数量较多，出土范围较广，考古学文化上属良渚文化和陶寺文化，地域上属长江下游和黄河中游。夏代继续沿用漆棺，出土数量较多，从表5-4中可以看出，仅次于日常生活用器，占比达17.9%，相比新石器时代后期葬具类2.6%的占比有大幅上升。值得一提的是，在这些葬具中，还有1件为狗的葬具。这些情况表明夏代葬具普及程度较高，显示了时人对于葬具的重视。

总之，夏代漆器的应用以日常生活用器为主，葬具次之，兵器再次，服饰类占比较少，乐器占比最少。

（二）夏代漆器的器用制度

1.礼器性质

觚是夏代漆器最重要的器类。漆觚（包括漆案等）与其他质地器物组合，共同构成以二里头文化遗存为代表的夏代礼器群，反映了漆器作为礼器的重要地位。漆觚多与陶爵、陶盉组合，或与铜爵、陶盉组合，也与铜爵、陶爵、陶盉组合。个别组合不全，仅有陶盉，或仅有陶爵。正像学者所指出的，"在二里头文化的随葬器物群中，最引人注目的是青铜礼器的出现。创制青铜礼器，是二里头文化对中国古代青铜文明的重大贡献。由于当时处在我国青铜文明的早期阶段，青铜礼器的使用尚不普遍，因此，礼器（主要指容器类）的组合，往往是青铜器与陶器、漆器相配伍，青铜器单独配置成套的情形，并不多见。铜礼器与其他质料礼器搭配成组，主要是铜爵（或加铜斝）与陶盉、漆觚的组合，铜爵与陶爵、陶盉组合也常见。青铜器与漆器、陶器共同组成礼器群，构成二里头文化礼器制度的重要特征"。[1]

关于大甸子墓地，从墓葬形制和随葬品的种类、数量看，整个墓地存在明显的等级分化。不同规格的墓葬间，随葬品的种类和数量不一。在大型墓葬中，随葬品丰富，发现有成组的陶质鬶、爵、盉等礼器，成组的彩绘陶器和漆木器、海贝、玉器等；在中、小型墓葬中，随葬品的种类和数量明显偏少，有的墓葬内仅随葬1件陶器，也有的墓葬内无随葬品。[2]可见，大甸子墓地也存在等级差异，随葬漆器的墓葬等级最高，漆觚与陶鬶、爵、盉构成礼器组合。

夏人崇酒，《尚书大传》载："夏人饮酒，醉者持不醉者，不醉者持醉者，相和而歌曰：盍归于亳，盍归于亳。"郑玄注："亳，汤之都也。"[3]学者已指出："有夏一代，贵族统治阶级饮酒之风渐开，青铜礼器爵、盉、斝、觚、角

---

[1] 中国社会科学院考古研究所编著《中国考古学·夏商卷》，第107页。
[2] 王苹：《内蒙古敖汉旗大甸子墓地出土彩绘陶器纹饰试析》，《四川文物》2019年第6期。
[3] （汉）伏胜撰，（汉）郑玄注，（清）陈寿祺辑校《尚书大传》上册，济南出版社2018年版，第31页。

等酒器的出现与此是相应的，唯因生产水平的制约，数量有限，最先通常为陶、漆制品，青铜礼器实承袭陶礼器及漆礼器而来。"[1]

朱干是夏代漆器另一重要器类。考察出土 4 件朱干的 4 座二里头文化墓葬，1981 Ⅴ M4 是否被盗扰，不详；2002 Ⅴ M3 西南部被灰坑打破；其他两座墓保存较好。保存较好的两座墓葬，1984 Ⅵ M11 出土 1 件玉戚，1987 Ⅵ M57 出土 1 件玉戈。由此初步推断，1981 Ⅴ M4 和 2002 Ⅴ M3 应也随葬有玉戚或玉戈，因被破坏和盗扰而不存。综合来看，笔者认为，龙形绿松石嵌饰和嵌绿松石铜牌（钖）应附属于干，且与玉戚或玉戈组成礼仪兵器组合，即干戚或干戈，用于仪式性活动中。铜铃也是这种仪式性活动中的必备物品。《山海经·海外西经》记载刑天舞干戚："刑天至此与帝争神，帝断其首，葬之常羊之山；乃以乳为目，以脐为口，操干戚以舞。"

李志鹏先生曾对二里头文化墓葬做过系统研究，将全部墓葬分为五个等级：Ⅰ级墓中普遍使用青铜礼器、玉礼器、陶礼器、漆礼器；Ⅱ级墓中陶礼器使用最为普遍，等级稍高的墓中还使用玉礼器、漆器等，只不过数量较之Ⅰ级墓有所递减；二里头文化Ⅲ级以下墓葬则基本只见日用陶器，礼器只出于一定等级以上的墓葬中，其组合形式有一定的等差有序的规则，这正是礼制形成的重要表现。[2] 这 4 座出土朱干的墓葬均属Ⅰ级，为二里头文化墓葬最高等级。许宏先生指出，2002 Ⅴ M3 属于迄今所知二里头都邑中最高等级的墓葬之一，墓主为具有特殊身份的较高等级的贵族。[3] 郜向平等先生指出，以往学者多认为 M3 是与宗教、礼仪活动有关的贵族之墓，个别学者则推测是王墓。从埋葬位置、墓葬规模和随葬品情况，尤其是绿松石龙形器等有宗教意味的器物来看，这几座墓的墓主确有可能是与宗教有关的贵族。但如果考虑到龙山时期的中原地区除陶寺文化之外，普遍不重视随葬，从二里头文化开始才有逐渐"厚葬"的趋势，若以目前最明确的殷墟王陵为参照，探寻

---

[1] 宋镇豪：《夏商社会生活史》上册，中国社会科学出版社 1994 年版，第 440 页。
[2] 李志鹏：《二里头文化墓葬研究》，载中国社会科学院考古研究所《中国早期青铜文化——二里头文化专题研究》，科学出版社 2008 年版，第 54 页。
[3] 许宏：《二里头 M3 及随葬绿松石龙形器的考古背景分析》，载北京大学中国考古学研究中心等《古代文明》第 10 卷。

夏及早商的王墓，标准失之过高。如此，上述宫殿建筑中的贵族墓葬，作为王室成员乃至王本人之墓的可能性也是存在的。[1]

综合以上观点，结合后世文献记载"朱干玉戚"应为天子之礼等情况推断，这4座出土朱干、玉戚（戈）或仅出土朱干的墓葬，应为夏代最高等级墓葬——王墓，朱干、玉戚是其身份地位的象征，是最高统治者才能享用的礼器。

2. 性别特征

出土漆器的二里头文化墓葬多保存较差，人骨已朽，无法得知墓主性别和年龄等信息，以致作为随葬品的漆器与墓主性别和年龄的关系无法深入讨论。仅知二里头2002 V M3墓主为成年男性，年龄为30—35岁，墓主的部分肢骨被毁。[2]

关于漆器使用方面的男女之别，有学者指出："二里头文化三期墓在随葬组合上有男性、女性墓的区别，就已发表的墓葬资料而言，有铜或陶爵、漆觚（多仅余规整的作为器底的小圆陶片）、陶盉的组合可能为男性专用，而有陶豆、盆、罐（或豆、盘、罐）的组合可能为女性专用，此特点在四期墓中仍然存在。随葬器物组合上的这一性别特征，与二里头文化墓葬在较高级别墓中体现出的礼制以及在所有墓葬中体现出的等级差别是同时存在的，应引起重视。二里头文化三、四期墓上述随葬器物的组合特点在该文化不同类型中可能具有共性。"[3]

根据笔者的统计（表5-5），大甸子6座出土漆觚墓葬的墓主，均为20岁以上的成年人，除了两例性别不明外，均为男性，所在墓区为北Ⅰ区和北Ⅱ区，墓葬等级和葬具均为1级，均有壁龛。除一例外，均随葬斧钺而不随葬纺轮，显示出男性、权贵墓葬的特征。有学者对大甸子墓地墓葬习俗中的性别角色进行了研究，[4]遗憾的是，对于出土漆觚的墓葬统计出现错误，将

---

[1] 郜向平、覃覃：《二里头遗址三号建筑院内墓葬探讨》，《南方文物》2019年第2期。
[2] 许宏：《二里头M3及随葬绿松石龙形器的考古背景分析》，载北京大学中国考古学研究中心等《古代文明》第10卷。
[3] 朱凤瀚：《二里头文化晚期墓葬与二里岗下层文化墓葬的分析与比较——兼及二里头文化墓葬随葬器物组合的性别差异》，《中原文物》2021年第2期。
[4] 吴瑞满：《墓葬习俗中的性别角色研究——以内蒙古自治区大甸子墓地为例》，载〔美〕林嘉琳、孙岩主编《性别研究与中国考古学》，科学出版社2006年版，第44页。

没有出土漆觚的 M867 计入，而该墓墓主恰为一位女性；将出土漆觚的 M853 遗漏，该墓墓主恰为男性。这个统计错误影响了作者对大甸子出土漆觚墓葬墓主性别的判断，导致相关认识不确。但作者也提出了一些有益见解，认为 M726 是北 I 区墓丛的中心墓葬，墓主是一位约 55 岁的男性，该墓拥有最大的体量和 9 件彩绘陶器。M905 是北 II 区墓丛的中心墓葬，墓主是一位约 50 岁的男性，拥有大甸子墓地数量最多的随葬彩绘陶器（10 件）。这些现象显示出这些老年男性的社会身份较高。[1]特别是 M726 随葬了 3 件漆觚，结合墓葬形制大小、葬具和其他随葬品判断，该墓是墓地中等级最高的墓葬，墓主身份地位最为显赫。

表 5-5　大甸子出土漆觚墓葬统计

墓号	墓区	漆觚	墓葬等级	葬具	壁龛	斧钺	纺轮	墓主
M666	北 I	1	1	I	有	斧		20±，男
M672	北 I	1	1	I	有	斧		35+? 不详
M726	北 I	3	1	I	有	斧		55+，男
M853	北 I	1	1	I	有	钺		30，男
M905	北 II	1	1	I	有	斧		50±，男
M931	北 II	1	1	I	有			40±? 不详

在北 I 区和北 II 区这两个权贵墓丛中的女性墓主的社会身份与邻近的男性墓主的身份密切相关。男性的社会地位与其家族有关，他的个人财富或者是继承的，或者是经过其本人的活动获得的；女性的社会地位则与她的丈夫的地位有关，而个人财富则可能来自她自己的母族或者来自夫家；儿童的个人财富是来自所在的家族而不是个人获得的。[2]大甸子 M453 出土石皿中有一团红色颜料——赤铁矿粉，还出土一件石质研磨杵。M453 墓主为一位

---

[1] 吴瑞满：《墓葬习俗中的性别角色研究——以内蒙古自治区大甸子墓地为例》，载〔美〕林嘉琳、孙岩主编《性别研究与中国考古学》，第 61 页。

[2] 吴瑞满：《墓葬习俗中的性别角色研究——以内蒙古自治区大甸子墓地为例》，载〔美〕林嘉琳、孙岩主编《性别研究与中国考古学》，第 67 页。

25—30岁的女性,推断她生前从事彩绘陶器或彩绘漆器的制作,但她的墓中并无标志身份等级的漆器和彩绘陶器等随葬品,反映出其社会地位不高。

综上可知,夏代漆器使用方面,以二里头和大甸子出土漆器为代表,文化属性上分属二里头文化和夏家店下层文化。其中漆觚、朱干和漆棺都是标志墓主身份地位的漆器,漆觚和朱干还是标志墓主性别的漆器。漆觚与铜爵(陶爵)、陶盉组合,是高等级墓葬普遍使用的酒礼器,为男性高级贵族专用。二里头文化朱干的使用也限于男性高级贵族,朱干与玉戚或玉戈组成礼仪兵器,即干戚或干戈,用于仪式性活动。此外,漆棺的使用,仅限于大中型墓葬,同样也可体现墓主身份等级。酒礼器漆觚和礼仪性兵器朱干及相关配套器物,与祭祀、宴飨、战争等重要活动相联系,表明男性高级贵族在这些重要的社会活动中居于主导地位,这些活动也即"国之大事"。

结　语

中华漆器起源较早，自距今8000余年至夏代，这一时段的漆器即中华早期漆器。中华早期漆器为探索漆器起源提供了关键线索，同时也可补史料记载之阙如，为书写中华漆器史提供了必需乃至唯一的素材。根据前文的分析，可将中华早期漆器分为新石器时代和夏代两大阶段进行总结，其中，新石器时代历时较长，具有自身的演进规律，又可分为早期和晚期两个阶段。

一　新石器时代漆器

新石器时代漆器的考古发现虽然不多，却弥足珍贵，为了解中华早期漆器情况提供了重要的实物资料。这个时期考古发现的漆器主要集中在长江下游地区，而黄河流域漆器仅在山西襄汾陶寺和临汾下靳陶寺文化墓地有所发现。

（一）器类、组合及其演进

按照器物功能，新石器时代漆器可分为日常生活用器、乐器、兵器、服饰、交通工具和葬具六大类，以日常生活用器为主。

新石器时代前期，日常生活用漆器主要有碗、豆、筒、罐、蝶形器等；新石器时代后期，不见蝶形器，其他新石器时代前期器形继续存在，此外还增加了大量新器形，主要有觚、杯、囊形器、盘、高柄豆、盆、壶、带座桶形器、仓形器、斗、勺、案、俎、盒等，各类型及其组合也发生了相应变化。其中漆觚是新石器时代最重要的酒器，出土数量最多，很多地点都有出土。其中下家山漆觚出自灰沟，其余均出自墓葬，分别属于良渚文化和陶寺文化。漆案的出土数量也较多，类型多样，主要分为无足案和有足案两大类。漆案上以陈设酒器为主，多放置觚等。新石器时代前期，日常生活用器的食器组合为碗和勺，未见酒器。新石器时代后期，日常生活用器的食器组合碗、勺继续存在，豆、盘数量较多，类型丰富，占主流；出现刀、俎组合，并配之以猪肉；酒器组合为觚、杯、斗及盛放它们的案。要言之，新石器时代日常生活用漆器的类型和组合日渐丰富，由以食器为主，到食器、酒器并重。

新石器时代前期，漆器中未见乐器。新石器时代后期，出现鼍鼓，主要见于陶寺墓地。陕西神木石峁遗址和山西芮城清凉寺墓地也出土鳄鱼骨板，均应与鼍鼓有关。其中陶寺墓地出土的鼍鼓、特磬等乐器组合，目前所知年代最早，证明中国古代礼乐制度在陶寺文化早期已初现端倪，并对后世产生深远影响。以鼍鼓特磬为主的礼仪乐器组合，在商至西周早期流行，其后逐渐退出历史舞台。

新石器时代前期即出现漆弓，仅见于跨湖桥遗址。新石器时代后期，弓继续存在，均为陶寺墓地出土，箭的出土地点较多，也见有箙。新石器时代后期，出现斧钺柄，数量较多，形制多样，多为长柄，也有短柄，构件和装饰有异。其中柄部嵌玉石的基本属良渚文化，个别为受良渚文化影响的大汶口文化。玉石片从粒状平底发展为片状曲底，体现了钺柄在制作和装饰方面发展的最高水平；柄部未嵌玉石者，是钺柄中的普通类型，更具实用性，分布范围较广，见于良渚文化、屈家岭文化和陶寺文化遗存。综合来看，弓箭使用时间早，延续时间长，分布范围广，具有独特的优越性，能够在攻击时与对方拉开一定距离，无论是狩猎还是作战，都能较好地保证自身安全，其射程远、速度快、杀伤力强、命中率高，实属当时最重要的武器装备。正如恩格斯在《家庭、私有制和国家的起源》中所指出的："弓箭对于蒙昧时代，正如铁剑对于野蛮时代和火器对于文明时代一样，乃是决定性的武器。"[1] 至迟在新石器时代后期，陶寺先民已拥有一套抛射兵器和短兵器组合，漆弓、箭、箙为抛射兵器，钺为短兵器，可作为兵器，也可作为狩猎和劳作工具。此外有一部分制作精美、装饰华丽的玉石钺等，更具礼仪用器特点，象征使用者的身份地位。

---

[1] 恩格斯：《家庭、私有制和国家的起源》，人民出版社2018年版，第22页。

新石器时代前期，漆器中未见服饰。新石器时代后期，出现腕饰和头饰。腕饰仅见于陶寺文化遗存，其中10件为嵌绿松石腕饰，2件为嵌蚌片腕饰，下靳M76还出土1件黑漆木胎腕饰。此类腕饰不见于他处，应属陶寺文化独特器物。头饰方面，新石器时代后期出现了漆笄，有木胎和骨胎两种。陶寺墓地出土较多骨笄，嵌绿松石饰，也属陶寺文化独特器物。

新石器时代前期，髹漆之舟仅一例，为井头山遗址出土。新石器时代后期，暂无相关考古发现。

新石器时代前期，尚未出现漆棺等丧葬用器。新石器时代后期，出现漆棺，数量较多，出土范围较广，考古学文化分属良渚文化和陶寺文化，出土地域分属长江下游和黄河中游。这些漆棺仅存痕迹，可辨识的有独木棺和长方形棺，多髹朱漆，个别为黄漆，有的局部还有黑彩。此外，陶寺M2082木棺底板上残存"红彩板"，其功能近似后世的笭床。

（二）生产工艺

1. 胎骨与制法

新石器时代漆器胎骨有木胎、陶胎、竹胎、骨胎等，以木胎为主，其次为陶胎。或有皮革胎、葫芦胎。

新石器时代前期，从选材方面看，人们已能选择合适的木材来制作漆器。具有代表性的也是对材质要求比较高的，是漆弓。跨湖桥遗址出土的朱漆木弓，充分体现出跨湖桥先民在选材、制漆和髹漆方面的经验。新石器时代前期，漆器木胎厚重，基本用整段木材加工而成，制作工艺是挖制和斫制相结合，以河姆渡文化遗存最具代表性。有的漆筒由两半木头黏合而成，体现了木胎制作方面的多样性。漆筒底部用圆饼形木塞封闭。新石器时代前期，漆器虽未见榫卯结构，但河姆渡遗址出土的大批木器，大多采用分别制作构件再以榫卯方式结合的制作方法，反映了当时人们已熟练掌握榫卯技术，木器制作已达到一定水平。此时漆器上已使用销钉，见于井头山遗址出土的木舟残片。

新石器时代后期，漆器木胎的制作技艺有了很大发展。与新石器时代前期一样，绝大部分漆木器以整块木材削凿而成。有些木器的表面有石锛加工的痕迹。漆觚的器身也是整木成形，底部有一个掏膛用的圆孔，器身内壁修整光洁后再以木塞将圆孔堵住。这种封闭方式与新石器时代前期漆筒的封闭方式一致，体现了木胎制作工艺的传承。漆器木胎上见有榫卯工艺，但限于结构较复杂的器物，有的部位采用生漆黏结，其中以陶寺墓地出土漆器最具代表性。砍斫加工木器所用工具主要是石锛，还应有一些配套的加工工具，如石凿、刀及打磨工具等。

新石器时代前期，出现陶胎漆器，仅存陶片，数量较少，均属河姆渡文化。新石器时代后期，陶胎漆器继续存在，出土地点较多，浙江、江苏和湖北均有发现，完整器较多，器形多样，分属崧泽文化、良渚文化和大溪文化；出现竹胎漆器，数量极少，仅见于江陵阴湘城大溪文化；或有皮革胎漆器，为小青龙遗址出土带形漆器；似存在葫芦胎漆器，如反山墓地出土 2 件囊形器；出现骨胎漆器，种类仅有笄。

文献记载中还有一种胎骨比较特别的漆器，即人头盖骨容器，考古发掘资料中也有一些。以人头盖骨为容器是中国古代的一种风俗，应为本土传统，早在青莲岗文化时期即已存在，在稍后的卞家山良渚文化遗址和福泉山吴家场良渚文化墓葬中也有出土。这些头盖骨上都有钻孔，特别是吴家场墓地出土者，内外表面研磨，并涂敷有朱砂和部分黑色颜料，很有可能对其表面进行了髹丹装饰。

2. 髹漆与纹饰

新石器时代前期，陶胎漆器上已使用漆灰。如河姆渡遗址出土 3 片彩陶，其外有一层较厚的灰白色土，土质较细腻，器表打磨光滑，绘有动植物花纹，色彩浓厚，有光泽。有考古证据表明，新石器时代后期漆器木胎制作过程中也使用了漆灰，如陶寺墓地出土的很多漆器木胎上都有涂漆灰迹象，即在打磨平整的素木胎面上抹有一层白色乳状物，稍有黏性，质地细腻，较薄。这是漆器制作工艺的重要一环，显示了陶寺文化漆器制作经验日渐丰富，制作水平日益提高。

经检测分析，新石器时代漆器彩绘颜料均来自矿物。新石器时代前期跨湖桥遗址出土的弓和河姆渡遗址出土的碗，红色颜料分别为氧化铁和朱砂。这一时期，漆器上的颜色只有黑（包括黑褐）、红两色，未见白色等浅色。

新石器时代后期，漆器用色丰富，已使用白色等浅色颜料。陶寺墓地漆器上的红色颜料以朱砂为主，黄色颜料为黄磷铁矿，绿色颜料为孔雀石，白色颜料为方解石，赭色颜料为赤铁矿粉。在中国古代漆器用色中罕见绿色，绿彩的使用表现出陶寺文化漆器在用色方面的丰富多彩。陶寺文化漆器上的红绿配色在该文化陶器上也有使用，反映了当时人们的色彩观。陶寺墓地出土的陶器和木器上所用的矿物颜料有一部分应是就地取材。王坟遗址出土有数件研磨器，内壁满刻深凹槽，当为研磨颜料的工具。

新石器时代后期漆器上浅色花纹的描绘须用油画工艺。油画是用朱砂或石绿等颜料调油（可能是桐油），绘画于已经髹漆的器物上。漆器上出现的白色等浅色即油画工艺的体现。油画工艺的起源至少可追溯到陶寺文化漆器。

新石器时代前期，漆器上一般髹单色漆，以红色和黑色为主，个别漆器上同时见有两色。木胎漆器上基本无纹饰（仅田螺山遗址出土漆筒T203⑦：9上有刻纹）；陶胎漆器上有纹饰，如河姆渡遗址出土陶片上有咖色及黑褐色的动植物花纹，田螺山遗址出土陶片上饰红色几何图案。这一时期的漆器纹饰简单，颜色单调，未见髹地漆迹象，似用色漆直接绘制花纹。

新石器时代后期，漆器表面多髹朱漆，有的器内髹黑漆，还有的内外均髹朱漆。这与战国秦汉时期内红外黑的髹饰风格不同。这一时期部分漆器上已髹地漆，其上再髹漆或绘纹。地漆主要有黑、红两色，以朱地居多。

这一时期的漆器纹饰主要为彩绘花纹和雕刻纹饰，以彩绘花纹为主。题材有几何纹、勾连"S"纹、绚纹、云雷纹、条带纹、变形鸟纹等。木胎漆器上的彩绘花纹比较多见，分红黑彩绘和多色彩绘，其中多色彩绘主要见于陶寺墓地出土漆器，外壁施彩绘，多以红彩为地。雕刻纹饰又可细分为凸棱、浮雕和圆雕三种。凸棱纹饰见于卞家山和小青龙遗址出土的漆觚；浮雕纹饰仅见两例，一例为B型杯（反山M12：1），另一例为江陵阴湘城大溪文化壕沟淤积层中出土钺柄；圆雕纹饰仅出土1件鸟形器（钟家港T2622-2623⑨B1：2）。

3. 玉石蚌构件与饰件

新石器时代后期，漆器上出现玉石构件与饰件，可细分为玉构件、玉饰、绿松石饰和其他石饰。玉构件主要包括器底和器塞，均见于反山墓地，包括漆杯的底和囊形器的塞。漆器上的玉饰均为片饰，根据背面形态差异可分为平面和曲面两类，通常与漆绘组成图案，也有玉饰组合。平面玉饰多见于盘、杯、觚、钺柄等漆器上，曲面玉饰见于钺柄、方盒等漆器上。好川墓地出土玉饰中的 10 件经过玉质鉴定，其矿物成分以透闪石为主。其质量明显优于一般良渚文化的玉璧及高琮，而尤以 M60 所出祭坛状饰片的软玉质量为佳，表现出祭坛状玉片的与众不同，具有特别的象征意义。这种祭坛状玉片，与良渚文化玉器上所刻的"阳鸟祭坛图"的组成部分——祭坛形制一致，应是祭坛的象征。而好川墓地出土玉石钺漆木柄上的玉嵌片中有简体抽象鸟形玉片，或也与"阳鸟祭坛图"有关，代表其中的阳鸟。

漆器上的绿松石饰基本为平面片饰，常见于钺柄、头饰和腕饰等漆器上。此时期漆器上还嵌其他石饰，石材有泥岩和叶腊石，均为片饰，好川墓地多见。从目前的考古发现看，嵌石饰漆器除器形不能判明者，均应为漆觚。

值得注意的是，好川漆器上嵌饰的质地从石发展到玉，嵌片从平面式发展到曲面式，反映出从选材到加工技术方面的演进。好川墓地出土的曲面玉片最薄处仅 0.1 厘米。玉片制作精致，线切开材工艺水平极高，正面均经抛光处理，背面保留粗糙的面，便于粘贴或镶嵌，集中体现了当时高超的玉作工艺技术水平。

从文化属性上看，良渚文化漆器上多见玉构件与饰件，应与该文化发达的玉器制作工艺密切相关，代表了当时中国漆器装饰艺术的最高水平，是目前中国考古发现使用镶嵌工艺漆器的最早例证。良渚文化漆器上也嵌绿松石和其他石饰，器类以觚和钺柄为主。玉饰、绿松石饰与其他石饰均单独使用，不共见于同一件漆器上。大汶口文化漆器仅见绿松石饰，多施于钺柄。陶寺文化漆器上也可见绿松石饰，器类为头饰和腕饰。良渚文化和大汶口文化漆器上绿松石饰加工比较工整，而陶寺文化漆器上的绿松石饰加工比较粗糙。对不同器类的装饰，体现出地域和文化等方面的差异。陶寺墓地出土的嵌绿松石饰也反映出中原地区陶寺文化与海岱地区大汶口文化的密切关系。

新石器时代，原始的螺钿漆器已出现，陶寺 M2003 出土有 2 件嵌蚌片腕饰，说明至迟在新石器时代后期，蚌片作为新的镶嵌材料已被应用到漆器上，为此后不断发展变化的漆器螺钿工艺之滥觞。

(三) 流布与器用

新石器时代前期，是漆器的发生期。漆器出土地点很少，主要有浙江余姚井头山、河姆渡、田螺山和杭州萧山区跨湖桥，以及江苏常州圩墩。地理位置均在长江以南。其中浙江四处均在杭州湾，江苏一处在太湖之滨，相距较近，处于同一地理单元长江三角洲地区。文化上分属跨湖桥文化、河姆渡文化和马家浜文化等。

新石器时代后期，是漆器的缓慢发展期。漆器出土地点增多，流布范围较新石器时代前期更广，中部为长江中游，北达黄河中游，东南至长江下游。浙江和江苏仍是漆器的主要出土地；上海、湖北也有零星发现；山西襄汾陶寺墓地出土漆器颇具代表性。从漆器出土地域看，以长江下游为主，黄河中游次之，长江中游仅有零星发现。文化属性上，长江下游以良渚文化为主，黄河中游为陶寺文化，长江中游为大溪文化和屈家岭文化。从良渚文化漆器分布四至看，北达江苏新沂花厅墓地，南、西至浙江遂昌好川墓地，东至上海福泉山吴家场墓地。其流布范围很广，北面越过长江，与大汶口文化发生碰撞、交流。好川墓地地处浙西南，与良渚文化核心区距离较远，是良渚文化漆器的南界和西界，出土了大量嵌玉石漆器，尤其是祭坛形玉片的使用，非常具有代表性。

从漆器的流布方面看，新石器时代前期，漆器分布地域单一，集中在长江三角洲地区，反映了这一地区在漆器制作方面的领先地位，也代表了地域文化发展的较高水平。新石器时代后期，漆器数量增多，种类丰富，流布地域变广，其中长江下游仍然是漆器的集中分布区，属良渚文化，漆器的制作水平处于领先地位。这一时期，漆器流布至黄河中游，以陶寺文化为代表，形成了鲜明的地域和文化特色，此地亦成为此时漆器制作的另一中心。这一时期，长江中游也有漆器分布，但数量很少，器类不多，在漆器制作方面居于一般地位。长江下游地区，新石器时代漆器的发展与文化的发展是一致的，均为连续的动态演进。

新石器时代漆器的应用以日常生活用器为主，前期和后期的日常生活用器占比分别为84.6%和69.8%；兵器次之，前期和后期的占比分别为7.7%和14%；乐器、服饰、葬具在新石器时代后期才出现，其中服饰占比稍高，达10.2%，其他两类占比均在3%左右。

新石器时代前期，漆器数量很少，且均出自遗址中，难以确定使用者身份、性别及其等级等相关信息。新石器时代后期，反山和陶寺墓地出土漆器较多，可分别代表长江下游良渚文化漆器和黄河中游陶寺文化漆器。通过考察墓葬规格、墓主及随葬品等方面的情况，可以进一步了解使用者的信息。

反山墓地出土漆器的墓葬等级很高，均为高级贵族墓，其中M12为王者之墓。男性和女性墓葬在漆器的使用方面没有明显的等级差别，体现出他们的社会地位大致相当；但男性和女性墓葬出土漆器种类略有差异，显示出男女性别和社会分工上的不同。

在以好川墓地为代表的新石器时代晚期良渚文化中，漆器不仅不断被强化为身份的标志物，而且似乎成为男性专有的"奢侈品"，显示出漆器使用方面明显的性别差异，反映了父系社会男女身份等级方面的不平等。大量精美漆器，尤其是嵌玉石漆器的生产耗费了大量劳动力，或也是导致良渚文明衰落的原因之一。

陶寺墓地出土漆器不仅在身份等级方面，而且在性别方面也表现出显著的差异。陶寺墓地出土漆器（不包括头饰和腕饰）属身份等级标志物，具有礼器性质，而男性基本独占漆器使用权，显示出男性居于社会主导地位。

二 夏代漆器

考古发现的夏代漆器数量较少，主要有河南偃师二里头遗址和内蒙古赤峰市敖汉旗大甸子墓地出土的漆器。

（一）器类、组合及其演进

按照器物功能，夏代漆器可分为日常生活用器、乐器、兵器、服饰和葬具五大类。与新石器时代漆器相比，不见交通工具。

日常生活用器包括觚、豆、箪、碗、盒、勺、匕、箸、案等，多为饮食用器，还有家具。觚的出土数量最多，是夏代漆器的主要器形。二里头遗址出土漆觚以圆陶片封底，大甸子墓地出土漆觚应是以木片封底。

与新石器时代漆器相比，夏代漆器日常生活用器类型较少，很多新石器时代较常见的器形如盘、杯、盆、俎等均不见，互见的是觚、碗、豆、勺、案（盒虽然也互见，但器形不一致，暂存疑）。夏代漆器新出现或者说是考古新发现的器形有箪、箸、匕。综合来看，夏代漆器基本延续新石器时代漆器类型和组合，在器形方面尚无较大的创新和发展，在组合方面也保留了新石器时代漆案上置漆觚等酒器组合的传统。值得注意的是与漆觚配套使用的玉柄形器，在新石器时代也有功能相同的玉锥形器，两者均应为下部榫接漆木棒以祼酒的瓒。

夏代漆器中的乐器仅见鼓1件，为二里头1981 V M4出土。目前考古发现的二里头文化乐器有陶鼓模型、漆鼓、陶铃、铜铃、陶埙和石磬等。新石器时代陶寺文化鼍鼓特磬等乐器组合，目前所知年代最早，证明中国古代礼乐制度在陶寺文化早期已初现端倪。二里头文化漆鼓和石磬等乐器的出土，表明这一礼制在夏代得到延续。

新石器时代，已出现漆弓、箭镞、箙等抛射兵器组合，以及带漆木柄的短兵器——钺，二者组合成一套完整装备，可用于战争、狩猎和礼仪活动等。这些漆木兵器，目前在夏代遗存中尚未发现，但可以确定它们应是存在的。夏代新出现的兵器是朱干，4件均出自二里头遗址。大约在二里头文化二期时，朱干上直接嵌龙形绿松石饰；二里头文化三、四期时，朱干上嵌绿松石铜牌——钖。这是朱干构造和装饰方面的演进，同时也是青铜铸造业兴起的必然结果。此种盾上设钖的造型设计和制作技术也为后世继承并发展。

服饰类漆器目前能够确认的只有二里头2002 V M3出土的3件髹朱漆的白陶斗笠形器，它们应是头饰——漆木笄的帽，以绿松石珠为顶饰。夏代漆笄在木胎和以绿松石为饰方面延续了新石器时代用材传统，而在笄帽的选材及加工方面又有所创新。

葬具有两类，一类是人的葬具棺，另一类是狗的葬具匣。棺的出土数量仅次于觚。二里头大墓盗扰严重，一些中型墓葬中可以见到木棺的灰白色板灰痕迹，最低等级墓葬中很难见到木棺痕迹。葬具的有无与重数的多少标志墓主身份等级高低。二里头二号宫殿 M1 中的朱漆木匣内有一完整的狗骨，可见其所受礼遇。

（二）生产工艺

1. 胎骨与制法

与新石器时代一样，夏代漆器胎骨主要为木胎，也有竹胎，但陶胎罕见，也不见骨胎等，胎骨种类较少。夏代漆器木胎基本已朽，从二里头 1980 Ⅲ M2 出土雕花残漆器判断，木胎的制作方法有斫制。其他加工木器的方法以及加工木器的工具也应具备。

二里头 2002 Ⅴ M3 出土漆觚（Ⅴ M3：34）以朱漆圆陶片（Ⅴ M3：21）为底。这类以陶片封底的方式，与新石器时代良渚文化漆觚以木塞封底具有异曲同工之妙，显示出在漆器制作技术方面既有传承，也有创新与发展。

2. 髹漆与纹饰

新石器时代漆器已使用漆灰，但夏代漆器是否使用漆灰，暂无相关例证。

彩绘颜料方面，夏代漆器基本髹朱漆，一般报道红色颜料为朱砂，这与新石器时代漆器上的红色颜料多为朱砂的情况相同。此外，夏代漆器上的色彩还有黑、白、赭色，但非常少见，且均与朱漆相配使用。大甸子墓地出土漆器上的彩绘颜料成分不明，但几例彩绘陶器上的颜料经鉴定，白色的为 $CaCO_3$，红色的为 HgS。M453 随葬石皿中有一团红色颜料，经鉴定是赤铁矿粉。该墓地出土研磨颜料的工具两种：石皿与石质研磨杵。另根据陶器上毛笔彩绘笔迹判断，当时漆器也应是使用毛笔类工具进行髹饰。

夏代漆器继续使用地漆，但非常少见。夏代漆器继承了新石器时代用色的主要原则，以红彩为主，也使用朱色地漆，但其色彩比较简单，不如新石器时代漆器色彩丰富。夏代漆器上白彩的使用，说明延续了新石器时代漆器髹饰的油画工艺。

夏代漆器纹饰非常少见，比较明确的有四例，其中两例彩绘，分别为红地黑彩和朱红地赭色饕餮纹；还有两例刻纹，分别为弦纹和兽面纹。夏代漆器延续了新石器时代漆器的彩绘和雕刻工艺，但纹饰内容相对单一。从雕刻技法看，新石器时代多为浮雕，而夏代为阴刻。夏代漆器新出现的兽面纹，也称饕餮纹，独具特色，亦是商周时期漆器和青铜器上的重要纹饰。

3. 玉石蚌金属构件与饰件

夏代漆器上继续使用玉石构件与饰件，以绿松石饰为主，新出现了金属构件。

夏代漆器玉构件目前仅见与漆觚配套使用的玉柄形器，玉柄形器下榫接的木棒应髹朱漆。夏代漆器上的玉饰目前仅见于二里头2002ⅤM3∶5龙形绿松石嵌饰，其中组成额面中脊和鼻梁的为三节实心半圆形青、白玉柱，作为眼睛的是两件顶面弧凸的圆饼形白玉。

随着青铜铸造业的兴起，夏代漆器上出现了青铜构件，这是时人将新材料应用于漆器上的创举。二里头遗址出土铜牌，与其上的绿松石饰合为一体，再共同嵌装于朱干中。二里头龙形绿松石嵌饰（2002ⅤM3∶5）表现的是龙的形象，铜牌上表现的则是虎的形象。夏代绿松石饰漆器，除了上述朱干外，还包括二里头1987ⅥM57出土的以大量小绿松石片为饰的漆器。

大甸子墓地有30多座墓葬都出土了漆器，不仅发现有经过加工的绿松石片，而且有蚌片、螺片。类似发现也见于二里头二号宫殿M1中，该墓盗洞中还有少量朱砂、漆皮及蚌片。这些考古发现说明夏代螺钿漆器继续存在。

（三）流布与器用

夏代漆器主要发现于河南偃师二里头遗址，河南驻马店杨庄遗址和内蒙古赤峰大甸子墓地也有少量发现，文化上分属于二里头文化和夏家店下层文化。夏代漆器分布区河南和内蒙古，不见新石器时代漆器，属于夏代新出现的漆器流布区。特别是河南偃师二里头是夏代漆器的核心分布区。

二里头文化漆器的器类基本见于陶寺文化，胎骨、髹漆、纹饰、玉石构件与饰件等也多延续陶寺文化漆器做法。当然也有创新，如出现嵌龙形绿松石饰及嵌绿松石铜牌（钖）的朱干，以及用陶片封堵漆觚底部等。考察二里头周边考古学文化，从文化发展脉络和文化交流来看，新石器时代，晋南的陶寺是漆器生产中心，二里头文化漆器也可见来自陶寺文化的影响，如以绿松石饰漆器，当然更早的来源可能是海岱地区。这种漆器流布方面的表现，可以理解为新石器时代陶寺的核心地位至夏代为二里头所取代。这也暗合地域控制权力的取代，与相关文献记载夏对于晋南的控制相合。

考虑到在二里头遗址发现了陶窑、铸铜作坊、制骨作坊和绿松石作坊等手工业作坊遗存，而二里头遗址出土的一些漆器，需要多种生产部门分工协作才能完成；加之二里头遗址也是重要的生漆资源所在地，且其作为都城遗址，完全拥有配置漆器作坊的能力，故此认为，这些漆器应是二里头当地所产，以便于统治者实现资源控制和生产与分配的垄断。

内蒙古出土的夏代漆器，主要以觚为主，还有箅，器类很少。内蒙古并无漆树资源，新石器时代也无漆器分布，从自然资源、生产技术和历史文化背景等方面考虑，似乎不具备生产漆器的基本条件。其漆器的主要器类觚，也是二里头文化漆器的主要器类。综合考虑，内蒙古出土的夏代漆器应是二里头文化传播影响的结果。但是也应注意，大甸子漆觚未用圆陶片封底，而有竹篾编织的箅，部分螺钿漆器可能同时嵌绿松石，这些都不同于二里头文化漆器，具有鲜明的地方特色，说明在二里头文化的影响下，大甸子当地或也能生产漆器，并且在器形、工艺等方面有所创新，但漆料应来自外地。

需要指出的是，长江下游是中国最早漆器的发现地，或是漆器的起源地，也是新石器时代漆器流布的集中区与主要产区，但在考古发现中，尚未发现明确的夏代漆器。究其原因，一方面与良渚文化的突然消失有关，另一方面也与考古发现的局限有关。值得注意的是，好川墓地出土的漆器，有些年代可能在夏代甚至商初。如果说好川文化是良渚文化的后续发展，那么好川文化漆器也应是良渚文化漆器的后续发展。

夏代漆器的应用以日常生活用器为主，占比近70%；葬具次之，占比近

18%；兵器再次，占比为 7.1%；服饰、乐器占比较小，分别为 5.4% 和 1.8%。

觚是夏代漆器最重要的器类。漆觚与其他质地器物组合，共同构成以二里头文化遗存为代表的夏代礼器群，反映了漆器作为礼器的重要地位。漆觚与铜爵（陶爵）、陶盉组合，是高等级墓葬普遍使用的酒礼器，为男性高级贵族专用。大甸子墓地也存在等级差异，随葬漆器的墓葬等级最高，漆觚与陶鬶、爵、盉构成礼器。

朱干是夏代漆器的另一代表性器类。嵌绿松石龙形饰和嵌绿松石铜牌形（钖）的朱干，与玉戚或玉戈组成礼仪兵器，即干戚或干戈，用于礼仪性活动中。二里头 4 座出土朱干的墓葬，应为夏代最高等级墓葬——王墓，朱干、玉戚是墓主身份地位的象征，亦是男性最高统治者才能享用的礼器。

酒礼器漆觚和礼仪性兵器朱干及相关配套器物，主要用于祭祀、宴飨、战争等重要活动中，表明男性高级贵族在这些重要的社会活动中居于主导地位，这些活动也即"国之大事"。此外，漆棺的使用，仅限于大中型墓葬，同样也标志着墓主的身份等级。

与新石器时代相比，夏代漆器同样是以日常生活用器为主，明显不同的是，葬具的占比由新石器时代前期的 0%，到后期的 2.6%，再到夏代发展至 17.9%，反映了葬具从无到有。葬具使用率逐渐增高并形成严格器用制度的漫长发展过程，与人类社会从平等社会向等级社会过渡的复杂化进程同步。其他漆器如觚等，也有类似的发展趋势。

恩格斯在《家庭、私有制和国家的起源》中指出，在野蛮时代高级阶段，"财富在迅速增加，但这是个人的财富；织布业、金属加工业以及其他一切彼此日益分离的手工业，显示出生产的日益多样化和生产技术的日益改进；农业现在除了提供谷物、豆科植物和水果以外，也提供植物油和葡萄酒，这些东西人们已经学会了制造。如此多样的活动，已经不能由同一个人来进行了；于是发生了第二次大分工：手工业和农业分离了"。而"随着生产分为农业和手工业这两大主要部门，便出现了直接以交换为目的的生产，即商品生产；随之而来的是贸易，不仅有部落内部和部落边境的贸易，而且海外贸易也有了"，"这样，我们就走到文明时代的门槛了。它是由分工方面的一个新的进步开始的"。[1]手工业和农业分离，手工业生产的专门化，是文明时代的开始。考古发现的史前至夏代漆器，以及基于此的综合研究，诠释了中华早期漆器从起源到初步发展的演进历程，是中华文明探源研究不可或缺的组成部分，有助于阐释和构建中华文明史。

---

[1] 恩格斯:《家庭、私有制和国家的起源》，第181、182、184页。

附表一
新石器时代漆器一览

地点	发掘时间	出土漆器	资料出处
浙江	1977	朱漆碗、缠藤篾朱漆筒各1	浙江省文物管理委员会、浙江省博物馆：《河姆渡遗址第一期发掘报告》，《考古学报》1978年第1期；河姆渡遗址考古队：《浙江河姆渡遗址第二期发掘的主要收获》，《文物》1980年第5期；浙江省文物考古研究所：《河姆渡——新石器时代遗址考古发掘报告》
	1986	杯2、盘2、囊形器2、嵌玉漆器1、嵌玉钺柄1	浙江省文物考古研究所反山考古队：《浙江余杭反山良渚墓地发掘简报》，《文物》1988年第1期；浙江省文物考古研究所：《反山》
	1987	出土不少朱红色的漆皮残痕和200余颗用于镶嵌的玉粒，可辨器形有盘形器和觚各1	浙江省文物考古研究所：《余杭瑶山良渚文化祭坛遗址发掘简报》，《文物》1988年第1期；浙江省文物考古研究所：《瑶山》
	1988—1991	盘1	浙江省文物考古研究所：《庙前》
	1994	筒形陶杯1	浙江省文物考古研究所、海盐县博物馆：《海盐王坟遗址发掘简报》，载《崧泽·良渚文化在嘉兴》
	1997	26件漆器，仅存红色漆痕，大部分漆痕上粘附有各种形态的石片或曲面玉片，较完整的几部分漆痕为亚腰形或柄形	浙江省文物考古研究所、遂昌县文物管理委员会：《好川墓地》
		嵌玉漆盒1、钺柄	浙江省文物考古研究所、海盐县博物馆：《浙江海盐县龙潭港良渚文化墓地》，《考古》2001年第10期
	2001	弓1	浙江省文物考古研究所、萧山博物馆：《跨湖桥》

续表

地点	发掘时间	出土漆器	资料出处
浙江	2001—2002	觚1、漆器上的玉石嵌饰	浙江省文物考古研究所、桐乡市文物管理委员会：《新地里》
	2002—2004	陶豆、壶各1	浙江省文物考古研究所、海盐县博物馆：《海盐仙坛庙遗址的发掘》，载《崧泽·良渚文化在嘉兴》
	2003—2005	30件漆器，可辨器形有觚、盘、豆、筒形器等	浙江省文物考古研究所：《卞家山》
	2004	蝶形器3，筒、漆绘陶片各1	浙江省文物考古研究所、余姚市文物保护管理所、河姆渡遗址博物馆：《浙江余姚田螺山新石器时代遗址2004年发掘简报》，《文物》2007年第11期；李安军主编《田螺山遗址——河姆渡文化新视窗》
	2009—2011	钺柄1	浙江省文物考古研究所、海宁市博物馆：《小兜里》
	2011—2012	觚4、带形漆器1、簋1、钺柄4、棺1	浙江省文物考古研究所、桐庐博物馆：《浙江桐庐小青龙新石器时代遗址发掘简报》，《文物》2013年第11期；浙江省文物考古研究所、桐庐博物馆：《小青龙》
	2015—2018	觚1、筒1、鸟形器1	浙江省文物考古研究所：《杭州市余杭区良渚古城钟家港中段发掘简报》，《考古》2021年第6期
	2019—2020	带销钉木器（舟）1、棍1	浙江省文物考古研究所、宁波市文化遗产管理研究院、余姚市河姆渡遗址博物馆：《浙江余姚市井头山新石器时代遗址》，《考古》2021年第7期
江苏	1959	陶胎漆罐、杯各1	江苏省文物工作队：《江苏吴江梅堰新石器时代遗址》，《考古》1963年第6期
	1973	喇叭形器座、罐、筒形器各1	吴苏：《圩墩新石器时代遗址发掘简报》，《考古》1978年第4期
	1987	嵌绿松石漆木器腐朽后的残迹	南京博物院：《1987年江苏新沂花厅遗址的发掘》，《文物》1990年第2期；南京博物院：《花厅——新石器时代墓地发掘报告》
	1999—2000	觚1	南京博物院、江阴博物馆：《高城墩》
	2011—2015	觚1	南京博物院：《江苏兴化、东台市蒋庄遗址良渚文化遗存》，《考古》2016年第7期

续表

地点	发掘时间	出土漆器	资料出处
上海	2010	漆器上的玉嵌饰42、棺1	上海博物馆：《上海福泉山遗址吴家场墓地2010年发掘简报》，《考古》2015年第10期
湖北	1997—1998	笄、竹胎朱漆箭杆、钺柄及髹朱漆的黑陶小簋各1	贾汉清、张正发：《阴湘城发掘又获重大成果》，《中国文物报》1998年7月1日
湖北	2018—2019	盘、钺柄各1	中国社会科学院考古研究所、湖北省文物考古研究所、荆门市博物馆、沙洋县文物管理所：《湖北沙洋县城河新石器时代遗址王家塝墓地》，《考古》2019年第7期
山西	1978—1985	大量彩绘木器，可辨器形有鼓、案、俎、豆、瓢、盆、杯、盘、长方盘、匣、斗、勺等	中国社会科学院考古研究所山西工作队、临汾地区文化局：《1978—1980年山西襄汾陶寺墓地发掘简报》，《考古》1983年第1期；中国社会科学院考古研究所、山西省临汾市文物局：《襄汾陶寺：1978—1985年考古发掘报告》
山西	1998	嵌绿松石腕饰2	下靳考古队：《山西临汾下靳墓地发掘简报》，《文物》1998年第12期
山西	2002	25件漆木器，器形有瓢、豆、盒、箱、彩绘陶盆的漆木架、桶形器，还有6件玉石钺的漆木柄和1件漆弓	中国社会科学院考古研究所山西队、山西省考古研究所、临汾市文物局：《陶寺城址发现陶寺文化中期墓葬》，《考古》2003年第9期

说明：表中漆器未注明胎骨者均为木胎。

附表二
夏代漆器一览

地点		发掘时间	漆器	资料出处
河南	二里头	1959—1978	Ⅳ M8 出土器形不明漆器 1，报告称"朱砂皮"	中国社会科学院考古研究所：《偃师二里头》
		1976	Ⅲ KM6、M10 出土漆器器形、数量不明，二墓分别出土涂朱圆陶片 6、3	中国社会科学院考古研究所：《偃师二里头》
		1977—1978	二号宫殿 VD2M1 出土匣 1，内盛一狗	中国社会科学院考古研究所：《偃师二里头》
		1980	Ⅲ M2 出土觚、豆、盒等，数量不详，还有棺及圆陶片 4。Ⅲ M4、Ⅴ M3 各出土棺 1，Ⅲ M4 还出土圆陶片 1	中国社会科学院考古研究所二里头工作队：《1980年秋河南偃师二里头遗址发掘简报》，《考古》1983年第3期
		1981	Ⅴ M3 出土棺 1、圆陶片 2。Ⅴ M4 出土漆器数量较多，可辨器形有碗 2、鼓 1、觚 1、嵌绿松石铜牌 1、棺 1、圆陶片 2、玉柄形器 1。Ⅴ M5 出土觚 1、棺 1	中国社会科学院考古研究所二里头工作队：《1981年河南偃师二里头墓葬发掘简报》，《考古》1984年第1期
		1984	Ⅵ M9 出土觚 1、圆陶片 3。Ⅵ M11 出土盒 1、圆陶片 6、玉柄形器 3、嵌绿松石铜牌 1	中国社会科学院考古研究所二里头工作队：《1984年秋河南偃师二里头遗址发现的几座墓葬》，《考古》1986年第4期
		1987	Ⅵ M28、M44、M49、M57 各出土觚 1，M28、M44 还各出土圆陶片 1，M57 出土圆陶片 5、玉柄形器 2、嵌绿松石铜牌 1。M28、M57 各有棺 1	中国社会科学院考古研究所二里头工作队：《1987年偃师二里头遗址墓葬发掘简报》，《考古》1992年第4期

续表

地点		发掘时间	漆器	资料出处
河南	二里头	1983	Ⅳ M24 出土勺 1	中国社会科学院考古研究所编著《中国考古学·夏商卷》
		1984	Ⅳ M64、Ⅳ M72 出土漆器器形、数量不明,有花纹	
		1985	Ⅵ M8 出土觚 1。Ⅵ M7 出土匕、觚、盒共 6	
		1987	Ⅵ M58 出土觚等,至少 9 件	
		1994	Ⅳ M1 出土碗 1	
		1995	Ⅸ M4 出土漆器器形、数量不明	
		1995	Ⅸ区一座建筑基址上发现带漆的类似"柱洞"的遗迹,"柱洞"内周圈有朱、黑两色漆	中国社会科学院考古研究所编著《中国考古学·夏商卷》
		2001	Ⅴ M1 出土觚 1,朱红色。残甚。还出土圆陶片 2、玉柄形器 1	中国社会科学院考古研究所:《二里头(1999—2006)》壹册
		2002	Ⅴ M3 出土觚、勺、匣、圆形圜底漆器标本各 1,龙形绿松石嵌饰 1,圆陶片 3、玉鸟形器 1。Ⅴ M4 出土漆器共计 7 件,保存差,器形不明。Ⅴ M5 出土漆器部分器形难辨,不少于 11 件,豆 1、觚 2、圈足器 1、弦纹漆器 1,还出土玉柄形器 1	中国社会科学院考古研究所:《二里头(1999—2006)》壹册
	杨庄	1992	T15 第 2 层出土觚 1	北京大学考古学系、驻马店市文物保护管理所:《驻马店杨庄——中全新世淮河上游的文化遗存与环境信息》
内蒙古		1974—1983	M726 出土觚 3,M666、M672、M853、M905、M931 出土觚各 1,M867 出土箪 1	中国社会科学院考古研究所:《大甸子——夏家店下层文化遗址与墓地发掘报告》

说明:表中漆器未注明胎骨者均为木胎。1984 Ⅵ M11 在《中国考古学·夏商卷》(第 118 页)统计表中登记两次,似重复,笔者去掉了二里头队资料中的此墓,登记出土漆器为一瓢状器。

主要参考文献

一、发掘简报与报告

安阳市文物工作队：《安阳市殷代墓葬发掘简报》，《华夏考古》1995年第1期。

北京大学、河北省文化局邯郸考古发掘队：《1957年邯郸发掘简报》，《考古》1959年第10期。

北京大学考古学系、驻马店市文物保护管理所：《驻马店杨庄——中全新世淮河上游的文化遗存与环境信息》，科学出版社1998年版。

河姆渡遗址考古队：《浙江河姆渡遗址第二期发掘的主要收获》，《文物》1980年第5期。

河南省文化局文物工作队第一队：《郑州商代遗址的发掘》，《考古学报》1957年第1期。

河南省文物研究所：《郑州洛达庙遗址发掘报告》，《华夏考古》1989年第4期。

河南省文物考古研究所：《河南伊川县南寨二里头文化墓葬发掘简报》，《考古》1996年第12期。

湖北省博物馆：《襄阳山湾东周墓葬发掘报告》，《江汉考古》1983年第2期。

贾汉清、张正发：《阴湘城发掘又获重大成果》，《中国文物报》1998年7月1日。

江苏省文物工作队：《江苏吴江梅堰新石器时代遗址》，《考古》1963年第6期。

江苏省高城墩联合考古队：《高城墩遗址发掘简报》，《文物》2001年第5期。

龙虬庄遗址考古队：《龙虬庄——江淮东部新石器时代遗址发掘报告》，科学出版社1999年版。

洛阳市文物工作队：《河南洛阳吉利东杨村遗址》，《考古》1983年第2期。

南京博物院：《花厅——新石器时代墓地发掘报告》，文物出版社2003年版。

南京博物院：《江苏兴化、东台市蒋庄遗址良渚文化遗存》，《考古》2016年第7期。

南京博物院、江阴博物馆：《高城墩》，文物出版社2009年版。

山东省文物考古研究所、沂水县文物管理站：《山东沂水刘家店子春秋墓发掘简报》，《文物》1984年第9期。

山西省考古研究所大河口墓地联合考古队：《山西翼城县大河口西周墓地》，《考古》2011年第7期。

山西省考古研究所、山西运城市文物局、芮城县文物旅游局:《山西芮城清凉寺史前墓地》,《考古学报》2011 年第 4 期。

山西省考古研究所、运城市文物工作站、芮城县旅游文物局:《清凉寺史前墓地》,文物出版社 2016 年版。

山西省临汾行署文化局、中国社会科学院考古研究所山西工作队:《山西临汾下靳村陶寺文化墓地发掘报告》,《考古学报》1999 年第 4 期。

陕西省考古研究院、榆林市文物考古勘探工作队、神木县文体局:《陕西神木县石峁遗址后阳湾、呼家洼地点试掘简报》,《考古》2015 年第 5 期。

陕西省考古研究院、榆林市文物考古勘探工作队、神木市石峁遗址管理处:《陕西神木市石峁遗址皇城台大台基遗迹》,《考古》2020 年第 7 期。

上海市文物管理委员会:《福泉山——新石器时代遗址发掘报告》,文物出版社 2000 年版。

上海博物馆:《上海福泉山遗址吴家场墓地 2010 年发掘简报》,《考古》2015 年第 10 期。

吴苏:《圩墩新石器时代遗址发掘简报》,《考古》1978 年第 4 期。

下靳考古队:《山西临汾下靳墓地发掘简报》,《文物》1998 年第 12 期。

徐州博物馆、南京大学历史学系考古专业:《徐州北洞山西汉楚王墓》,文物出版社 2003 年版。

浙江省文物管理委员会、浙江省博物馆:《河姆渡遗址第一期发掘报告》,《考古学报》1978 年第 1 期。

浙江省文物考古所:《余杭瑶山良渚文化祭坛遗址发掘简报》,《文物》1988 年第 1 期。

浙江省文物考古工作队:《余杭瑶山良渚文化祭坛遗址发掘简报》,《文物》1988 年第 1 期。

浙江省文物考古研究所:《萧山跨湖桥新石器时代遗址》,载浙江省文物考古研究所《浙江省文物考古研究所学刊》,科学出版社 1997 年版。

浙江省文物考古研究所:《河姆渡——新石器时代遗址考古发掘报告》,文物出版社 2003 年版。

浙江省文物考古研究所:《瑶山》,文物出版社 2003 年版。

浙江省文物考古研究所:《反山》,文物出版社 2005 年版。

浙江省文物考古研究所:《良渚遗址群》,文物出版社 2005 年版。

浙江省文物考古研究所:《庙前》,文物出版社 2005 年版。

浙江省文物考古研究所:《南河浜》,文物出版社 2005 年版。

浙江省文物考古研究所:《卞家山》,文物出版社 2014 年版。

浙江省文物考古研究所:《杭州市余杭区良渚古城钟家港中段发掘简报》,《考古》2021 年第 6 期。

浙江省文物考古研究所、海宁市博物馆:《小兜里》,文物出版社 2015 年版。

浙江省文物考古研究所、海盐县博物馆:《浙江海盐县龙潭港良渚文化墓地》,《考古》2001 年第 10 期。

浙江省文物考古研究所、海盐县博物馆:《海盐王坟遗址发掘简报》,载嘉兴市文化局《崧泽·良渚文化在嘉兴》,浙江摄影出版社 2005 年版。

浙江省文物考古研究所、宁波市文化遗产管理研究院、余姚市河姆渡遗址博物馆:《浙江余姚市井头山新石器时代遗址》,《考古》2021 年第 7 期。

浙江省文物考古研究所、浦江博物馆:《浙江浦江县上山遗址发掘简报》,《考古》2007 年第 9 期。

浙江省文物考古研究所、遂昌县文物管理委员会:《好川墓地》,文物出版社 2001 年版。

浙江省文物考古研究所、桐庐博物馆:《浙江桐庐小青龙新石器时代遗址发掘简报》,《文物》2013 年第 11 期。

浙江省文物考古研究所、桐庐博物馆:《小青龙》,文物出版社 2017 年版。

浙江省文物考古研究所、桐乡市文物管理委员会:《新地里》,文物出版社 2006 年版。

浙江省文物考古研究所、厦门大学历史系:《浙江余姚市鲻山遗址发掘简报》,《考古》2001 年第 10 期。

浙江省文物考古研究所、萧山博物馆:《跨湖桥》,文物出版社 2004 年版。

浙江省文物考古研究所、余姚市文物保护管理所、河姆渡遗址博物馆:《浙江余姚田螺山新石器时代遗址 2004 年发掘简报》,《文物》2007 年第 11 期。

浙江省文物考古研究所反山考古队:《浙江余杭反山良渚墓地发掘简报》,《文物》1988 年第 1 期。

郑州市博物馆:《河南荥阳西史村试掘简报》,载文物编辑委员会《文物资料丛刊》第 5 辑,文物出版社 1981 年版。

中国科学院考古研究所安阳发掘队:《1958—1959 年殷墟发掘简报》,《考古》1961 年第 2 期。

中国社会科学院考古研究所:《大甸子——夏家店下层文化遗址与墓地发掘简报》,科学出版社 1996 年版。

中国社会科学院考古研究所:《偃师二里头》,中国大百科全书出版社 1999 年版。

中国社会科学院考古研究所:《山东王因——新石器时代遗址发掘报告》,科学出版社 2000 年版。

中国社会科学院考古研究所:《二里头（1999—2006）》,文物出版社 2014 年版。

中国社会科学院考古研究所、北京市文物工作队琉璃河考古队:《1981—1983 年琉璃河西周燕国墓地发掘简报》,《考古》1984 年第 5 期。

中国社会科学院考古研究所、湖北省文物考古研究所、荆门市博物馆、沙洋县文物管理所:《湖北沙洋县城河新石器时代遗址王家塝墓地》,《考古》2019 年第 7 期。

中国社会科学院考古研究所、山西省临汾市文物局:《襄汾陶寺:1978—1985 年考古发掘报告》,文物出版社 2015 年版。

中国社会科学院考古研究所二里头队:《河南偃师二里头二号宫殿遗址》,《考古》1983 年第 3 期。

中国社会科学院考古研究所二里头工作队:《1980 年秋河南偃师二里头遗址发掘简报》,《考古》1983 年第 3 期。

中国社会科学院考古研究所二里头工作队:《1981 年河南偃师二里头墓葬发掘简报》,《考古》1984 年第 1 期。

中国社会科学院考古研究所二里头工作队:《1984 年秋河南偃师二里头遗址发现的几座墓葬》,《考古》1986 年第 4 期。

中国社会科学院考古研究所二里头工作队:《1987 年偃师二里头遗址墓葬发掘简报》,《考古》1992 年第 4 期。

中国社会科学院考古研究所山西队、山西省考古研究所、临汾市文物局:《陶寺城址发现陶寺文化中期墓葬》,《考古》2003 年第 9 期。

中国社会科学院考古研究所山西工作队、临汾地区文化局:《1978—1980 年山西襄汾陶寺墓地发掘简报》,《考古》1983 年第 1 期。

二、古代典籍

(宋)方勺:《泊宅编》,中华书局 1983 年版。

(宋)郭茂倩编《乐府诗集》,中华书局 1979 年版。

国学整理社辑《诸子集成》,中华书局 1986 年版。

《汉书》,中华书局 1962 年版。

《后汉书》,中华书局 1965 年版。

梁明院校注《唐大和上东征传校注》,广陵书社 2010 年版。

《齐民要术》,石声汉译注,石定枎、谭光万补注,中华书局 2015 年版。

(清)阮元校刻《十三经注疏》,中华书局 1980 年影印本。

《三国志》,中华书局 1982 年版。

《史记》,中华书局 1962 年版。

(明)宋应星著,潘吉星译注《天工开物译注》,上海古籍出版社 2016 年版。

(元)陶宗仪:《南村辍耕录》,齐鲁书社 2007 年版。

王利器校注《盐铁论校注》,中华书局 1992 年版。

(汉)许慎著,(清)段玉裁注《说文解字注》,上海古籍出版社 1981 年版。

袁珂校译《山海经校译》,上海古籍出版社 1985 年版。

三、专著

白云翔:《先秦两汉铁器的考古学研究》,科学出版社 2005 年版。

长北:《〈髹饰录〉与东亚漆器——传统髹饰工艺体系研究》,人民美术出版社 2014 年版。

〔英〕柴尔德:《欧洲文明的曙光》,陈淳、陈洪波译,上海三联书店 2008 年版。

陈铁梅、陈建立:《简明考古统计学》,科学出版社 2013 年版。

陈星灿:《中国史前考古学史研究(1895—1949)》,生活·读书·新知三联书店 1997 年版。

陈星灿主编《考古学家眼中的中华文明起源》,文物出版社 2021 年版。

陈振裕:《楚文化与漆器研究》,科学出版社 2003 年版。

恩格斯:《家庭、私有制和国家的起源》,人民出版社 2018 年版。

河姆渡遗址博物馆:《河姆渡文化精粹》,文物出版社 2002 年版。

洪石:《战国秦汉漆器研究》,文物出版社 2006 年版。

后德俊:《楚国的矿冶髹漆和玻璃制造》,湖北教育出版社 1995 年版。

〔美〕江伊莉、古方:《玉器时代——美国博物馆藏中国早期玉器》,科学出版社 2009 年版。

蒋乐平:《跨湖桥文化研究》,科学出版社 2014 年版。

雷兴山:《先周文化探索》,科学出版社 2010 年版。

李安军主编《田螺山遗址——河姆渡文化新视窗》,西泠印社出版社 2009 年版。

李根蟠、黄崇岳、卢勋:《中国原始社会经济研究》,中国社会科学出版社 1987 年版。

李学勤《走出疑古时代》,长春出版社 2007 年版。

林华东:《河姆渡文化初探》,浙江人民出版社 1992 年版。

刘庆柱:《不断裂的文明史:对中国国家认同的五千年考古学解读》,四川人民出版社 2020 年版。

栾丰实、方辉、靳桂云:《考古学:理论、方法、技术》,文物出版社 2002 年版。

乔十光主编《漆艺》,中国美术学院出版社 2000 年版。

施劲松:《长江流域青铜器研究》,文物出版社 2003 年版。

宋镇豪:《夏商社会生活史》,中国社会科学出版社 1994 年版。

苏秉琦:《中国文明起源新探》,商务印书馆 1997 年版。

孙机:《中国古代物质文化》,中华书局 2014 年版。

王琥:《漆艺概要》,江苏美术出版社 1999 年版。

王世襄:《髹饰录解说》,文物出版社 1983 年版。

王伟光名誉主编,王巍主编《中国考古学百年史(1921—2021)》,中国社会科学出版社 2021 年版。

夏鼐:《中国文明的起源》,文物出版社1985年版。
徐良高:《中国民族文化源新探》,社会科学文献出版社2005年版。
许宏:《最早的中国》,科学出版社2009年版。
张飞龙:《中国髹漆工艺与漆器保护》,科学出版社2010年版。
张绪球:《屈家岭文化》,文物出版社2004年版。
中国大百科全书编委会:《中国大百科全书·考古卷》,中国大百科全书出版社1986年版。
中国漆器全集编辑委员会:《中国漆器全集》(1),福建美术出版社1997年版。
中国社会科学院考古研究所:《中国考古学中碳十四年代数据集(1965—1981)》,文物出版社1983年版。
中国社会科学院考古研究所:《新中国的考古发现和研究》,文物出版社1984年版。
中国社会科学院考古研究所编著《中国考古学·夏商卷》,中国社会科学出版社2003年版。
中国社会科学院考古研究所编著《中国考古学·新石器时代卷》,中国社会科学出版社2010年版。
祝慈寿:《中国古代工业史》,学林出版社1988年版。

四、学术论文

白云翔:《手工业考古论要》,载山东大学东方考古研究中心《东方考古》第9集,科学出版社2012年版。
白云翔:《关于城市手工业考古问题》,《南方文物》2021年第2期。
陈国梁:《二里头文化嵌绿松石牌饰的来源》,载中国社会科学院考古研究所夏商周考古研究室《三代考古》(七),科学出版社2017年版。
陈建立、陈铁梅、贾昌明:《从随葬工具的性别关联探讨中国新石器时代的性别分工》,《南方文物》2013年第2期。
陈星灿:《中国古代的剥头皮风俗及其他》,《文物》2000年第1期。
陈振裕:《我国东周漆器的分区初探》,载楚文化研究会《楚文化研究论集》第3集,湖北人民出版社1994年版。
陈振裕:《中国漆器起源探索》,《故宫文物月刊》1996年第7期。
陈振裕:《我国夏商时期的漆器工艺》,载中国社会科学院考古研究所《中国商文化国际学术讨论会论文集》,中国大百科全书出版社1998年版。
陈振裕:《中国历代漆器工艺的继承与发展》,《江汉考古》2000年第1期。
戴向明:《中国史前社会的阶段性变化及早期国家的形成》,《考古学报》2020年第3期。
戴向明:《考古学视野下的中华文明起源与早期发展》,《历史研究》2022年第1期。

邓聪：《夏家店下层文化中的二里头文化玉器因素举例》，载中国社会科学院考古研究所夏商周考古研究室《三代考古》（三），科学出版社 2009 年版。

杜金鹏：《关于大汶口文化与良渚文化的几个问题》，《考古》1992 年第 10 期。

杜金鹏：《试论夏家店下层文化中的二里头文化因素》，《华夏考古》1995 年第 3 期。

杜金鹏：《良渚神祇与祭坛》，《考古》1997 年第 2 期。

韩建业：《试论跨湖桥文化的来源与对外影响——兼论新石器时代中期长江中下游地区间的文化交流》，《东南文化》2010 年第 6 期。

韩建业：《良渚、陶寺与二里头——早期中国文明的演进之路》，《考古》2010 年第 11 期。

河南省博物馆：《郑州商城遗址内发现商代夯土台基和奴隶头骨》，《文物》1974 年第 9 期。

何努：《从陶寺遗址看中国早期国家的特征》，《团结报》2012 年 11 月 1 日，第 7 版。

何努：《试论传说时代历史重建的方法论——以陶寺遗址考古实践为例》，《华夏考古》2021 年第 4 期。

何驽：《山西襄汾陶寺城址中期王级大墓ⅡM22 出土漆杆"圭尺"功能试探》，《自然科学史研究》2009 年第 3 期。

何驽：《陶寺圭尺补正》，《自然科学史研究》2011 年第 3 期。

何驽：《二里头绿松石龙牌、铜牌与夏禹、萬舞的关系》，《中原文化研究》2018 年第 4 期。

洪石：《鼍鼓逢逢：滕州前掌大墓地出土"嵌蚌漆牌饰"辨析》，《考古》2014 年第 10 期。

洪石：《马王堆汉墓出土油画漆器研究》，《江汉考古》2017 年第 1 期。

洪石：《商周螺钿漆器研究》，《中原文物》2018 年第 2 期。

洪石：《先秦两汉漆器的髹饰工艺》，载中国社会科学院考古研究所等《汉代海上丝绸之路考古与汉文化》，科学出版社 2019 年版。

洪石：《先秦两汉嵌绿松石漆器研究》，《考古与文物》2019 年第 3 期。

侯毅：《从陶寺城址的考古新发现看我国古代文明的形成》，《中原文物》2004 年第 5 期。

方向明：《好川和良渚文化的漆觚、棍状物及玉锥形器》，《华夏文明》2018 年第 3 期。

冯时：《文邑考》，《考古学报》2008 年第 3 期。

冯时：《陶寺圭表及相关问题研究》，载中国社会科学院考古研究所《考古学集刊》第 19 集，科学出版社 2013 年版。

冯时：《自然之色与哲学之色——中国传统方色理论起源研究》，《考古学报》2016 年第 4 期。

〔日〕见诚敏子：《古代的涂漆工艺及干燥技术》，巨东梅译，《文物保护与考古科学》1990 年第 1 期。

蒋乐平：《浙江史前文化演进的形态与轨迹》，《南方文物》1996年第2期。

蒋乐平：《钱塘江流域的早期新石器时代及文化谱系研究》，《东南文化》2013年第6期。

高炜：《陶寺龙山文化木器的初步研究——兼论北方漆器起源问题》，载"中国考古学研究"编委会编《中国考古学研究——夏鼐先生考古五十年纪念论文集》（二），科学出版社1986年版。

郤向平、覃覃：《二里头遗址三号建筑院内墓葬探讨》，《南方文物》2019年第2期。

郭德维：《我国先秦时期漆器发展试探——兼论曾侯乙墓漆器的特点》，《江汉考古》1988年第3期。

李萌、赵宾：《二里头文化圆陶片葬俗探析》，《洛阳考古》2018年第4期。

李旻：《重返夏墟：社会记忆与经典的发生》，《考古学报》2017年第3期。

李娜：《良渚文化漆器初探》，《江汉考古》2020年第3期。

李新伟：《手工业生产专业化的考古学研究》，《华夏考古》2011年1期。

李新伟：《中国史前社会上层远距离交流网的形成》，《文物》2015年第4期。

李新伟：《中华文明起源语境下的文明标志》，《中国史研究动态》2022年第1期。

李学勤：《论二里头文化的饕餮纹铜牌饰》，《中国文物报》1991年10月20日。

李志鹏：《二里头文化墓葬研究》，载中国社会科学院考古研究所《中国早期青铜文化——二里头文化专题研究》，科学出版社2008年版。

〔日〕林巳奈夫：《关于良渚文化玉器的若干问题》，《史前研究》1987年第1期。

刘国祥：《大甸子玉器试探》，《考古》1999年第11期。

刘庆柱：《中国特色考古学解读：百年中国考古学史之思考》，《考古学报》2021年第2期。

刘庆柱、韩国河：《中原历史文化演进的考古学观察》，《考古学报》2016年第3期。

吕琪昌：《卞家山出土漆觚的启示》，《华夏考古》2013年第3期。

任凤阁、阎瑞生：《论木器时代之存在》，《陕西师范大学学报》1985年第4期。

石超：《浙江史前遗址出土的漆器》，《杭州文博》2012年第2期。

史树青：《漆林识小录》，《文物参考资料》1957年第7期。

宋建：《论良渚文明的兴衰过程》，载浙江省文物考古研究所《良渚文化研究——纪念良渚文化发现六十周年国际学术讨论会文集》，科学出版社1999年版。

宋建：《环太湖地区新石器时代末期考古学研究的新进展》，《中国文物报》2006年7月21日，第7版。

唐云明：《台西遗址漆器的渊源及遗址文化性质的探讨》，《华夏考古》1988年第2期。

田继周：《民族形成问题和新石器时代人们共同体的称谓》，《民族研究》1984年第6期。

王和举：《漆器源流概述》，《福建工艺美术》1979年第2期。

王贵生:《试论干戚之舞》,《西北师大学报》2003年第3期。

王海明:《浙江早期新石器时代文化遗存的探索与思考》,载宁波市文物考古研究所等《宁波文物考古研究文集》,科学出版社2008年版。

王明利:《从考古发现看商代和西周时期的漆器》,《文博》1996年第5期。

王苹:《内蒙古敖汉旗大甸子墓地出土彩绘陶器纹饰试析》,《四川文物》2019年第6期。

王强:《试论史前玉石器镶嵌工艺》,《南方文物》2008年第3期。

王青:《镶嵌铜牌饰的初步研究》,《文物》2004年第5期。

王巍:《关于西周漆器的几个问题》,《考古》1987年第8期。

文焕然等:《试论扬子鳄的地理变迁》,《湘潭大学学报》(自然科学版)1981年第1期。

吴瑞满:《墓葬习俗中的性别角色研究——以内蒙古自治区大甸子墓地为例》,载〔美〕林嘉琳、孙岩主编《性别研究与中国考古学》,科学出版社2006年版。

吴文祥、葛全胜:《全新世气候事件及其对古文化发展的影响》,《华夏考古》2005年第3期。

徐良高:《以考古学构建中国上古史》,《中国社会科学》2021年第9期。

许宏:《"连续"中的"断裂"——关于中国文明与早期国家形成过程的思考》,《文物》2001年第2期。

许宏:《二里头M3及随葬绿松石龙形器的考古背景分析》,载北京大学中国考古学研究中心等《古代文明》第10卷,上海古籍出版社2016年版。

许宏:《二里头考古与中国早期文明》,《历史研究》2020年第5期。

徐峰:《图像与空间:良渚玉璧"鸟立阶梯状边框"图像新考》,《艺术考古》2018年第4期。

严文明:《涧沟的头盖杯和剥头皮风俗》,《考古与文物》1982年第2期。

严文明:《中国史前文化的统一性与多样性》,《文物》1987年第3期。

严志斌:《漆觚、圆陶片与柄形器》,《中国国家博物馆馆刊》2020年第1期。

杨海亮、郑海玲、周旸:《基于显微红外的良渚遗址文物髹漆成分探讨》,《中国生漆》2020年第3期。

杨远:《二里头遗址出土漆器及其制作产地蠡测》,《文博》2018年第4期。

叶万松、李德方:《偃师二里头遗址兽纹铜牌考识》,《考古与文物》2001年第5期。

殷玮璋:《记北京琉璃河遗址出土的西周漆器》,《考古》1984年第5期。

翟杨:《好川墓地社会结构分析》,载上海博物馆《上海博物馆集刊》第11期,上海书画出版社2008年版。

张长寿、张孝光:《西周时期的铜漆木器具——1983—1986年沣西发掘资料之五》,《考古》1992年第6期。

张飞龙:《良渚文化的髹漆工艺》,《江汉考古》2014年增刊。

张飞龙、赵晔:《中国史前漆器文化源与流——中国史前生漆文化研究》,《中国生漆》2014年第6期。

张光直:《中国相互作用圈与文明的形成》,载《庆祝苏秉琦考古五十五年论文集》编辑组《庆祝苏秉琦考古五十五年论文集》,文物出版社1989年版。

张国硕:《陶寺文化性质与族属探索》,《考古》2010年第6期。

张蕾:《陶寺遗址鼓磬组合及相关问题研究》,《中原文物》2019年第3期。

张敏:《从青莲岗文化的命名谈淮河流域与长江流域原始文化的相互关系》,《郑州大学学报》2005年第2期。

张永山:《西周漆器概述》,《华夏考古》1988年第2期。

赵海涛、张飞:《二里头都邑的手工业考古》,《南方文物》2021年第2期。

赵辉:《良渚文化的若干特殊性——论一处中国史前文明的衰落原因》,载浙江省文物考古研究所《良渚文化研究——纪念良渚文化发现六十周年国际学术讨论会文集》,科学出版社1999年版。

赵辉:《读〈好川墓地〉》,《考古》2002年第11期。

赵辉:《良渚的国家形态》,《中国文化遗产》2017年第3期。

赵晔:《良渚文化漆觚的发现和研究》,载中国考古学会《中国考古学会第十四次年会论文集》,文物出版社2012年版。

赵晔:《初论良渚文化木质遗存》,《南方文物》2012年第4期。

浙江省博物馆自然组:《河姆渡遗址动植物遗存的鉴定研究》,《考古学报》1978年第1期。

中国社会科学院考古研究所山西工作队等:《陶寺遗址出土的龙山时代乐器》,载解希恭主编《襄汾陶寺遗址研究》,科学出版社2007年版。

中国社会科学院考古研究所实验室:《陶寺遗址陶器和木器上彩绘颜料鉴定》,《考古》1994年第9期。

朱凤瀚:《二里头文化晚期墓葬与二里岗下层文化墓葬的分析与比较——兼及二里头文化墓葬随葬器物组合的性别差异》,《中原文物》2021年第2期。

朱乃诚:《二里头绿松石龙的源流——兼论石峁遗址皇城台大台基石护墙的年代》,《中原文物》2021年第2期。

后　记

　　关于古代漆器的研究，是一个大课题，我从博士研究生阶段便开启了古代漆器研究的大门，至今已 20 余年。首先是在导师刘庆柱先生的悉心指导下，于 2002 年完成了博士学位论文《战国秦汉漆器研究》，经过 4 年的修改补充，于 2006 年由文物出版社出版发行。此后便踏入古代漆器研究的漫漫征途，从多方面多角度对其不断探研，陆续发表相关学术研究成果。诚然，战国秦汉时期是古代漆器发展中一个辉煌的时期，引人瞩目，自是必然。但古代漆器如何开端、演进，如何不断发展创新并逐渐走向辉煌？对此文献中仅有只言片语，必须依靠考古发掘与研究加以解答，其历史价值、艺术价值和科学价值，仍有待准确提炼与阐释。对此，在之前研究的基础上，我对中华早期漆器予以长期关注，并投入了大量时间和精力进行研究。在此过程中，我有幸承担了两项以古代漆器研究为题的中国社会科学院考古研究所创新工程项目，使研究目标和任务更加明确，也促使我在编审工作之余，勤于钻研，尽力为之。《中华早期漆器研究》即为其项目成果。

　　2021 年 11 月 24 日，习近平总书记主持召开中央全面深化改革委员会第二十二次会议，审议通过了《关于让文物活起来、扩大中华文化国际影响力的实施意见》。会议指出，"要准确提炼并展示中华优秀传统文化的精神标识，更好体现文物的历史价值、文化价值、审美价值、科技价值、时代价值"，以此为指导，不断加强文物保护利用与研究阐释工作，"要开展创新服务，使文物更好融入生活、服务人民，积极拓展文物对外交流平台，多渠道提升中华文化国际传播能力"。本书对于中华早期漆器的研究，希望能够为此略尽绵薄之力，并为中华文明探源研究和中华文明史研究添砖加瓦。

　　承蒙导师刘庆柱先生在百忙之中审阅书稿，提出宝贵意见，并为之作序，使其增色，深表谢意！感谢本课题研究过程中给予帮助的诸多师友，感谢认真负责的专业编辑和出版团队，此处不一一具名，千言万语尽在不言中。在此也特别感谢与我相知相爱、相伴相助的家人，你们的支持和爱护使我不忘初心，一路走来，虽历尽艰辛，却未因虚度年华而悔恨。

本书的完成，有赖于多年的积累与研究，有赖于各方的关注与支持。囿于学识，书中肯定存在一些错误与不足之处，敬请专家批评指正。

洪 石

2022年1月于北京紫芳园

图书在版编目(CIP)数据

中华早期漆器研究/洪石著. -- 北京：社会科学文献出版社，2022.4
　ISBN 978-7-5228-0040-0

Ⅰ.①中… Ⅱ.①洪… Ⅲ.①漆器（考古）-研究-中国 Ⅳ.①K876.74

中国版本图书馆CIP数据核字（2022）第066974号

中华早期漆器研究

著　　者 / 洪　石

出 版 人 / 王利民
责任编辑 / 赵　晨　郑彦宁
责任印制 / 王京美

出　　版 / 社会科学文献出版社·历史学分社（010）59367256
　　　　　 地址：北京市北三环中路甲29号院华龙大厦　邮编：100029
　　　　　 网址：www.ssap.com.cn
发　　行 / 社会科学文献出版社（010）59367028
印　　装 / 北京盛通印刷股份有限公司
规　　格 / 开　本：787mm×1092mm　小1/16开
　　　　　 印　张：17.25　插　页：1.25　字　数：254千字
版　　次 / 2022年4月第1版　2022年4月第1次印刷
书　　号 / ISBN 978-7-5228-0040-0
定　　价 / 98.00元

读者服务电话：4008918866

▲ 版权所有 翻印必究